Managerial Mastery
An Overview of Haier's *Rendanheyi*

管理的要素

海尔人单合一模式创新要览

赵剑波◎著

经济管理出版社
ECONOMY & MANAGEMENT PUBLISHING HOUSE

图书在版编目（CIP）数据

管理的要素——海尔人单合一模式创新要览/赵剑波著. —北京：经济管理出版社，2018.4（2019.7重印）

ISBN 978-7-5096-5857-4

Ⅰ. ①管… Ⅱ. ①赵… Ⅲ. ①海尔集团公司—企业管理—研究

Ⅳ. ①F426.6

中国版本图书馆 CIP 数据核字（2018）第 140979 号

组稿编辑：申桂萍
责任编辑：许　艳
责任印制：黄章平
责任校对：陈　颖

出版发行：经济管理出版社
　　　　　（北京市海淀区北蜂窝 8 号中雅大厦 A 座 11 层　100038）
网　　址：www. E-mp. com. cn
电　　话：（010）51915602
印　　刷：三河市延风印装有限公司
经　　销：新华书店
开　　本：880mm×1230mm/32
印　　张：11.5
字　　数：232 千字
版　　次：2018 年 6 月第 1 版　2019 年 7 月第 2 次印刷
书　　号：ISBN 978-7-5096-5857-4
定　　价：68.00 元

自
序
Preface

　　读者关注海尔，想了解海尔什么？这是所有关于海尔人单合一模式的著作作者在动笔之前要思考的问题。人们常问"人单合一"是什么，如果简单回答——人是员工，单是需求，显得格局不够，不解渴！若换种思路——没有成功的企业，只有时代的企业，答案太哲学化，依旧没有说清楚。现在，人单合一模式的社会影响力正在彰显，海尔需要给出一个所有人都能看懂的解读。因此，在这部著作中，我们立足三个定位来解读人单合一模式。

读着"小清新"

　　有关海尔人单合一模式的著作非常多。原因是海尔对于各种学者保持开放的态度，希望大家参与进来，共同研究管理模式的创新。然而，因为研究视角的不同，各种观点存在着一定的差异，我们希望能够求同存异。**有关海尔人单合一模式的"语录"非常多。**这些名人名言，有的来自海尔内部，有的则是专家解读。然而，热情和感性的成分太多，理性的总结不足，我们希望能够形成理论的沉淀。**有关海尔人单合一模式的内容有些乱。**原因是海尔不断在变，从自经体到利共体再到小微，观察的时间窗口不同，得到的答案也不同。所以，我们希望能够把握海尔人单合一模式演化过程中那些不变的本质，从"一锅肉汤"的混沌中挑出"几根大骨头"，并使之成为管理精髓。最终，希望这本书能够成为管理学著作，不是软文化营销、不单给海尔人阅读，而是又一部"改变世界的机器"。

读出"六要素"

作为一种管理模式，人单合一有其独特内涵。**理解人单合一必须要采用系统性的思维**，这是海尔对于互联网时代企业经营本质的思考，而不单纯是企业回归承包责任制，把经营成本量化给每个员工。**理解人单合一必须要关注生态圈和驱动力两个层面**，在生态圈层面，人单合一模式要求企业平台化、员工创客化、用户个性化，"三化"是海尔的战略创新，也体现了其对于企业、员工、用户三者利益的平衡，三者形成了创新生态圈。在驱动力层面，节点网状组织、全员会计工具、协同信息平台三者形成了促进"三化"的动力机制，揭开人单合一模式的面纱，就需要理解三者所构成的海尔管理方法论基础。如果不能清楚地解释人单合一模式是什么，就不如回归管理源点，先看看百年管理历程中哪些要素是不变的。**理解人单合一必须要思考六个要素**，那就是在人单合一模式中贯穿始终的企业、员工、用户、组织、工具、信息这六个管理要素。在世纪管理历程中，虽然要素不变，但是企业对每种要素的理解在改变。最终，我们以此六要素为主体，分成两个层面，形成了解读人单合一模式的框架。即使显得以偏概全，也为读者提供了一种新的视角。

读懂"大使命"

使命具有时代性。作为后发国家，中国企业需要学习西方文明技术上的先进性，却又受困于"学我者生，似我者死"。当中国企业完成工业化的积累时，正赶上由互联网技术普及而触发的"信息时代"。关于互联网时代管理模式的探索，中外企业处于同一起跑线，而中国企业完全能够利用互联网把坚实的制造基础和庞大的用户规模结合起来，发起原创性的创新。**创新具有普适性。**海尔人单合一模式以"小组织+大平台"为特征，显示出互联网时代管理创新的普适性。从海尔的小微到华为的铁三角，中国企业不但在技术创新方面，而且在管理创新方面展现出一致性。**模式具有社会性。**人单合一模式以人的价值为原点，把企业作为创新创业平台，使创新成为一种社会成员广泛参与、公开透明、自下而上、分权决策的民主化组织形式和一种最基本的社会现象。除了管理模式创新，以用户需求为核心的制造模式以及产城创生态圈等，都是人单合一模式社会化实践的成果。所以，以海尔人单合一模式为代表的管理创新是支撑中国制造实现从大到强转型的重要力量。管理创新的使命一定与中国制造的强国战略相关，与中国经济的整体转型相关，甚至关乎社会治理模式及文明基因的改造。互联网时代给予中国新机遇，我们有机会成为时代的引领者。

作者于 2017 年 7 月

目 录
Content

目　录
Content

引
言
Introduction

　　中国制造正走在实现"赶超"的路上，企业在从大到强的过程中正在失去对标，需要引领。以大数据、物联网、云计算为代表的新一代网络信息技术正在改变传统的产业组织形态，引发新的工业革命。互联网时代，所有的企业都处在同一起跑线上，突破即意味着引领。总体来看，我国企业整体水平大幅提升，一些重要领域已跻身世界先进行列，某些领域正由跟跑向并跑甚至领跑转变。中国企业应避免"曼德拉困境"，积极树立管理创新"中国方案"的自信。

　　按照工业革命的历史经验，实现赶超要求三要素：产业变革、制度创新、管理创新。新兴产业变革为实现赶超提供了机会，以产业政策为代表的制度设计为新兴产业的快速发展提供了良好的环境，管理创新提升了新兴产业的发展效率。美国和德国的钢铁、化工、电力等产业的崛起，规模经济导向的产业政策发挥了重要作用，以"福特制"为代表的管理创新强调大规模生产方式；日本的汽车、信息等产业的崛起，人力资本导向的产业政策发挥了重要作用，以"丰田制"为代表的管理创新强调员工的主动性。当前，产业变革已经形成机会窗口，从创新驱动发展到《中国制造 2025》，新的制度设计不断探索并趋于成熟，海尔、华为等一批企业的管理创新模式正在不断涌现，"海尔制"正在形成。

海尔制是中国企业管理创新的代表。人单合一模式是海尔在管理创新方面做出的探索，是对新工业革命背景下产业赶超的积极响应。在互联网时代，海尔的探索从"人单合一"管理模式开始，并不断延伸至开放式创新、制造模式创新，在实现社群经济的基础上，不断推动社会化，形成了产、城、创三个平台为一体的生态圈。互联网引发了生产方式以及管理模式的颠覆式变革，用户的碎片化需求倒逼新生产模式的出现，即从多品种大批量生产模式升级为大规模定制模式。作为中国制造业最辉煌时期的标杆，海尔的转型从一开始就不只是海尔自身的个体实践，它代表了中国实体经济转型的一种方向探索，具有强烈的样本和示范意义。海尔的人单合一模式创新被认为是继福特模式、丰田模式之后的第三种工业管理范式的新突破。

海尔的管理创新即人单合一模式。科层组织和大规模制造是传统管理学理论的两大柱石，海尔正在进行颠覆。在管理模式上，海尔提出人单合一，"人单合一"中，"人"是指员工，"单"是指用户价值，"合一"意味着员工和用户的零距离连接。海尔把"用户需求"和"员工价值"两者结合起来，提出"人单合一"模式，扩大并平衡企业、用户和员工三者的利益，并实现共创共赢生态圈的多方共赢增值。海尔把战略创新、组织创新、机制创新作为推进人单合一模式的驱动力，持续探索互联网企业创新模式。通过消灭中层，海尔变成了一个创业平台，平台上面的每个人只要有好的创意都可以创业，因而企业变成了上千个创业团队、小微团队。用户付薪是最为明显的变革，按照创造的市场价值提取，如果没有市场价值就要解散。人单合一模式的本质是"用户零距离"，这代表着将来企业发展的方向。

管理模式推动创新与创业。海尔变成一个生产创客的平台，海创汇平台是具体形式的体现。海尔自以为非，探索创新人单合一管理模式，从传统制造企业转型成为开放的创业平台，激活企业、员工创业创新精神，围绕用户需求搭建企业与员工、用户、供应商等利益攸关方共创共赢的生态体系。海尔探索开放式创新模式，建立线上线下融合的开放式创新平台，吸引全球资源和用户参与，开放链接世界一流研发资源，颠覆传统的瀑布式研发为迭代式研发，形成自驱动的创新生态系统，持续产出颠覆性创新成果。海尔通过"用户交互"发现用户需求，通过"整合资源"快速满足用户需求。海尔以"世界是我的研发部"为理念，开放链接全球资源，通过关键技术占位，布局专利池，主导国际标准制定。

制造模式是管理创新的实践。传统的制造模式是大规模制造，工厂批量生产之后再销售给用户，不能满足互联网时代用户个性化定制的需求。海尔探索互联工厂模式，由大规模制造向大规模定制转型，驱动产销分离转向产消合一，满足用户无缝化、透明化、可视化的最佳体验。海尔互联工厂既在用户最佳体验方面体现出高精度，也在企业价值创新方面体现出高效率。海尔互联工厂本质上是一个生态系统，最重要的是要连接用户。一方面，在制造环节前联用户需求、后联资源方，打造一个共创共赢平台，为用户提供个性化产品体验；另一方面，将产品由电器变为网器，利用互联网实现永远与用户交互，不断倒逼产品迭代升级。以 COSMO 平台为代表的智能制造模式成为全世界制造业智能化发展的第三极。德国工业 4.0 希望信息服务于制造实体，美国先进制造计划则认为可以从信息来控制制造业，海尔把两者联系起来实现内外均衡。海尔的互联工程以用户需求为核心，产品按需生产，实现用户定制化。

利用社群经济培育用户诚信生态。 海尔探索社群经济模式，就是要建立以诚信为核心竞争力，以社群为基本单元的后电商时代的共创共赢生态圈。简单来说，通过一个个社群，把社群资产的用户资源整合起来，根据用户的需求为他们提供需要的东西，为用户提供全流程最佳价值体验，创造用户终生价值，实现多方的共创共赢。海尔的诚信用户生态包括智能产品生态，三店合一生态、智慧物流生态和智慧服务生态。海尔以用户社群为基础，搭建起共创共赢的平台，率先引爆物联网时代。人单合一模式就是要以用户为中心，用户在交互、设计、制造、物流全流程参与，企业、用户、社群形成一个三元化的品牌社群，建立一个诚信的平台，让所有的利益相关方在为用户创造价值的过程中实现共创共赢。

产—城—创生态圈是管理模式的社会化。 "产"，是智能制造平台，是智能制造产业发展集群。海尔凭借具有自主知识产权、用户全流程参与的 COSMOPlat，打造全球先进的产业平台，做强中国制造业，做物联网时代与德国工业 4.0、美国先进制造并肩的世界第三极。"城"，是智慧生活平台，是城市社群交互平台。通过智能制造，打造智慧生活平台，提升居民的生活幸福指数。"创"，是双创平台。互联网时代让世界"零距离"，让整个世界成为海尔的"人力资源部"和"研发部"，以新技术推进双创平台发展。智能制造平台、智慧生活平台、双创平台，三级联动，以产业带动创业，以创业促进就业，同时配套智慧生活小镇，促进城市产业社群融合发展，形成开放、共创、共赢的生态圈模式，相互促进，融合发展。

整体来看，相对于德国的制造优势以及美国的互联网优势，中国企业完全有可能把这两者结合起来。一个得到普遍认可的观点是，互联网时代只有中、美两个竞争者。从技术角度看，美国是互联网时代的开创者，也是全新的引领者。中国则有巨大的用户市场优势，如支付宝、微信、共享单车等创新性应用。再加上巨大的网民数量和规模为发展互联网经济和智能制造提供了用户基础，两者的融合将会扩大到越来越多的产业，而且新产品和服务、新型商业模式也将不断涌现，甚至出现很多原创性的创新。通过人单合一模式的探索和应用，海尔已经走在世界的前面，如海尔兼并日本三洋后 8 个月就让连续亏损 8 年的三洋白电止亏。所以，创业追求不是第一，而是唯一。互联网为中国企业带来唯一引领的机会，这项革命性技术将帮助中国实现经济赶超以及企业乃至社会组织模式的创新，甚至加速社会文明的进程。

习近平总书记在哲学社会科学座谈会上的讲话中谈到，在解读中国实践、构建中国理论上，我们应该最有发言权，要善于提炼标识性概念，打造易于为国际社会所理解和接受的新概念、新范畴、新表述，引导国际学术界展开研究和讨论。海尔进行的管理变革探索不应该是企业家的"独角戏"，也不应该是海尔一家企业的责任，而应该是时代巨变背景下、强国战略推动下、民族复兴道路上所有中国制造业企业、中国学者的集体追求。

第一章 ∨∨

管理变革：
新工业革命时代的挑战

纵观历次工业革命历程，"新工业革命"不仅会带来技术基础、生产方式和生活方式的变化，更会带来管理变革和社会资源配置机制的变化。新工业革命不断促使人们对管理中最活跃的因素——"人"以及企业目标和管理边界进行反思，并力图实现企业和用户、企业内部各层级、企业和企业，以及企业和员工之间关系的动态平衡。

1

工业革命与管理变革

在人类工业化进程中出现了两次工业革命。第一次工业革命的标志是英国"纺织机"的出现，纺织机的使用使工业生产组织实现从手工作坊向工厂的转变，此次转变的背后是以煤炭为能源基础，以蒸汽机为动力基础。第二次工业革命的标志是"福特流水线"的出现，"福特制"促使工业的大规模生产组织方式得到迅速普及，转变的背后是以石油为能源基础，以内燃机为动力基础。在每次工业革命中，新技术范式都在不断塑造着新的管理模式。

新工业革命以数字化、智能化和定制化为特征，大规模定制将成为主要的生产组织方式。德国工业 4.0 将未来的工业定义为虚实融合体系（CPS），颠覆以电子和信息技术实现制造自动化的"工业"，强调机器与机器、人与机器之间无缝衔接，强调互联网不仅是"工业"的一部分或者是作为一种工具出现，更是整体架构的"底层技术"，强调虚实融合体系（现有实体的无缝衔接）基础上的智能化，强调虚实融合过程中的商业模式创新。因此，对新工业革命的理解不应局限在技术基础、生产组织方式和生活方式变革方面，更深层次的是制度和管理方式的变革，是社会资源配置机制的变革。**前两次工业革命出现了工厂制和现代公司制，那么未来是否会继续有新的企业制度出现？大型集团企业是当下广泛采用的组织形式，未来又需要什么样的商业组织？金字塔的科层组织结构还能够适应未来的发展吗？企业和消费者之间还仅仅是生产者和购买者的关系吗？未来员工与企业之间关系又会是怎样？**

新工业革命创造了数字化商业情境，管理创新获得了新的机会。互联网技术降低了人们进行信息搜寻和交流的成本，无论何时、何地，人们正在通过互联网连接在一起，能够进行实时的信息沟通和商品交易。新工业革命是一次产业架构的革命，是价值链或价值网络重新架构的过程。

一是企业以共享价值为经营目标。企业先制造产品然后将产品销售给用户的传统方式，将会被用户"我的产品我制造"理念所替代，用户参与的价值得到彰显。在价值链上用户已经不仅是一个购买者，还是价值的共同创造者和分享者。产品制造不再由企业单独完成，制造的社会属性在逐步放大，员工创客化促成"社交+制造"的模式。企业过去考虑的是经济价值，考虑经济需求、市场的定义，现在则还需考虑社会需求，因为社会因素会产生企业内部的成本。价值衡量的是与成本相对应的收益，但价值不仅仅是单方的收益，而是企业、员工、用户一起创造共享价值。传统经济模式下，企业是在相对固定的企业边界内依靠大规模、低成本的方式为用户创造价值。面对企业内外部关系的颠覆性变化，管理的边界也在动态变化，企业仅仅依靠内部资源、既有资源已经很难再创造价值，这就要求企业从开放的社会化的角度认识资源，认识企业的价值创造、传递以及获取。

二是员工成为合二为一的产消者。企业员工一方面是产品或服务的提供者，另一方面又是产品或服务的用户，同时具有员工和用户两种社会角色。在企业组织存在严格边界的前提下，企业员工的角色就同用户角色产生了分离，被严格嵌入企业内部的分工体系中，成为企业组织这个庞大系统中的一个"齿轮"，远离了用户角色。实际上有很多管理问题正是产生于这种分离，或者说是由于"两分"而产生的矛盾。尤其是当企业员工被当作"工具""物"对待时，这种"两分"的异化就更加突出。这时企业员工已经丧失了用户的角色，只是听命于上级的一个会说话的

"物"。正如德鲁克所说，企业存在的价值就在于创造用户，而这种"两分"的状态并不利于用户的创造。如何从"两分"走向"合一"就成为管理理论要重新反思的问题，"人"本应该成为管理的目的而不是管理的工具，"人"的自主管理是走向"合一"的重要路径。而新工业革命使制造与需求之间的距离被无限拉近，设计和制造之间的成本障碍被消除，个性化制造有可能得以实现。

三是企业以用户生态为营销途径。企业要跳出现有产品、产业甚至现有的边界去思考为用户提供的产品和服务，而用户价值不仅仅取决于产品和服务，它不是静止和固定的，也越来越不为生产者所控制。用户价值的中心不仅是产品的功能特征，更是用户体验——在数字化的商业情境下做好用户体验的设计。价值创造不是在静态状况下完成的，而是在交互过程中实现的。用户交互已经成为机会发现、价值创造和价值传递过程中不可或缺的行为。因为"交互"是获得数据的不竭源泉，基于交互获得的数据进行价值网络重构和传递价值，创造极致体验，最终形成了用户生态。

2

管理历程的两大逻辑

从百年管理历程看，管理理论发展经历了"从物到人"向"从人到物"的转变，从聚焦效率向聚焦创新和领导力的转变，从指令管理、目标管理向价值观管理的转变，组织在努力克服自身僵化带来的困难，总体上是在管理者和被管理者的主体框架下遵循着管理职能动态平衡的逻辑，基于法约尔提出的计划、组织、指挥、协调和控制五大管理职能，进行管理职能的增减，以及管理职能间的调整和组合。管理理论如何应对新工业革命对管理带来的变化？显然，从这一逻辑出发已经很难应对上述变化。

管理有三个要素：管理主体、管理客体、管理方法（手段或者是工具）。管理的主体就是管理系统，包括决策、执行、监督等；管理的客体就是管理对象，包括人财物，主要是被管理者；管理的方法就是用什么样的方法将管理者和被管理者之间结合起来。

法约尔、泰勒和韦伯分别从不同维度对管理理论的三要素进行了界定。"管理理论之父"亨利·法约尔在1916年提出了工业管理及一般管理理论，对管理主体进行了界定，即对经营和管理做了界定。他把经营分为六种活动，把管理分为五种职能，另外还有具体的14条管理原则。"科学管理之父"弗雷德里克·泰勒1911年提出了科学管理原理。他根据经济人的假设，对管理客体做出界定。泰勒认为企业管理的目标，就是要让雇主财富最大化，让每一个雇员财富最大化。"组织理论之父"马克斯·韦伯1920年发明了行政集权组织上的科层制，在科层制框架下产生多种管理方法。科层制解决了一个非人格化的人际关系问题，让人性服从于理性。整个古典管理理论就包括科学管理理论和古典组织理论。

管理上没有最终的答案，只有永恒的追问。在互联网时代，百年经典还适用吗？管理悖论普遍存在。弗雷德里克·泰勒以提高效率为目标，却又创造出阻碍效率的监督者。福特以流水线形成引领地位，却由于故步自封被通用超越。艾尔弗雷德·斯隆以多部门架构的市场区隔使通用汽车超越了福特，却又被自己的诸多委员会束缚。丰田基于精益模式曾超越美国三大汽车厂的利润总和，但德鲁克却认为丰田模式不行，因为没有真正体现人的尊严。在"丰田制"中，所有人都只是被执行者和被管理者。

金字塔组织也不例外。传统的企业组织结构和流程结构都在一定程度上限制了价值战略发挥的空间，自上而下的"正三角"组织结构带来的决策周期的冗长和决策信息的不完善，极大地影响了企业创造用户价值的速度和效率。在传统企业"正三角"（金字塔式）的组织结构中，市场信息和决策权分离。一线员工虽然掌握最准确、最及时的市场信息，却无法决策，而处在"金字塔"上层的领导虽拥有决策权，却远离市场。"自下而上"的信息反馈和"自上而下"的决策传递，一方面拉长了组织决策的时间，另一方面造成了传递过程中信息和决策的失真。而且在传统组织结构中，各流程环节独立，彼此的信息流动不通畅，责任难以分清，增加了企业的协调成本，降低了对市场需求的反应速度。随着企业经营规模越来越大，管理层级越来越多，企业内部的决策运作效率越来越低。企业规模的扩大使权力环节蔓生，影响信息和问题的上传下达，导致神经末梢感应不灵，从而降低了管理决策的准确性和有效程度，职能机构增多，加深了企业的专门化、部门化程度，滋生了官僚主义、部门小团队主义等不良现象。

尽管管理存在各种悖论，但是管理创新只要实用就好，最重
要的是与时俱进。从管理的未来看，管理理论开始强调"人"与
"物"的平衡，并力图将组织与环境"打通"。

一是管理理论强调"人"与"物"的平衡。管理理论的演
化，就是人性的演化。在管理理论发展过程中，最初泰勒将
"人"等同于"物"，之后梅奥对"人"进行初探，再到"人性"
理论三剑客对"人性"的再发现和明茨伯格从管理者日常行为的
视角来定义管理。从中可以看到，在不同现实环境下，管理研究
中对"人"的重视程度和研究视角是有所差异的，尤其是在遇到
经济危机或者重大技术变革的时候就更加关注对"人"的研究，
更加关注从"人"本身出发来研究和思考而不是从"物"出发来
研究"人"。但总体上，管理理论发展呈现出"从物到人"向
"从人到物"的变化以及不同时代"控制"和"自由"之间的
平衡。

二是管理理论强调组织与环境的适应。快速变化的环境对组
织的影响日渐突出。管理理论发展也就重点围绕对组织外部环境
的认识和组织自身的适应能力展开。例如，波特的竞争战略从
"五力"来认识竞争环境。面对环境的变化，组织一直在试图打
通内外部流程。以平衡计分卡为例，它包括四个要素：顾客、员
工、企业内部的流程、财务。它不是把企业当作一个单纯的内部
封闭系统，而是将其变成一个外部的联通系统。中国企业也学习
过这一理论，可是最终没有成功。原因有二：一是所有企业流程
都是以企业自我为中心来设计，不可能和外面连接。如果流程没

有改变,其他一切都是空的。二是缺乏必要的信息化手段,但是现在互联网技术和信息技术为此提供了技术支持。企业可以把串联流程变成并联流程,从而实现内外部的平衡。当信息实现了互联互通,企业再造就可以实现以用户为中心,而不是以企业为中心。

因此,在互联网时代,企业真正要关注的事情,一方面是用户需求和市场环境的变化,另一方面就是如何激活组织和实现员工价值。用户和员工作为个体,与组织不是交易和服从关系,而是共生关系。在以往的组织中,存在着鲜明的上下级关系,结构的稳定性较强,管理者更为关注个体对组织目标实现的贡献,更为关注服从、约束以及标准的制定。现在,组织不再是权力,它不应该是信息不对称的,而必须是开放的,所有的东西都可以联动,组织的作用在于连接,让企业里面的人相互工作。新的管理范式正在被塑造,有关个体价值的创造会成为核心,如何设立并创造共享价值的平台,让组织拥有开放的属性,为个体营造创新氛围,则成为基本命题。

当互联网推动经济从所有化经济向使用化经济大规模转型的时候,科层制下所有权与所有权的代理层级也将被取消,组织将变化成为一种可以被广泛使用的组织,任何一个组织个体都可以贡献创新能力,而大型组织的开放将是今后管理领域最大的课题。**管理范式的核心在于,具有系统思考的领导者,依赖于激发个体内在价值,来考虑整体以及个体的行为,创造共享价值。**

3

企业管理的六个要素

　　企业管理的内容具体而微，谈到管理，哪些关键元素是不变的？或者即使这些要素的内涵发生变化，而其作为刻画企业管理的维度是不变的？纵观百年管理发展历程，企业、组织、员工、用户、信息、工具等要素成为描述企业管理最为常见的词频。只不过，随着时代的发展，在管理目标的优先级中，各个维度展现的内涵和重要性并不相同。这些要素可以用来刻画海尔的人单合一模式。

　　自从亚当·斯密的《国富论》提出分工理论，科斯的《企业的本质》明确了交易成本决定企业的边界，企业作为工业文明时代最为重要的价值创造形态就形成了。从百年管理理论发展看，泰勒、法约尔和韦伯分别从不同维度对管理理论进行了界定，泰勒强调科学管理的效率，法约尔强调管理的一般职能，韦伯提出了科层组织。随后，以梅奥为始，"人性"三剑客马斯洛、赫斯伯格、麦克雷格做了大量关于员工需求的假设和研究。到此为止，管理学研究主要集中在企业内部。直到哈默提出"流程再造"（ERP），试图打通企业与外部信息的连接，再造要求的是以用户为中心，而不是以企业为中心。然而，当时信息没有互联互通，所以流程再造很难发展。卡普兰提出的平衡计分卡（BSC）包括了顾客、员工、流程、财务四个要素。第一次把用户纳入企业战略考核的维度，平衡计分卡不再把企业当作一个单纯的内部封闭系统，而是将其变成一个外部的联通系统。随着管理学进入"丛林"时代，为了推动管理科学化，以 SWOT 矩阵和五力模型为代表，产生了大量的管理分析工具（见图 1-1）。

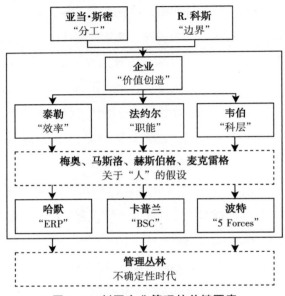

图 1-1　刻画企业管理的关键要素

钱德勒的"战略三部曲"描述了企业的线性成长过程①。海尔首先是一个"企业"，"砸冰箱"建立起"产品质量"这一核心

_____

①　"战略三部曲"即钱德勒的三部著作——《战略与结构：美国工商企业成长的若干篇章》《看得见的手：美国企业的管理革命》《规模与范围：工业资本主义的原动力》，主要描述了以铁路、石油为代表的美国企业经营规模成长、地域范围扩张的历程。

能力，"休克鱼"和全球化则实现规模与范围的扩张，现在海尔理所当然成为了代表国民财富的大企业。在海尔线性成长的过程中，"质量金奖"代表着用户口碑，"1000天流程再造"则是为了打通内外信息，"日清"体系成为海尔的管理工具，"倒三角"则是组织形态的初步探索。从产品质量战略到网络化战略，海尔围绕用户需求（无论是"质量金奖"还是"真诚到永远"），力图打破企业与用户信息的隔阂，最终实现"零库存""用户零距离"。海尔一直在围绕企业、用户、员工做"生态"，围绕组织形态、管理工具、流程信息做"变革"。人单合一模式体现了海尔对于企业、用户、员工各自本质乃至三者关系的重新定义。

4

管理创新的三个维度

互联网时代，企业从有边界转为无边界，用户从交易转换到交互，员工从组织人转换为自主人。

企业边界的维度

互联网零距离让信息不对称，主动权从原来在企业手里变成在用户手里。用户的需求决定企业的生存。在企业和用户之间，互联网技术不仅让用户获得更多有关产品和服务的信息，而且让用户的深度参与成为可能，用户资源将会内化为企业的战略资源。用户拥有了更大的选择权、更强的影响力，价值体现的要求更高，用户从被动接受产品和服务到主动参与产品和服务提供的全流程。在传统管理学框架中，更多涉及的是管理者，但现在用户已经进入企业的业务流程，甚至成为提供产品和服务的一部分，已经从产品和服务的被动接受者转变为主动参与者。

企业内部对透明度的要求越来越高，对部门或团队间协同的即时性要求更高。数字技术的应用使管理幅度也得到扩大，既有的组织层级已经成为信息传递的障碍，信息在传递中产生的偏离、损耗和时滞，同用户即时性要求之间的矛盾越来越突出。因此，跨越层级障碍进行节点连接和动态组网成为必需。企业内部上级和下级之间从更多强调集中控制，正在逐步走向分布自主式管理；从博弈关系走向合作关系。

在企业与企业之间，数字化的基础设施促使企业与企业之间的交易成本降低，同时用户对响应速度的要求在提高，这就促使企业从追求内在一体化转向合作共生，从竞争走向构建"商业生态系统"。

所以，互联网企业是开放的，企业与外部市场、用户变成零距离，企业之间、企业内部各部门之间都不再有障碍。

用户决策的维度

企业变革的基本动力——用户在网上。在互联网时代，企业的生存和发展不取决于企业本身，而取决于用户。员工必须转型，从听命于上级转向听命于用户。

第一，顾客需求的变化。在互联网和信息化时代，需求逐渐呈现个性化特征，因为"顾客的需求在网上"，企业必须"能够跟上顾客点击鼠标的速度"。用户的需求将和互联网紧密结合，体现出个性化的特点，并要求企业不断创造出新的用户需求。

第二，制造模式的变化。在大规模生产时代，企业先生产出来产品然后将产品销售给消费者，是一个从企业到消费者的过程。而进入大规模定制时代，企业开始强调用户的想法和需求，企业生产需要根据用户的反应迅速做出调整，这体现了从用户到企业的过程。生产方式将从大规模制造向大规模定制变化，企业不再是将规模生产的产品卖给用户，而是根据用户的需求灵活制造并安排生产。

第三，价值创造范式的变化。在创造客户价值方面，互联网时代和传统经济时代有非常大的不同。互联网带给企业的挑战，就是怎么解决信息不对称的问题，即企业了解用户到底要什么，而用户又会在选择的时候，保证选择到好的产品，这对企业的挑战非常大。企业需要将用户价值放在企业战略的核心位置，并对企业的组织结构和流程结构进行一系列的变革，以及为其企业战略提供制度保障。

员工价值的维度

在企业和员工之间，互联网技术的广泛使用，使原来许多时间和空间上的障碍得到克服。企业和员工之间，除了获得劳动报酬，员工对公平性和价值观的追求更高，雇佣关系已经不是企业和员工间关系的全部，共享正成为企业和员工之间的新追求。

企业与员工间的关系也更加富有弹性，工作也有了更加丰富的分类。"80后""90后"员工成为就业的主体，比例逐渐增多。近三年数据显示，"80后""90后"的员工数占比已经达到全体员工总数的2/3以上，这些员工学历普遍较高，视野宽广，接受新鲜事物快，对自我价值实现的要求也更加迫切，希望通过自己的努力得到认可和尊重的愿望也很强烈，传统的管理模式日益受到挑战。

人单合一模式最初的含义也是把员工、用户、市场连到一起，员工在为用户创造价值的同时实现自身价值。海尔发现，实现"人单合一"双赢，首先必须进行组织的颠覆，消灭复杂的层级，缩短用户与员工的距离，并建立支持这种价值创造范式的平台。其次必须从用户需求出发，而不是从组织命令出发，以用户需求为导向，而互联网的信息化沟通方式恰巧能够满足这种需求。最后员工要具有创业创新精神，以此对接个性化的用户需求，从而实现自身的价值。

对于企业、员工和用户，德鲁克曾经给出定义，"互联网最大的贡献就是消除了距离"，零距离要求从"以企业为中心"转变为"以用户为中心"，从大规模制造变为大规模定制。"企业的目的只有一个正确而有效的定义，那就是创造用户"。海尔人单合一模式以用户需求为中心，实现"我的用户我创造，我的增值我分享"。"每个企业要做的最重要的事情是使每个员工都成为自己的CEO，让每个人都能发挥自己最大的价值"。海尔为员工搭建一个机会公平、结果公平的平台，为员工提供资源和能力，让他们在平台上创造出更大的价值。

第二章 〉〉

人单合一：

『海尔制』的标识性概念

海尔的变革从管理创新开始，人单合一模式以企业平台化、用户个性化、员工创客化为战略创新。人单合一管理模式的实践成果体现在内部创新创业、智能制造、用户社群三个生态的发展，并拓展为"产—城—创生态圈"。以组织机制、管理工具、信息平台为管理创新的支撑，海尔构建节点网络组织、全员会计工具、协同信息平台，为创新生态的持续繁荣和生生不息提供驱动力。管理创新、企业实践、保障机制构成了"海尔制"的内容体系，人单合一成为"海尔制"的标识性概念。

1

人单合一的内涵

　　人单合一模式有两条主线：一条是员工的价值实现，这是海尔 2005 年提出人单合一模式的初衷，那时互联网对于经营的渗透还未像现在如此之深；另一条是互联网经济的发展，互联网为人单合一模式提供了技术基础，促进了新管理模式的迅速形成。可以说，两者相互彰显，人单合一模式契合了互联网时代企业的创新需求。

契合时代的背景

互联网对传统经济的改造是如此深刻，引发了全球生产方式以及管理模式的颠覆式变革，这种变化带来的最大影响就是对传统企业进行颠覆式创新的能力提出了新的考验。在技术变革已经发生的前提下，传统管理将是新经济商业模式的最大障碍。

一般而言，传统企业管理理论的基础是分工理论，在这一管理理论下诞生了流水线制造生产模式。一百多年前，福特汽车的流水线开启了第二次工业革命以来最大的辉煌，一举奠定了现代工业模式的基调之——规模化生产。在组织层面，传统的组织管理模式就是组织科层制，一个组织像一个金字塔，上面塔尖是高层管理者，中间是中层管理者，下面是基层员工。但在互联网时代，这一传统管理模式正面临着巨大挑战。一方面，从"企业为中心"到"以用户为中心"。传统经济模式下信息不对称的主动权在企业手里，企业生产什么，用户被动接受什么。而在互联网时代，用户拥有足够的信息，掌握产品特点及价格，自主选择，这带来了用户需求的个性化、碎片化。另一方面，传统经济时代赖以成功的金字塔组织会阻碍信息传递的快速性和时效性。金字塔组织的信息按照上传下达的方式与流程，一层一层往下或往上传递，但在互联网时代，爆炸式的信息是以几何级速度传递，金字塔的组织形式已经不能适应信息的传递与共享；另外，封闭的组织会不断积累"负能量"，需要通过打破组织边界来保持组织的活力。

互联网时代的新特征主要体现在三方面：在企业方面，在互联互通的零距离时代，人与人、人与组织、人与社会、现实世界与虚拟世界相互关联、彼此交融，如何通过开放进一步加强联结，实现更优资源的接入；在员工方面，商业民主社会的到来和自主经营意识深入员工心理，如何实现员工持续的创新精神和创业精神；在用户方面，如何始终把用户价值作为价值创造的源头，深入交互，挖掘潜在的价值需求，持续引领引爆价值创造。

海尔顺应科技浪潮、踏准时代节拍，五次调整企业发展战略并不断创业创新。早在 2000 年，海尔就提出"不触网，就死亡"的理念，这也是海尔互联网转型的早期理念。2005 年，海尔又提出"一千天流程再造"，为互联网转型做准备。2012 年底，海尔进入网络化战略阶段，明确要成为互联网平台型企业，打破企业原有的封闭系统，变成网络互联中的节点，互联互通各种资源，从"有围墙的花园"变成基于用户价值交互的共创共赢生态圈。海尔共创共赢平台不同于一般的信息聚合平台、社交平台，而是以用户最佳体验为驱动的攸关各方的共赢增值平台。

海尔的变革与人单合一模式的探索密不可分，人单合一模式作为双赢模式，让组织与最终用户实现零距离，并尽可能达成与客户的共创。因此，如何建立一个开放的、以用户为中心的、扁平化的平台型组织，成为企业面临的挑战。海尔人单合一模式顺应互联网时代的"零距离""去中心化""分布式"发展趋势,坚持开放、共享、共赢,从一个封闭的科层制组织转型为一个开放的创业平台,搭建机会均等、结果公平的游戏规则,实现利益攸关各方共建共享共赢。海尔的转型史无前例,而又恰逢其时。现在正逢物联网出现但是尚未引爆,海尔的转型不单是对公司结构的根本性变革,更希望能够引爆物联网时代。

员工价值的实现

管理理论演化的核心是效率,出发点是人性的假设。基于尊重人性、解放人性的核心理念,海尔改变了工业经济时代企业、用户、员工之间的线性关系。回到源点,人单合一模式最能牵一发而动全身的关键是"人"。谈到"人",三个故事在海尔内部流传:一是张瑞敏之问——如果海尔引进与松下一模一样的生产设备,我们能否生产出与松下一模一样的产品?二是"高速公路司机"管理困境,领导坐在办公室总是接到物流司机从高速公路打来的电话——被警察罚款,要票 3000 元不要票 800 元,应该怎么选?三是"郭台铭之惑"——富士康给员工宿舍修建了电影院和游泳池,为什么他们还要选择"跳楼"?

"人是目的,而不是工具,人自身的存在与发展,就是人的最高目的"。海尔给出的答案是"人单合一",一是承认个体价值,二是消除信息不对称,三是实现人的尊严。只有发挥人的能动性,才能做到同线同质;只有把责任落实到人,才能消除层层委托代理问题;只有像青岛"八大关"建筑群那样,处处以人为核心，员工才能感受到尊严。海尔认为，所有的企业首先要给人尊严，其次要给人公平的机会。

从 2005 年提出人单合一到现在已经十多年，其内涵从"打通"发展到"共创共赢"，海尔管理创新也从 1.0 发展到 2.0。仅从字面上来看"人单合一"，大多数人会把"单"当作订单来理解，进而会把"人单合一"理解为人和订单合一。当然，这种理解是狭义、片面的。海尔于 2005 年提出人单合一模式，"人"是员工，"单"不是狭义的订单，而是指用户价值，人单合一就是要将员工和用户零距离连接，让员工直面市场，在创造用户价值的过程中实现自我价值。2015 年的海尔 919 创新论坛，标志着人单合一进入 2.0 阶段，即共创共赢阶段，"人"升级为利益攸关各方，"单"升级为用户资源，双赢升级为共创共赢，是围绕着用户需求而搭建的生态圈中包括企业、员工、用户、供应商等在内的利益攸关各方的共赢。人单合一 1.0 的核心内涵是"打通"，以"市场链"模式为代表，要把企业和市场连接到一起，海尔内部的业务单元是自主经营体。人单合一 2.0 是要建立一个共创共赢的平台，企业更加开放，自主经营体也演变成了小微。

所以，管理的秘诀就是扩大并平衡企业、用户和员工三者的利益，形成共赢共享的利益共同体和商业生态圈。海尔人单合一模式体现了其对于企业本质、用户需求、员工需求的假设，并把组织形态的变革、管理工具的优化、信息平台的建设作为推进人单合一模式的驱动力。

从海尔人单合一变革的过程来看，其核心其实就是变革人、发展人，挖掘每名员工的活力和潜力。现在，"人"的概念并不仅仅指海尔内部的员工，海尔已经建立了人才生态链，这里的人也可能是海尔外部具有创业精神的人，即"在线员工"。人单合一模式对"人"在管理中的角色和作用进行了重新定义，从传统的"被动执行者"转变为"自我管理和自我创业"。"单"是目标，核心是顾客价值。企业的战略目标就是要识别并创造顾客认可的价值，从而满足顾客的需求。海尔更倾向于把顾客称为"用户"，只有对用户有价值，才能够称为真正的"单"。衡量"高单"的标准就是创造用户价值的大小。所谓共创共赢，首先把每个员工与用户价值匹配起来，消除员工与用户之间的距离；其次把"单"的大小和资源匹配起来，承接的单越大，所获得的资源和支持就越多；最后是把员工所创造的价值与薪酬匹配起来，完成"单"的价值越大，得到的报酬和利益就越多。

归根结底，管理关乎人性。激励人性、尊重人的价值是互联网时代所塑造的自由市场中企业管理的基本前提。所以，海尔希望通过人单合一模式对企业中"人"的价值和意义进行重新定位，围绕人的思维进行管理创新，探索如何重新定义人在组织中的角色与意义、人与企业的关系，如何真正尊重人性，承认个体本身具有的独立价值，从而激活人的价值创造潜能。

"人"既是所有管理变革的根基和突破口，也是最难变革的一个环节。即使在推行人单合一模式 10 年以后，张瑞敏也面临着"向右转"难题。谈到管理变革困境，张瑞敏形象地比喻道，好比一个人正在向前走，我喊了声"向右转"，可是员工只是头向右转了一下、向右看了一眼，身躯还是继续在向前走。所以，无论模式多么新颖，人的观念转变也需要一个漫长的过程。海尔要持续不断"砸"醒员工思维。"砸冰箱"的故事广为流传，"砸冰箱"砸出的不仅仅是产品质量，更是人的思维。如果那时把 70 多台冰箱在企业内部低价消化，作为负向的激励，未来只会生产出 700 台次品冰箱。所以，海尔以人为核心的新管理基因早在那时就已经植入，人单合一还是要回归到"人"，还是取决于每个人的观念、态度、能力和行为的转变。

2

"海尔制"的新架构

"海尔制"正在形成，人单合一成为"海尔制"的标识性概念。福特管理模式让全世界对美国经济产生新的认知，现在，人单合一模式的实践塑造着"海尔制"。"海尔制"从人单合一管理创新开始，在创新创业、智能制造、用户生态以及"产—城—创生态圈"模式实践中得到体现，并以组织机制、管理工具、信息平台作为保障。人单合一模式正超越管理层面，成为一种社会模式。

三个层面：战略、实践与动力

"海尔制"的体系主要体现在理论创新、管理实践、保障基础三个层面。人单合一不应被简单地理解为"人"即员工,"单"即用户需求,"合一"即共创共赢。作为"海尔制"的标识,人单合一从管理创新开始,促进海尔管理实践的变革,并构建了相应的管理机制、管理工具以及信息平台。

理论创新:"三化"战略

在理论创新层面,以"三化"为内容的战略创新构成了人单合一的核心内容(见图2-1)。人单合一模式体现出海尔对于互联网时代企业本质、用户需求、员工价值的深刻理解,以企业平台化打开封闭的企业边界,以员工创客化加速员工自我价值的实现,以用户个性化提供完美的用户体验。

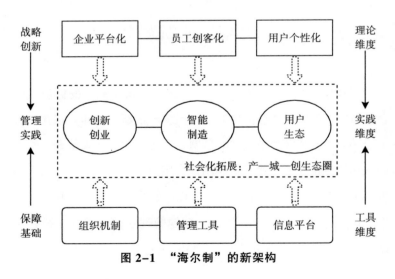

图2-1 "海尔制"的新架构

企业平台化、用户个性化、员工创客化构成了海尔的网络化战略内容。海尔实施"企业平台化、用户个性化、员工创客化"

战略，从产品设计、研发、制造到更新换代的全生命周期，让消费者、供应商、各类技术人员参与，突破了企业自有资源和创新能力限制，海尔已由原来的封闭式企业组织，变为开放的共生创新系统。

企业平台化，即要打破企业边界，创新企业价值创造范式，突破产业生命周期的约束，建立一个开放的、具有活力的、生生不息的商业生态系统。海尔的设想是，在企业平台上孵化出大量的小微企业，每一个小微企业都能成为创业公司，海尔因此成为一个大型的创业企业加速器。**用户个性化**，即企业与用户的关系要从交易关系转变为交往关系，从大规模生产转变为个性化定制，把消费决定权还给用户，并通过用户交互和用户创新，提供完美的用户体验。企业的生产从用户需求开始，没有需求的产品企业绝不生产。**员工创客化**，即重构人与组织的关系，发现员工价值，以知识型员工为主体，实现人人创客，满足用户个性化需求的同时创造企业价值。海尔要将每个员工变成创客，变成自主创业者。海尔以用户价值创造为导向，提出"人人都是CEO"，鼓励人在组织中自我实现，依靠自己的力量、智慧及努力获得生产发展的权力，驱动实现更大的价值。

战略创新重新定位了企业与用户、用户与员工、企业与员工的关系。探讨了在企业与用户之间，如何把选择权真正交给用户，在员工与用户之间，如何使用户价值实现与员工价值实现直接统一起来，在企业与员工之间，怎样才能使员工价值创造最大化，而且是自觉自愿、积极主动的。在生态创新范式下，企业通过互利和契约把外部参与者整合成为特定目标的价值创造系统，可以为企业带来源源不断的强劲竞争优势。所以，管理的核心就是管理利益，即把企业、顾客和员工三者的利益平衡好。优秀的企业家从不认为自己有何成功的秘密可以分享，只是要把顾客和员工的利益放在首位，为顾客生产满足其价值需求的产品，为员工创造发展的平台。在此基础上，给企业留出一定的利润，从而为股东和投资者创造价值。谈到企业、员工、用户的关系，可以认为用户（顾客）是价值的源泉，员工是价值的创造者，企业是两者实现供需结合的平台。如果员工不能为顾客创造价值，那么这样的员工就是"冗员"。最后，用户驱动企业，企业为员工提供平台，员工为用户提供需求，然后又回到了企业，企业再来改变，形成一个良性循环。

管理实践：社会化拓展

围绕打通企业生产与用户需求这一目标，海尔自身在转型为创新创业平台的同时，以用户需求为导向实施智能制造模式，并构建诚信用户生态，通过三者之间的协同，实现全流程用户体验。

一是以海创汇为代表的创新创业实践。通过企业平台化，海尔为每一个员工的成长搭建了一个广阔的平台，让每一位员工都有成为 CEO 的平台。这一平台培育了海尔人的企业家精神，而只有具备企业家精神的员工才能够得到持续的成长和发展。海尔倡导的是自主经营，即将企业家精神引至每一位员工，让每一位员工都成为自己的 CEO，都能够在为用户提供价值的同时实现自身的价值。

二是以互联工厂为代表的智能制造实践。海尔顺应全球新工业革命以及互联网时代的发展潮流，在《中国制造 2025》战略指引下，逐步探索出一条以互联工厂为核心的智能制造发展路线。海尔认为，智能工厂是一个生态系统，整个企业全系统全流程都要进行颠覆，通过互联使用户获得最佳体验，在满足用户个性化需求的同时给企业创造效益。平台能力是业务模式达成的保障，海尔的制造转型最终是建立起一个互联工厂生态系统，把整个工厂变成并联的平台，从用户交互到开放式创新、智能服务，构建 7 大全流程平台，全流程打通，支撑用户全流程参与下的最佳体验①。海尔智能制造主要体现为模块化、自动化、数字化、智能化特征。海尔互联工厂生产体系最大的意义便在于能够实现高精度下的高效率，而且在这样的高效率之下还能实现大规模的定制，因为一切需求都来源于社群和用户。

三是构建以"日日顺"和"三店合一"为主体的诚信用户生态。海尔从 2016 年开始实施"三店合一"。"三店合一"，即微店、电商和线下实体店的融合，三店共享平台优势，共创用户口碑。"三店合一"模式，中心是用户，微店利用发酵的形式获得用户、培养粉丝，线上店做流量，实体店做体验，整个研发、制造、用户中心、物流、服务资源都是为它服务的。"三店合一"将传统的依靠广告、流量获得用户的方式转换为通过社群获得用户。海尔

---

① 资料来源：海尔智能制造创新实践，中国工业新闻网，查询时间：2016 年 2 月
10 日。网址：http://www.cinn.cn/xw/ztzl/znzzjdal/345848.shtml.

的"三店合一"模式使"顺逛"能够实现"线上店、线下店、微店"资源的互联互通，并且以庞大的微店主团队为入口，将用户需求与海尔互联工厂直联，并通过社群交互，驱动小微产品迭代。因此"三店合一"称为 OSO 模式，即 Offline-Social network-Online 模式。

四是以"产—城—创生态圈"为代表的智慧城市实践。海尔要建一个区别于以往任何工业园的"工业园"，更准确地讲，是"产—城—创生态圈"。"产—城—创生态圈"是"三智生态圈"：智能制造、智慧生活、智者平台。以工业互联网平台为核心，海尔积极发展"产—城—创生态圈"模式，全力打造集物联网、移动互联网、电子商务、软件开发等智能制造、智慧生活、"双创"于一体的开放型服务平台。

保障基础：三大驱动力

在保障基础层面，网状节点组织、全员会计工具、协同信息平台构成了支撑海尔战略创新的三大驱动力。

作为组织机制，海尔的节点制有三重含义：一是构建网状节点组织，意在消除所有的结构性障碍，打通纵横连线，组织才能真正感知市场、实现与用户的零距离。网状节点组织由不同功能节点组成，配合扫描用户群体，当发现有价值的用户需求后，相关节点同时提供自己的扫描信息，最终直接生成一个用户需求解决方案。二是小微企业是节点的主体。小微企业赋有"三权"，企业传统做法是定岗、定编、定人，海尔的做法是企业不定人，小微成员自主选择团队成员。人单合一最大的一个特点是"按单聚散"。不是必须由现有员工创造用户价值，而是谁能创造用户价值，谁就有机会发挥。简单来说，是"按单选人"而不是"按人选单"。三是创客所有制，主要包括投资机制和驱动机制。投资机制界定了小微企业与平台的关系，驱动机制则决定了小微企业的未来发展。

创新能力成为最重要的生产要素，传统的财务报表难以体现其价值。当小微企业成为节点，创客的价值、思维方法、工作方法、激励方法、考核方法就需要全员会计工具来支撑。海尔的核算机制要覆盖每一个节点。海尔坚持日清工作法，并将其发展成为战略损益表，战略损益表作为思维方法决定了战略目标（用户需求）、团队（小微企业）与机制（161 流程与人单酬）。海尔的共赢增值表是从生态的维度开始识别、计量、管理和运营这些资产。二维点阵图作为承接战略的最主要的管理工具和方法，决定了每个员工的执行效率和业绩对标。对赌机制则决定了薪酬分配和小微企业未来的成长。

协同信息平台则从用户交互开始，到产品研发设计，再到生产制造，再到渠道销售（如"三店合一"），再到物流配送和售后服务，全流程实现了信息化和可视化。海尔提供全流程无差异的用户体验，利用信息化平台把各个环节并联起来，一方面需求信息能够在这些并联环节之间实时共享、实时协同，另一方面信息的可视化也为用户提供了全流程的体验。

从组织、工具、信息的关系看，信息平台的构建是以节点流程为基础，而组织形态的节点化，要求信息平台能够保证各个节点之间的互联互通、并联协同。为了保证管理工具的效率，信息平台需要为考核、思维、工作等工具提供数据服务，数据支撑也使各个节点之间能够根据自己的"指标"决定市场链的交易模式。员工可以通过信息化的平台与顾客互动，及时识别和发现顾客需求，并以最优方案满足顾客需求；同时，企业也能够通过信息化系统及时掌握每一个员工的绩效和问题，通过提供资源和专业服务来帮助小微企业和创客达成目标。

六大要素：管理的维度

总之，企业、用户、员工、组织、工具、信息六个要素构成了理解海尔管理模式创新的关键。人单合一模式的创新所引致的管理理论突破和颠覆也主要体现在这六个维度上（见图2-2）。

企业

企业必须从封闭走向开放。成功的企业需要拆除横亘在顾客和企业之间的藩篱，拥抱顾客、共享资源，进行开放式创新。海尔把企业打散变成直面用户的创客团队，让其在开放的平台上利用海尔的生态圈资源不断创新。这就意味着，在互联网时代，企业的边界拓展、价值创造的范式、企业生命周期，都在发生着变化。

企业从有边界转为无边界。科斯认为企业是有边界的，内部费用大于外部交易成本时就把边界缩小，内部费用小于外部交易成本时就扩大边界。但是，互联网颠覆了科斯定理，互联网时代的企业是无边界的，可以整合资源。企业的边界正在被打破，资

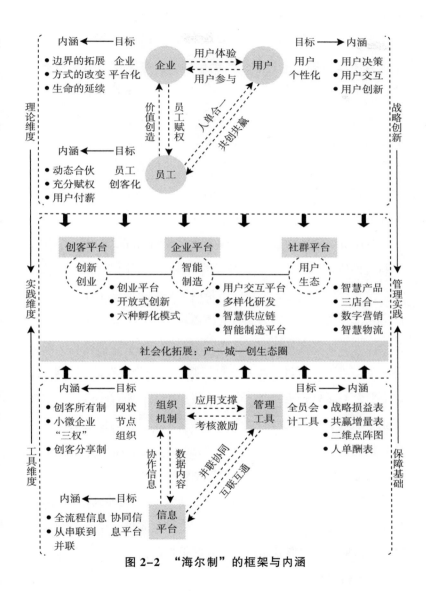

图2-2 "海尔制"的框架与内涵

源不再集中在企业内部，而是呈现"分布式"状态，全球资源都可以为我所用。市场正在从以交易为内容的单边市场，转变为双边或者多边市场，平台型企业正在形成。海尔将组织结构扁平化，转型成为一个开放的平台，平台上是各种实施独立核算的小微，实现了分权管理。企业的边界变得开放，不但成为汇聚生产资源的平台，还成为汇聚创新思维的平台，员工可能会是在线和在册状态，用户也可能通过交互加入企业价值创造过程。所以海尔有一句话，就是"世界就是我的人力资源部，世界就是我的研发部"。

　　企业价值创造的范式正在改变。互联网消除了距离，个性化定制的价值日益凸显，工业时代的大规模生产制造已经行不通。一个没有边界的企业，需要的不是内部平衡，而是全球平衡。在供给侧，企业需要分解为无数的小模块，内部要动起来，甚至还要更加灵活地整合外部的合作者资源，以协同生产的模式匹配长尾和动态需求。所以，海尔从科层制组织变为现在的创业平台。这个平台上面只欢迎创业，产生了很多小微。通过小微，海尔把企业做小。小微，也叫小微企业，是完全市场化的创业团队，是独立核算、自主经营、自主管理的业务单元。每个员工都是创客，以用户需求为核心，自主创新创业。企业与用户的失联状态必须改变，因此，小组织形式帮助企业把触角延伸到市场终端，触及用户。大平台则能够满足用户的个性化需求，提升需求响应效率。信息平台则形成用户需求数据报告，实现从大规模制造转变为大规模定制。

企业的生命周期轨迹得以延续。从经典管理理论角度看，钱德勒在《规模与范围》中提出，企业的目标是把企业做大做强，即规模大范围广；企业的成长路径取决于两个变量——战略和组织。战略决定组织，两者是从属关系。各种管理方法都是沿着这个线性逻辑推进的，是线性管理。互联网时代，线性管理要变为非线性管理，线性成长要变为非线性成长。非线性成长，是指企业在内生与外生要素的非线性相互作用下，在一定时空内涌现出自组织行为，最终实现从无序到有序，或从一种有序结构到另一种有序结构的演进。通常来说，非线性成长是创业企业，特别是创新型企业最突出的特征；在市场供需不发生重大变化的情况下，传统制造企业的收入与利润往往都会维持在一个相对可以预期的线性变化范围之内，但创业企业，特别是创新型企业则由于适应市场的新需求或改变原有市场结构而形成爆发式增长。

所以，传统模式要颠覆为平台模式，从传统名牌经济转型为平台商业，从零和博弈转型为共创共赢的生态圈。海尔的颠覆目标是平台化，把网络效应和跨边效应最大化，实现零边际成本和零摩擦参与。平台上的小微可以内部孵化，也可外部加入。海尔打破企业边界、地域边界对价值创造的约束，突破企业的线性成长范式，把企业变成生生不息的创新生态系统。

用户

用户资源的竞争将取代传统的市场竞争、产品竞争。互联网企业要具备三个特征：零距离、去中心化、分布式。零距离就是要实现用户主导，企业与用户之间实现零距离，企业应该将控制权、选择权、自主权交还给用户，理解用户的需求消费主张，从"眼睛的盛宴"到"用户参与"，从交易到交往，从经济学到社会学，与消费者共舞，提供完美用户体验。把用户需求作为创新动力，去中心化就是要构建扁平化平台，让员工直接面对用户。分布式特征则是要进行资源整合，把企业、用户、员工连接在一起，形成完备的生态系统。海尔实施人单合一模式，就是要将权力返还给员工，并让创客团队追随市场和用户需求。

用户拥有决定权。"市场就是对话"，互联网时代，消费者正在形成自己的主张和主动权。互联网思维不能基于工业思维，不仅仅是再次把商家武装到牙齿的工具；其用途不仅仅是提高交易效率，铲除中间环节；不仅仅是提供舒适、便捷的"惬意消费"。用户个性化要求"从交易转向交往"的体验经济，将控制权、选择权、自主权交还给用户自身，促成用户与企业的"对话"。从交易到交往，表面上看是商业模式、商业组织理论、消费者行为的变化，实质上是经济学和社会关系学的重要变化。

用户交互优先。市场中有三件事：交易、对话和关系。在工业经济时代，交易是最大的事情，企业痴迷于得到潜在用户的注意力。在互联网时代，关系和对话变得更加重要。随着企业与外部环境信息的联系被打通，需求链和供应链相拥而行，整个生产系统的各个环节都需要对话。用户与企业的关系更加自愿和真诚，这种忠诚建立在相互尊重和关心之上。过去，企业"捕获"或"锁定"用户需求，仿佛用户是企业的奴隶。现在，用户并不仅仅想要消费，而是需要享受、分享、交谈，乃至参与投资和创新。企业通过提供个性化的用户体验来赢得用户的尊重。企业与用户的关系从交易关系变成交往关系，用户需求表达得更加丰富和清楚，企业对用户的需求能够快速做出回应。企业与用户的经济互动范围不断扩大，业务的规模也会增加。

鼓励用户创新。企业必须改变传统的"营销"模式，变得更加具有对话性和社交性。用户作为一种重要的资源，不再是要被"管理"的"资产"。自由的市场需要自由的用户，赋权给用户，使之具有自主性和独立性，创新的用户可以开发出他们自己想要的产品，而不是依赖于那些制造商所扮演的代理人角色，而通常他们还不是完美的代理人[①]。企业必须承认创新之源在核心组织的边界之外，这就需要彻底地重新定位组织形态、任务结构、激励机制，以及重构企业信息系统。

员工

在传统科层制下，员工逐渐变成了"组织人"——是毫无个性，毫无个体意愿的组织机器"标准部件"，而转变的路径只有"平权"。员工创客化颠覆了雇佣制，让员工从"组织人"转变为"自主人"——**每个人创造用户价值的同时，可以充分体现个人价值。**传统的层级式、官僚式的组织管理模式成为阻碍组织与顾客共同创造价值的最大障碍，因为，僵化的管理体制限制了组织的灵活性与创造性。

---

① ［美］埃里克·冯·希贝尔（Eric von Hippel）.创新民主化.陈劲，朱朝晖译.北京：知识产权出版社，2007.

　　海尔将"用户零距离"作为组织变革的首要目标，更将其视为组织与用户共创价值的核心原则。所以，"小微"和创客都需要将"与顾客零距离进行交互"作为制定战略目标的准则。对于创客，人单合一就两个字：一个是权，另一个是钱。权就是决策权、用人权、薪酬权。不同于传统理论的"授权"，海尔采用员工创客化的方式让员工认识到自己本该具有的权力，而这个权力是用户赋予的，工资就是用户付薪。海尔通过创客化重构员工与企业的新型关系：一是潜力解放，激发和管理人力资本价值增值；二是价值衡量，以"二维点阵"为核心的人力资本价值全面衡量方法；三是全员共治，突破传统契约关系，构建共创共赢的动态合伙人机制。创业是在海尔这个平台上进行的。共赢是目的，是各方利益最大化，攸关各方能够持续协同、共享创造的价值。

　　管理无领导，是海尔向科层制下的传统领导模式的宣战。员工创客化对大型企业而言挑战极大，要实现企业从原来以控制和职能为主，变成"人人创客"的生态圈，变成一个创业平台、创客平台，意味着原来所有组织的彻底颠覆。大多数领导者都成长于科层制度体系中，他们迷恋权力，以自我为中心，习惯于狐假虎威、发号施令，傲慢而专横。导致员工敬业度低下的是"集权造成的压抑"。大多数企业都是由 CEO 往下逐级授权，普通员工没有决策权，甚至无权反抗那些以自我为中心、独断专行的主管。当遇上打击员工热情和积极性、扼杀员工创造力的老板，大多数员工只有两条路可选：要么沉默，要么辞职。海尔所推行的

"管理无领导"，就是要颠覆传统的领导力模式，要为那些有创业
创新精神的员工去掉曾经套在他们头上的"紧箍咒"，让他们重
新焕发创新的激情与活力。人单合一模式的最终目的是释放每一
个员工的活力，把每一个人的创新能力发挥到极致，实现每个人
的价值及分享。

组织

节点网络化是组织变革的重要趋势。从组织形态看，科层制
组织形态正在变得无效，需要实现组织结构的网络化。随着企业
向生生不息的创新生态圈演化，海尔变成一个平台化的企业，平
台上的主体有小微企业和创客，它们共同形成了网状节点组织、
形成了价值创造生态圈。海尔的组织颠覆，就是不要层层传达，
将组织内网与需求外网联系在一起，而是要面向市场、面向用
户，通过实施网络化、信息化，充分实现企业与用户、用户与员
工之间的沟通。

创客活力化是组织变革的首要目标。未来的海尔，将不再是
一个集团式的大企业，而是一个创业平台，平台上有自主创业企
业，还有在册—在线创业企业。2014 年，小微开始进入海尔的变
革日程，小微就是创业单元。海尔的设想是，在企业平台上孵化
出大量的小微企业，每一个小微都能成为创业公司，海尔因此成
为一个大型的创业企业加速器。

自演进机制是组织变革的主要动力。自主创业小微要自己发
现市场机会，自创意、自发起、自组织，在海尔内部涌现。而不
是采用传统的项目制，由上级指令，并分配资源、资金、人力。

在册—在线创业小微则可以从内而外，变成在线小微；或者由外而内，加入海尔平台，变成在册小微。支撑小微创业的机制则是"自演进"，一方面满足用户的最佳体验，另一方面动态调整商业模式。自演进需要将利益分配和价值创造结合起来，形成以"自创业—自组织—自驱动"为内容的三自精神。自创业即发现市场机会，自组织是要整合满足用户需求目标的资源，自驱动即坚持用户付薪以及风投跟投。

组织的变革并不是完全消除层级。任何系统都是有层级的，网络组织也不例外。互联网时代实际上也是有层级的，但是层级是自然生成的，并且基于节点所创造的价值。因此，"管理无领导"并不等同于"企业无领导"，海尔也不可能变革成一个完全消灭领导者的组织。领导者是相对于追随者而言的，凡是有追随者的地方就会有领导者。海尔的领导者，无论从角色、职责还是定位，都和传统模式下的领导者有很大的不同。在海尔"无领导"模式下的自演进机制中，领导者的角色被界定为"资源接口人"。

工具

区别于传统的会计工具，海尔的全员管理会计工具更像是将学习工具、思维工具、执行工具融为一体。全员管理会计工具是人单合一模式成功的保障。随着网状节点组织的构建，小微和创客都成为节点或者接口人。海尔不仅要将管理会计系统融入企业的战略和运营，而且要将每个员工作为自负盈亏的创新单元。传统企业的核算体系是"事后算账"，见数不见人，见果不见因。

在人单合一模式中，"全员式"管理会计的核心任务是"事前算赢"而不是"事后分析"。正如张瑞敏所言，"管理会计的本质是规划未来的会计，是决策的会计，而不是被老板'管理'的会计"。

随着海尔战略转型的不断深入，海尔也一直在探索新的绩效管理工具，目的就是如何才能让员工实现自我管理和自我激活，从而创造最大化的价值。满足终端用户的需求，终端用户价值达成了，员工价值才能实现，实现两者的统一。海尔的管理工具以日清思维为基础，以"战略—执行—分享"为体系，创建以战略损益表、二维点阵图、人单酬表（对赌机制）为核心的全员会计核算体系。

海尔的战略损益表是战略落地的总控平台，无论是平台主、小微主还是创客都有一张自己的战略损益表。战略损益表按照战略、团队、流程、机制四个角度分为四个象限。传统财务报表的损益表，是收入减成本再减费用等于利润。战略损益表中的收入项与传统财务报表的收入项不同，是指为用户创造价值而获得的收入；有些收入如果不能与用户需求挂钩，不能持续创造用户资源，尽管产生了收入也不能列在收入项。

海尔的战略目标是通过共赢增值的思维构建以用户为中心的共创共赢生态圈。平台引领者的最终目标是社群经济。所谓社群经济，就是一个社群的用户需求，要与平台进行长期交互，给用户创造终身价值，用户永远会在平台上得到所需。既然社群经济是海尔转型的主要方向，于是海尔将"战略损益表"改成"共赢增值表"，把用户资产体现在战略工具之中。

二维点阵工具由横轴和纵轴组成，横轴表现的是市场竞争力给企业带来的价值，通过收入、利润、平台交易额、市值等指标体现企业在市场上的竞争力位次。横轴显示的是传统绩效，来自传统损益表。纵轴表现的是为了实现横轴的市场竞争力目标，战略承接目标，也就是实现市场竞争力的驱动机制和发展所需的具体路径。纵轴一方面看工作目标和绩效的实现情况，另一方面必须符合公司的战略方向。纵轴是战略绩效，聚焦于长期发展而不是短期行为。

人单酬表体现"合一"的理念和员工自主运营、自负盈亏的原则，根据业绩完成情况及与集团整体目标的达成效果确定经营体的总体薪酬，把员工的报酬和其为用户创造的价值紧密结合起来，作为员工自我经营的最终结果。如费用问题，一般企业都是根据职务决定待遇，海尔则是根据创造多少用户价值来决定开销。要使二维点阵落地，则需要实施的载体，即对赌契约。对赌契约是以小微为基础单位，建立平台和小微之间、小微与员工之间的对赌契约，双方均对赌特定的目标、分享价值和挂损机制。因为小微拥有分配权，对赌后会依据贡献大小由每个小微成员自主分配，激发大家的积极性和自主性，推动小微持续发展，实现共赢。

信息

在科层制组织中，信息只能实现串联，沟通是垂直的。互联网时代的传统管理模式面临着巨大挑战。一方面，用户拥有自主选择权，并且需求个性化、碎片化。另一方面，科层组织阻碍了信息传递的快速性和时效性。在互联网时代，信息是以几何速度传递，科层组织不能适应信息的传递与共享。流程再造要先于信息化，因为流程再造的核心是"端到端"，即从发现顾客需求起，到满足顾客需求止。所以，流程再造的核心是识别和创造价值，它以顾客为中心，以管理创新为手段，这是企业存在的本质。而信息化只是一种技术手段，其目的是实现流程的高效运转。考察企业实施流程再造的经验，真正成功实施业务流程再造并将流程和信息化两者有机融合在一起的跨国公司并不多见，其中最为主要的原因是仅仅将流程再造理解为信息化，加大了信息化的投资力度，而忽略了以"顾客和员工"为中心进行流程优化，这种本末倒置的做法最终导致不但没有提升企业灵活性，反而使流程更加僵化；不但没有释放员工的创新活力，反而压抑了员工的创造性。

海尔的新经济之路，始于企业的信息化。网络技术改变企业的经营模式，一是消除企业与用户的距离，员工不能更新观念，无益于自我抛弃；二是组织形态和管理机制要不断创新，内部流程要适应外部的变化；三是整合企业内外资源进行技术创新，创造需求的同时创造出新市场。互联网可以实现立体化连接，信息纵横交错，串联并联交织形成了网状结构。网状组织主要是基于互联网的特征，打通了组织的连接，实现了全流程信息化，推动了管理流程的"并联"。

信息平台是人单合一模式最重要的支持平台。顾客和员工是信息化的主人。信息化要"以人为中心",以释放员工的创新活力为本,而不仅仅是控制、约束、监督员工的行为。将信息技术植入到管理流程中,把原来的信息孤岛变为开放的信息化系统。海尔的信息化系统紧紧围绕着"创造顾客价值"和"激发员工创业"而展开,通过职能部门平台化建立大共享平台,以用户需求为中心,聚焦于和用户深度交互,并整合全球资源;同时,还建立了电子损益表、电子人单酬表和信息化日清平台,这类平台以员工为主,帮助小微企业和创客识别战略目标和战略执行之间的差距,制订绩效改进计划,促进内部的协同。

三大转型:创新的目标

海尔人单合一模式创新要实现三大转型目标:管理转型、流程转型、机制转型。

管理转型:从制造产品到孵化创客转型。海尔在搭建的双创文化商业生态圈中,不仅仅聚焦用户、全球一流模块商、创客、投资人、创业导师,更重要的是形成了一个完整的创客孵化体系。以前的海尔成功打造了世界一流的产品流水线,而现在的海尔正在打造一条"创客生产线",实现从制造产品向孵化创客转型。

流程转型:开放并联平台上攸关各方利益最大化。传统企业的流程是市场分析、技术研发、工业设计、采购、组装、营销、渠道、服务全流程串联进行;而海尔建立以用户为中心的开放并联平台,用户参与交互、设计、制造、服务等全过程。过去的流程里，企业只关注自己的利益最大化。而在现在的流程里，必须做到参与流程的所有攸关方全都实现利益最大化，资源无障碍进入和攸关方利益最大化，要能周而复始地动态优化。

机制转型：从企业付薪到用户付薪。海尔在转型前，是科层制组织架构，强调的是"日清日毕，日清日高"的执行力文化，员工听领导指挥。到了创客时代，用户成了领导，一切都要听市场和用户的。这种角色的转变带来的是更丰富的资源和更开放的组合。创客平台各成员之间是投资合作的关系，大家由执行者变成了创业者。公司打造用户付薪平台，小微企业要在这个平台上发展，公司会在财务、人力等方面给予一定的支持。如果小微企业找到风投，公司也会跟投，创客本人也会跟投，最终就成为小微企业的一个股东。海尔在小微企业里可以是控股，也可以是占小股。当然，海尔会是小微企业的股东之一。"海尔"这个品牌，小微企业可以直接使用，也可以打造另外的品牌。

为了推动三大战略转型，海尔把管控组织变成投资平台之后，实现三权——决策权、分配权、用人权的彻底让渡，将这三项权利完全赋予创客和小微企业，创客和小微企业有了这三项权力，"自主"不再是徒有虚名，而是真正能在第一线第一时间了解用户的需求，又能以第一速度满足和创造用户需求，所以它们一定是独立的企业。同时，原有的管理人员也发生了质的改变，不再扮演指挥和监督员工的角色，而是与员工为完成同一目标而协同的角色。由此从过去员工听领导的变为员工听用户的、领导听员工的；由此彻底颠覆传统的金字塔组织结构，变成一张

"网"，形成创业的生态体系。

企业文化：润物细无声

企业文化就像"空气"一样弥漫在企业四周。人单合一模式的实施不仅仅是两个层面、六大要素的变革，海尔的企业文化起到了"润物细无声"的作用。海尔拥有很强的共同价值观，这一价值观的核心就是"两创文化"，即创业和创新，这是人单合一管理模式的文化基因。所谓创业就是通过机制最大化地释放每一个人的工作活力，其终极目标就是让每个员工都成为自己的CEO。所谓创新就是永远"以顾客为是，以自己为非"，通过机制和管理的创新满足顾客价值，为员工在海尔内部"自我创业"提供平台。海尔"两创文化"的形成非一朝一夕之功，而是一直伴随着海尔的成长历程，不断发展和演变而来。在人单合一模式转型过程中，海尔把企业文化从执行力文化向创业文化转变。

为了让员工认同人单合一模式，海尔通过报纸、杂志、电视、网上社区、"活力秀"、"画与话"、会议、"三金奖"等不同的文化载体进行表达和沟通。如《海尔人》报会结合"周六会"提出的新观点、新案例加以解析，形成导向性明显的社论。海尔电视台的内容以海尔资讯、管理案例为主。网上社区是海尔为员工搭建的在线交流平台，社区里会定期发布有关企业文化的资讯和案例。"活力秀"是员工自我搭建的一个展示活力和真实自我的平台，潜移默化地传播着海尔的创业创新文化。"画与话"是员工自发兴起的，用漫画的形式表达他们对集团战略和"两创文化"的理解。"周六会"更是战略推进会"调频会"则是案例样板会。
"三金奖"，即金锤奖、金榕树奖和金网奖则是分别针对创新、创业、网络化的企业奖项。这些载体有利于塑造海尔人的共同价值观，强化战略执行力，并随时为下一次变革奠定基础。海尔文化表现出对创新追求的狂热和痴迷，形成了独特的内部语言和组织体系，通过构建无层级、无领导、无指派任务的网状组织企业，营造鼓励创新的环境和文化。

海尔的创新与创业都是基于"周六会"这个中枢神经体系，各种战略工具才能够有效落地。小微主把每个职能或节点遇到的新问题或规范中未涉及的新流程做成案例并在"周六会"上共同寻找解决方案。在"周六会"上，小微主发现了问题，下次带着方案再来，由相关共享平台、节点共同梳理流程，建立规范和标准，把结果固化在流程中，以后再自组织执行。在创新文化形成过程中，高层领导者的支持非常重要，他们必须服务于创新目标，向员工讲述创新故事，建立创新文化，并将那些认同价值观的员工团结在一起。"海尔制"的内涵与维度见表2-1。

表 2-1 "海尔制"的内涵与维度

六大维度	传统企业管理	"人单合一"新内涵	海尔的颠覆性创新	典型案例
企业	• 企业边界：交易成本 • 价值创造：规模制造 • 生命周期：僵化消亡	• 企业平台化	• 边界拓展：非线性成长模式 • 价值创造：小前端和大平台 • 生命周期：持续的创新生态	• 海创汇创业平台 • COSMO互联工厂

续表

六大维度	传统企业管理	"人单合一"新内涵	海尔的颠覆性创新	典型案例
用户	• 决定权：企业生产 • 价值提供：交易关系	• 用户个性化	• 用户决定权 • 用户交互 • 用户创新	• 天樽空调 • 小帅影院
员工	• X理论：执行效率 • Y理论：能动性 • 马斯洛：需求升级	• 员工创客化	• 人人创客 • 动态合伙人 • 小微企业"三权"	• 烤箱 • 雷神
组织	• 科层组织：授权 • 领导：集权 • 层级：冲击距离	• 网状节点组织	• 节点网状机制 • 创客所有制 • "三自"机制	• 车小微 • 免清洗洗衣机 • 有住网
工具	• 会计工具 • 业务工具	• 全员会计工具	• 战略损益表 • 共赢增值表 • 二维点阵图	• "人单酬"机制 • 用户付薪机制 • 对赌机制
信息	• 信息流：业务串联 • 信息流：自上而下	• 协同信息平台	• 信息：互联互通 • 流程：并联协作	• HOPE平台 • e-HR平台

| 第三章 | ▽▽

企业平台化：无边界的创新生态圈

海尔战略变革的思路一脉相承，都是创造用户需求，提供完美用户体验。企业平台化就是要探索从"规模型企业"到"平台型企业"的转变，即打造互联网时代全球领先的智慧生活解决方案平台。

1
从封闭到开放

在复杂动荡的环境中，企业如何把握战略机遇并通过创新实现成长？这一问题反映了战略的三个基本命题：企业的成长空间、模式与选择。现在，每个企业正在成为互联网的一个节点，开放成为企业战略发展的前提。然而，很多企业是封闭的，体现在内部资源不能共享、部门之间不能协作，导致部门变成条块分割的体系，沟通、协作受到阻碍。

企业的定位，是开放还是封闭？开放，不仅意味着企业间的合作，而且要将企业边界打破，和外部融合共创。开放式创新体现了创新要素之间的互动、整合与协同，企业与创新相关利益者之间保持了密切的合作关系，创新知识可以实现跨边界的自由流动。

开放型企业的定位不能以自我为中心，而是以用户为导向，倾听用户的声音，从而实现从交易到交往的转变，把用户纳入企业的创新生态。传统企业以顾客为导向，销售额是主要的业绩指标，成为世界 500 强是很多企业的愿景。以用户为导向，区别于以顾客为导向。顾客和用户有本质的区别，顾客体现的是交易型关系，是钱和物的交易，而用户则通过不断交互参与企业创新，企业要创造出最佳用户体验。

开放还意味着要关注企业的员工。传统的大型企业坚持股东优先，然而没有任何股东可以给企业直接创造财富，只有员工才能代表企业，才能创造用户价值。尤其在用户个性化、需求碎片化的非线性时代，要想准确捕捉用户的需求，只有依靠员工的自主性，并不断激发员工的潜力，把员工改造成"创客"。

开放就是要具有平台思维。在互联网时代，海尔正在建立一个开放的、巨大的平台型企业。平台型企业能够产生网络效应，以跨边网络效应为例，平台企业所聚集的用户越多，能够整合的资源就越多。所以，平台可以让所有的用户参与进来，可以整合全球的各种资源，实现企业和用户之间的零距离……海尔实施平台化转型的目标包括：一是要从科层管控转变为创客平台，二是要把企业的宗旨从长期利润最大化转变为追求成为小微企业的股

东之一。坚持"把大企业做小，小企业做大"的思路，平台上可
以涌现出各种创新型的小微企业。小微企业是在工商局注册的真
正的公司（而不是虚拟公司），平台只是它的股东之一。平台与
小微企业的关系不是管制而是协同，以完成用户最佳体验为目
标。企业不再是一个管控员工的组织，而是一个平台化的孵化
系统。

2

避免"硅谷悖论"

企业成长从小到大，每个阶段所关注的战略焦点并不一样。
对于初创企业，产品创新和迭代更加有效。海尔在初创期也是通
过"砸冰箱"抓住产品的质量核心，以"真诚到永远"谋求服务
核心。随着企业经营规模和范围的扩张，支撑产品创新涌现的必
然是高效率的管理体系，实现企业内外部资源的整合，以及业务
流程的协作。管理创新并非单指流程创新，而是对知识的生产和
分配进行组织，在业务流程、技术创新、产销关系、战略转型等
一系列环节中体现出来。

海尔力图避免"硅谷悖论"。硅谷的创业企业在发展壮大之
后，组织形式抑制了组织的创新创业精神，其创新创业能力又开
始下降，从管理上看，这些企业又成为管理上的"旧企业"，这
就是通常所说的"硅谷悖论"。创业公司成为大公司后，变成像

金字塔般的组织，企业变成一部机器，每一个齿轮、螺丝钉在发挥自己的作用，但也没有了创新激情，于是就产生了"硅谷悖论"，企业变大后，曾经的创新型企业不但失去了创新精神，还在扼杀创新。就像微软和思科，原来中国企业看它们，像"朝圣"一样。现在这些企业"变老"，不但没有太多创新，还不断收购创新公司。收购不是为了发展，而是为了减少对自身的威胁。到目前为止，没有什么好的管理方式能解决掉这个悖论。

互联网时代，企业不是"大而不倒"，而是"大而易倒"。互联网已经渗透到世界的每一个角落，改变着人们的生产生活习惯，对企业的经营管理带来了严峻挑战。在传统经济下，市场主动权在企业手里，企业生产什么，用户被动接受什么。而在互联网时代，信息主动权在用户手中，用户不断寻找满足自己个性化需求的产品和服务。当海尔面临"用户鸿沟"的时候，管理的颠覆势在必行。

尤其随着竞争的全球化，家电行业利润率快速下降，平均水平不足5%，电子信息类产品的利润率甚至低于1%。"如刀片一般薄"的利润空间，使家电生产企业面临生存发展的严峻挑战，必须改变传统的生产运作模式。海尔作为国内家电行业的龙头企业，开始围绕整个行业的全流程价值链进行思索和探讨，由关注价格转为关注价值，着眼于提升购买方获得的价值（即用户价值），最大限度发挥每个员工的能力，降低企业内部成本和供应商的机会成本，从而扩大整个行业的价值空间。

海尔作为一个大企业，人单合一模式就是要把企业改造成

"没有围墙的花园"，所有的植物都要被颠覆成"热带雨林"，而不是企业想要"修剪"的样子，要实现每一个员工跟每一个用户需求连在一起。海尔以企业平台化、用户个性化、员工创客化为内容的"三化"战略就是要探索从"规模型企业"到"平台型企业"的转变。任何创客都可以在这个平台上创新、孵化、成长，成为自治小微企业，做大、做强。平台的主要职能是聚散资源交互价值，形成持续破坏性创新的生态圈，平台必须是开放的，能够让"一流资源无障碍地进入，以及实现各方利益的最大化"（见图 3-1）。

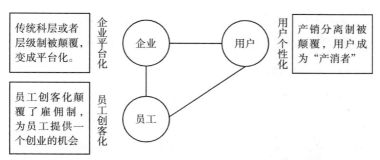

图 3-1 海尔"三化"战略对传统企业的颠覆

为了落实"三化"战略，海尔各业务平台积极转型。原来海尔也是科层制组织，现在变成创业平台。依托自己产业链上下游的综合优势，搭建了开放的、可以复制和推广的海创汇创业孵化平台——一个共创共赢的生态圈。在这个平台上，每个创客在为社会创造价值的同时能够共享创业的成果。海尔的业务部门都在实施平台化转型，通过向"平台主"的转型，使内部市场需求效率最大化。目前海尔主要聚焦三个平台的创新：白电转型平台、投资孵化平台、金融控股平台。此外还有地产和文化平台。平台主是指大平台的负责人、服务者，平台主负责搭建平台，主要做两件事：一是把原来的组织结构、流程破除之后，建立并联式的互联互通；二是确保平台的开放性，确保资源进入的便利性、无障碍，还要设计机制保证各方利益最大化，只有分享均等才能吸引更好的资源加入。平台主要研究三位一体的顶层设计，解决的是目标、机制、架构，目标是形成后电商时代的价值交互平台。白电转型平台的任务是在全球白电领域首创物联网生态模式，投资孵化平台的任务是在后电商时代首创基于诚信的共创共赢模式，金融控股平台的任务是在互联网时代首创"线贷"的产业金融模式。三大平台下有相应的产业分布，如白电转型平台下有制冷平台、互联平台、洗涤平台、厨卫平台等行业平台。然后就是各个行业平台上的小微企业，海尔目前孵化出 200 多家小微企业。平台主不是领导者，而是自组织的服务者。服务的内容是驱动机制和开放的体系。小微主的任务是对内创建并联生态圈，对外创建社群用户体验圈，两个圈融合形成共创共赢生态圈，创造用户最佳体验。

3

构建创新生态

对于企业的开放定位，海尔的答案是，打破企业边界、创新价值创造、突破生命周期。打开企业边界，把不同的角色、零散的状态，以生态的形式呈现出网状协同、联系成有机整体。海尔通过企业无边界的颠覆，即从靠企业自身资源求发展，颠覆为并联平台的生态圈，构建生态型企业。为形成完善的商业生态圈，海尔构建了五大业务生态，并与供应商之间创新共赢合作机制，塑造了价值链、协作关系以及资源配置三方面的创新优势。

推动平台化转型

平台型企业具有四个显著的特征：第一个就是开放，能够吸引一流资源创造用户价值；第二个是以用户资源为核心，注重的是用户体验，而不是交易本身；第三个是免费，通过免费开放平台，让更多的用户参与进来，创造新的价值；第四个是智能化和模块化，保证平台能够满足各类用户需求，并实现从大规模制造向大规模定制的转型。企业只有保持开放，与万物连接，才能不断使企业如有机体般与环境交互能量，健康成长。于企业而言，应以开放包容、共赢共生的心态去建立商业生态体系。只有以生态思维打开理念和认知边界，合作不设界限，企业才能保持创造、创新活力，从而有利于形成新的竞争优势。

海尔以企业平台化打造商业生态（见图 3-2）。通过构建平台型企业，组织边界被打破，变成一个开放式系统。海尔一边聚集着引领企业创新的用户需求，一边连接着供应商资源和解决方案，形成创新生态系统。通过开放式资源整合，海尔不断创造用户价值。创新并非局限于海尔内部，而是围绕平台化所形成的创新生态圈进行。对于小微企业，海尔的平台功能则体现在实现资源互联互通，打造共创共赢新平台，实现攸关各方的共赢增值。从品牌背书到产品技术研发、从营销管理到渠道拓建，海尔均给予强力支持。依靠强大的开发设计资源，不断研发更新，是普通创业型企业可望而不可即的资源优势。

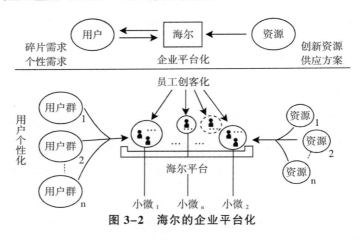

图 3-2　海尔的企业平台化

（1）五大业务平台。海尔现在有五大业务平台，即以白电转型业务为主的互联网＋工业平台、以投资孵化为主的互联网＋商业平台、以金融控股业务为主的互联网＋金融平台、以地产开发业务为主的互联网＋地产平台、以企业文化经营为主的互联网＋文化平台（见图 3-3）。其中，互联网＋工业平台还有空调、冰箱、洗衣机、热水器等 9 个中平台，以及以烤箱、心厨为代表的84 个小微企业。互联网＋商业平台有物流、水平台、微商、日日顺、日日顺国际（即海贸云商）5 个中平台，以及以小帅、雷神为代表 27 个小微企业。互联网＋金融平台有互联网金融、产业金

融、财务公司 3 个中平台，共计 28 个小微企业。互联网＋地产平
台有工业地产、商业地产、云社区 3 个中平台，以及 39 个小微
企业。互联网＋文化平台有 2 个小微企业。因此，海尔平台上就
有平台主、小微主、创客三种员工。"小微"有不同的成长模式，
而平台对"小微"也有不同的助力升级模式。

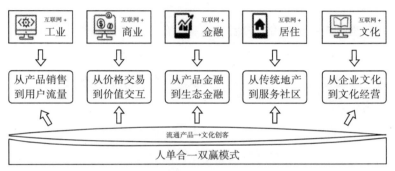

图 3-3　海尔五大业务平台

　　每个平台都要求生态发展，海尔有产业生态，金融生态也独
立发展。在互联网金融发展的背景下，原本相对独立的产业生态
圈之间，逐渐产生了关联和交集，进而催生了生态链金融。以海
尔金融控股平台（以下简称"海尔金控"）为例，海尔金控定位
于产业生态，共享金融。依托海尔的产业生态，为合作伙伴提供
金融解决方案，以期实现"链接、重构、共创、共享"的愿景。
海尔金控从供应链金融出发，发展产业链金融，最终实现生态链
金融。目前海尔金控已经涉足财务公司、融资租赁、小额贷款、
消费金融、第三方支付、财富管理平台、清算平台、资产交易平
台等金融服务业务，同时拥有专注于股权投资和基金管理的创投

公司，并且控股青岛银行，参股北大方正人寿。以产业金融为突破口，一个横跨众多金融业态的金融体系正在逐步构筑，海尔金控正在逐步开拓形成资产雄厚、门类齐全的"金融生态"。海尔金控承载着海尔由制造产品向孵化小微转型的使命，未来要遵循"三链＋三网＋两圈"的模式。"三链"是覆盖上下游客户的供应链金融，社会化的产业链金融，链接产业新生态的生态链金融。"三网"是指链接资产及投资者的财富平台、链接债权及资金方的交易平台和链接资本及投资人的资本平台。"两圈"则是围绕社群经济，着力打造以盈康护理院为代表的医疗健康社群以及以北京轻厨为代表的美食社群。

（2）职能平台化。海尔把原来的职能部门合成"两个平台"：一个叫共享平台，另一个叫驱动平台。共享平台要做到"活而不乱"，驱动平台的目标是"事先算赢"。海尔职能部门扣住"活而不乱"的统一基础平台建设和"事前算赢"的机制驱动平台建设，为用户创造价值。海尔将传统的职能部门，如财务、人力、法务、信息管理这些部门的壁垒取消，整合成一个共享平台，实现财务、人力等资源共享，共享平台要做到"活而不乱"。例如，在财务平台，由于共享平台的信息化，一个财务人员服务的员工从 50 人变为 350 人，单据处理量比以前提高了 10 倍，既提高效率，又不会发生混乱，因此是"活而不乱"。

客户价值实现与运行速度密切相关。为了实现业务平台化和职能平台化，业务"平台主"保证了流程的秩序和向平台型企业转变的步伐，平台主的素质要求他们既提供开放性资源，又懂得知识型员工的驱动机制，从而使创客化的员工听命于市场而不是听命于传统领导。职能"平台主"要为整个组织建标准、建规范、建体系，对机制负责，确保整个体系运转优化。因此，小微的速度效率得以提升，内部流程的前、中、后台之间一体化协同，高速运转，这意味着组织能以最快速度运行以客户价值为导向的体系。因此，要放大平台的价值，就在于每个人能够借助公司的知识管理平台、信息平台、资源配置平台来放大个人的效率。如果一个企业内部信息被屏蔽，沟通不畅，价值观离散，知识个人化，就很难内生知识与经验。同时内部资源被独占，也就谈不上建立利益共同体、事业共同体。所以，组织能力很重要的一点是，组织的信息、知识、资源共享与利益共享的能力。

海尔平台上的每个小微都要求市场化发展。小微和海尔的关系是投资关系，每一个小微最终都要完全市场化，成为市场主体。海尔投资小微初创公司后，小微还可以引入风投，实现资本的市场化，最终带来人才的市场化，因为风险资本最看重的就是人才。随着"世界成为我的人力资源部"这一理念的深入，小微员工的薪酬也变得市场化。从孵化创业到资本的市场化，再到人才的市场化，再到薪酬的市场化，海尔的转型模式对于大型企业来说是颠覆性的，前所未有，企业要主动实现"向死而生"，突破产业生命周期的轨迹约束。

案例聚焦：冰山之角——张瑞敏谈海尔转型

冰山之角——谨借此隐喻时代的海尔。

一喻资源无限：浮起"冰山之角"的冰体不仅更大，且可随意增大，因其周边的水资源取之不尽。恰似海尔资源无限的理念：世界是我的人力资源部。

二喻自我组织：冰山的鬼斧神工乃自然组合，非人力能为。如同海尔的创业小微皆为无边界的自组织，而非科层制的他组织。为什么？因创业的课题来自用户的难题，难题无法预知，唯有创客破题：从 0 到 1 破茧成蝶。

三喻按单聚散：冰山的成与失系温度使然。同理，按单聚散由用户说了算。单在"人单合一"中即用户的最佳体验，其源于社群生态圈的共创共享，由此生态用户的进与出驱动着创业团队的聚与散。

张瑞敏　2017 年 5 月

变革价值创造

传统企业的生产组织范式在于大规模制造，难以满足互联网时代用户个性化定制的需求。面临新一代信息技术对于生产组织体系的变革，用户需求个性化、碎片化对于企业生产组织体系的倒逼，如何有效建立企业与用户之间的"接口"和"界面"？企业要面向用户重构的产品，并构建坚实而又有黏性的用户基础，深度交互让用户参与改进，而"小组织 + 平台"可以提供足够的价值。小前端和大平台可能成为互联网时代有效的价值创造方式，这代表着互联网时代价值创造范式的变革。

未来生态型组织的主流范式可能就是"小前端 + 大平台"，企业平台化能够为各类通过自组织方式形成的小前端提供生长和创造价值的环境。平台占据生态制高点，掌握核心环节以后，营造良好的环境，让各个自组织在平台上实现链接，向前、融合、共生、自演进自循环。在海尔的平台上，小微以自组织的形态出现，创客实现了员工自主。小微即是小前端，海尔则是大平台。两者相辅相依，共同满足用户个性化、碎片化需求，实施价值创造。

雷神小微是海尔内部孵化的 200 多个小微企业中的样本。雷神的主要产品是游戏本，2013 年 12 月，海尔笔记本团队无意间在网上发现了很多用户对游戏笔记本的抱怨，出于好奇，他们收集了网络上 3 万多条用户的意见，然后把这些意见进行归类，形成 13 类用户集中抱怨的问题，主要表现为：笔记本运行不稳定；单条内存容量过小；驱动难找；散热不好等。他们还发现产生这些抱怨的用户群具备"很有自己的想法以及年轻、经济独立"等特点，所以他们判断这应该是个很好的细分市场并有良好的发展空间。在市场分析方面，团队发现京东商城的 PC 机和笔记本销量在下降的同时，游戏本销量却在逆市上升，而市场缺乏可靠的品牌供应。因此，雷神团队通过用户交互设计出了一款新的游戏本产品，实际上，雷神在产品的整个流程，都在和用户，以及制造等资源方交互实现共创，而物流、售后等共享海尔平台。作为海尔平台上最早涌现的小微企业，雷神团队在创业过程中，在与海尔各个部门的磨合沟通中，建立了有关项目分成、吸引风投、项目对赌的较为成熟的小微孵化模式。现在，雷神用户中 70% 为

大学生，经过两年的发展，雷神的 10 人团队 2017 年实现销售 2.5
亿元，净利润 1200 万元，粉丝人群从 3 万人爆发性增长至 300
万人。

　　小帅影院本身就是与用户交互的产物，由海尔内部孵化，是
一个专业的互联网智能硬件。小帅团队针对用户"躺着看电视"
的需求，设计出第一款投影产品。随后，又拓展为用户生活的
"第五屏"，产品线不断丰富。作为海尔小微品牌标杆之一，小帅
甫一上市就获得了投资方越榕资本的 1000 万元，此外小帅影院
还创造了一个纪录：其智能微投产品小帅影院"UFO"登上京东
股权众筹平台后，90 秒内，价值 1500 万元人民币的股权就被等
候的粉丝认筹一空。值得注意的是，小帅让期待已久的粉丝真正
参与到产品设计和企业发展之中，实现了海尔互联网转型的初
衷。现在，小帅旗下有三个业务板块：家庭院线、酒店院线和校
园院线。为激励员工，小帅采用合伙人机制/全员持股制，每个业
务团队独立经营。

　　互联网家装平台有住网也是海尔创客平台孵化出的业内翘
楚，也成为逐渐兴起的互联网家装行业争相模仿的对象。创业团
队的成员都有着"不愉快的装修体验"，故一拍即合，要自己做
个创客，把互联网的思维延伸到家装这个传统行业里来，给用户
提供标准化、信得过的家装服务。有住网得到了海尔平台的大力
支持。有住网的家庭装修产品是"百变加"，一年实现四次迭代，
用户群覆盖 21 个城市，近万名预约用户，几十万名活跃用户，
实现 1 亿元 A 轮融资。

　　车小微是海创汇平台上的创业样板，社会车辆可以零摩擦参与、进入海尔的物流平台，从海尔获得订单，根据用户的需求、体验和用户的评价来给他们决定工资的多少；另外，车主可以实现"换边"，在社区发展用户资源，通过提供服务，转变为创业者。车小微不但是一个运营平台，更是一个开放的大众创业、创新平台，这一切的背后主要是用户付薪机制及大众创新、创业的平台驱动。平台可为创客提供订单、结算、可视化流程和用户付薪驱动机制，吸引车主主动带车加盟平台。对司机来说，平台具有稳定的订单资源，公正透明的订单、结算和驱动机制，其愿意主动加入平台，因为收入可提高 30%，并且平台鼓励每一位车小微围绕用户需求进行服务创新，真正成为自主创业者。

　　海尔平台的价值在于服务小微，小微反过来服务于用户。用这种方式，海尔试图抓住创新的机会，而这种创新来源于有上进心的创客们，他们被赋予权利并与终端用户相结合。除了价值创造的范式，企业价值创造的内容也在由产品转向体验，过去消费者更关注产品的使用价值，现在则更关注产品的体验价值、心理感受。过去消费者只要产品越便宜越好，不太关注产品的品质，现在则从低价低质发展到高价优质。消费者需求层次提高，开始追求高品质产品，这就改变了企业的价值取向。未来谁拥有消费者谁就拥有一切，消费者是企业竞争的制高点，是企业"赢的道理"的核心。任何一个组织，必须是以消费者、以顾客、以客户为核心的组织。组织的变革必须围绕这个核心，围绕客户价值来打造核心能力。

突破生命周期

企业的生死，是海尔思考得最多的问题。每个海尔人都希望企业好好生存下去，争取做到永续经营。但是，企业存在生命周期，引入、成长、成熟、衰退的阶段性规律难以避免。按照管理学者拉里·唐斯的观点，公司的成长要避免出现"鲨鱼鳍"。很多产品的生命周期都如同"鲨鱼鳍"一样，开始的时候急速上升，接下来却是灾难性的失败。"鲨鱼鳍"生命周期的四个阶段，分别为"奇点、大爆炸、大挤压、熵"。因此，企业如果要避免出现"鲨鱼鳍"，就不能只盯着一个行业或者一个产品。摩托罗拉和诺基亚，曾经有过极佳的产品，但最终都没能跟上时代大势。也许，未来某一天，苹果也将面临同样的挑战。企业只要变大，官僚主义就会极其严重，最终丧失对于市场需求的灵敏反应。

人变老的规律无法改变，但企业可以选择。改变生命周期的轨迹，大企业需要做成小企业。海尔把整个公司变成小微的集群，各个阶段上都可能有项目存在，也就可能经常有"奇点"冒出，从而避免企业整体的灾难性失败。在海尔的平台上，小微企业可以不断涌现，生生不息。关键在于海尔平台化，实现了企业资源社会化和社会资源组织化，组织的边界得到扩展，能够为小微的诞生提供"土壤"。此外，用户变成参与者，成为企业成长的重要变量，企业、用户和员工之间因为存在着共享的目标，形成共生共融的生态系统，这也强化了企业的生命力。海尔认为，企业成长的标准不再是能否进入世界500强，而是要看平台上有多少创业小微，而这些小微企业是由用户定义并被用户认可。生态圈可以使里面所有的"生物"都生长，所以它不是静态的，而是动态的。

《海尔人单合一模式辞典》这样定义小微，"独立的运营实体，有决策权，有权招募和部署人员，有分配利润权，有能力实现自创业、自组织和自驱动"。海尔与小微保持着投资者—投资对象的关系，而非上下级的关系，并通过海尔生态系统为小微们提供创业资源。海尔的战略定位要从管控组织向投资平台转变，企业作为投资主体，平台上孵化很多小微企业。以往企业下属很多业务单元，都听命于集团领导。现在，企业可能在小微公司占有一定的股份，甚至可以不用控股，构建类似于 VIE（Variable Interest Entities）的结构进行协议控制，毕竟小微公司是在海尔的平台上运营，获得海尔的资源支撑。

海尔平台型组织也会承接战略的发展，不断更新、迭代、优化。从组织创新的效果上看，组织追随战略，海尔平台型组织从管控组织到人人创客，自下而上为企业注入活力，激励每个人都成为创新主体。从组织流程上看，从串联到并联，原来开发采购制造营销串联，现在并联系统取消"中间层""隔热墙"，提升了效率。总之，平台型组织的显著特点是"中间层消失，流程由串联节变为并联平台，资源可以无障碍进入"，实现追求利益攸关方的共赢共享、利益最大化。

互联网变革背景下，海尔的整体业务进行了转型，企业从制造产品到孵化创客转型，员工从企业付薪到用户付薪，组织从传统的企业内封闭组织转变为开放并联的生态圈。海尔依靠平台的力量吸引全球一流资源进入，为创客提供更肥沃的生存土壤，实现创客的快速生长。海尔曾经推出了一个智慧烤箱，以往是将产品卖出去就可以了，但现在是帮助用户研究怎样烤出更好的食品，这样，形成了一个包括用户、食材供应商等的"生态圈"。"生态圈"颠覆了传统的经济定律，传统的经济定律是边际效应递减，每一台产品的收益一定是越来越低，由此企业才会不断扩大规模。在"生态圈"的概念下，边际成本可以趋近零，企业不再是一个封闭的管控组织，而是开放的、平台化的生态系统。

互联网时代，各个行业都受到互联网的冲击，颠覆无处不在。企业的颠覆往往出现在"意料之外"，又在"意料之中"，封闭系统注定消亡。只有变成开放的平台，建立开放的创新生态系统，企业才能持续创新，涅槃重生。可以说，打造百年老店是一种线性的发展思维，是在假定稳态下的线性发展思维。海尔平台成为孕育创新的土壤，不断涌现的小微是创新主体。小微有生有灭，但海尔却可以生生不息，这就突破了从规模到范围的线性成长模式。海尔的这种非线性成长，正在突破生命周期的约束。因为企业有可能衰亡，但以价值创造为运行准则的生态系统却不会灭绝。就像水一样：水化为气，气升为云，云结为雨，雨润万物，不生不灭，生生不息。

第四章 ▽▽

用户个性化：
从交易到交往的变化

无论企业的形态千变万化，价值创造的核心还是在于"用户"。传统模式下，企业为自己的产品找用户，从交易到交往的变化体现在，企业为用户寻找他们可能需要的产品与方案。

1

从交易到交往

　　"猎人和猎物"。在工业经济时代，企业与用户之间的关系，或者商家和消费者之间的关系，长久以来被固化为"猎人和猎物"的关系，不管商家的笑容多么灿烂，消费者永远是"待宰的羔羊"①。在传统的认知体系中，由于信息的不对称，顾客无法获知较多关于企业和产品的信息，企业通过广告将有关产品的信息

---

① ［美］多克·希尔斯. 意愿经济：大数据重构消费者主权. 李晓玉，高美译. 北京：电子工业出版社，2016.

传递给顾客，顾客根据获得的广告信息，经过对自身需求的整合选择商品进行购买。企业面对的是顾客，两者之间是交易的关系。在交易结束之后，两者之间的联系和交流十分有限。为了维持良好的用户关系，企业使尽浑身解数进行精准营销，消费者以为"我能"，商家看重的是"只要你买"。为了消除用户距离，企业采用更加精准的广告投放，用纷繁复杂的套餐、打折、促销及定制等花招，"让消费者尖叫"。用户深陷其中，仿佛罹患"斯德哥尔摩综合征"，试图不停地在购买、消费、"剁手"中抓住存在的意义。工业经济采用商品社会、市场主体的二分法，为买卖双方定性，为消费行为定调。工业革命以来，大规模生产、大众营销、大众传播构成了企业提供用户价值的主要模式，消费者深陷其中并乐此不疲。"走进用户的心"依然是个伤感的神话。

"走进用户的心"。 体验经济正在颠覆以大规模生产为特征的产品经济。工业经济的思维是建立在"自私、稀缺、有限理性"的基础上。伴随工业经济进入"丰盛时期"，我们深陷于消费受控的科层社会，人被物役，为物驱使。"韦伯悖论"正在形成，科技的力量释放了工业生产的潜力，创造出日益丰富的物品，形成了"眼睛的盛宴"，然而，这种丰饶的商品世界，又反过来奴役和主宰了人的精神，用户正在被忽略。当生产型社会进入消费型社会之后，事情日益走向了反面。科技的进步使生产者的资源和能力禀赋日益民主化，企业的核心能力变为整合资源的能力，即快速发现用户需求，并通过资源共享和任务众包，形成个性化、定制化的需求方案。

互联网时代，企业与用户交往的程度不断加深。在信息化时代下，网络的出现极大地减少了顾客获取信息的成本。顾客在寻求产品时，可以通过信息化的手段搜寻符合自身要求的产品，也可以通过网络向企业表达自身的需求；而顾客在使用产品后可以自由地发表对于产品的看法，进而影响其他客户对于产品的选择。因此，企业面对的是终端用户。用户主动搜寻符合需求的商品，企业只有满足用户的需求，以用户为中心，为用户创造价值，用户才有可能购买企业的服务和商品。在这样的情形下，用户和企业的关系不再是交易的关系，而是交互的关系，用户在全流程全方位地影响着企业的经营生产，企业必须建立以用户为中心的思想和行为体系，才能获取市场，维持自身的生存。

从占有到分享、产消合一、社会化商务构成了互联网经济的三大特征，企业与用户要实现"共舞"，而不是踩在消费者身上"跳舞"。要形成用户体验，就要充分理解连接、交互、协作的互联网思维，把握积极、主动的消费意愿，在反复的交易、交往中探索消费者物质需求与精神需求的交叉点。交互就是要用户从被动购买到主动参与体验。之所以提出交互这个概念，是因为企业的利益主体之间过去可能不是交互而是博弈。如对供应商可能是价格博弈，对用户更多是促销的博弈，对于员工则是控制的博弈。企业要从原来与内外各方面进行博弈的关系，变为现在的交互的关系。所以，企业首先需要转变观念，从封闭到开放，从博弈转变为交互，通过交互来给用户带来超值的解决方案。

没有用户交互的产品就不应该生产。只有用户交互才能提供全流程最佳体验，新产品从无到有，从设计阶段就应开始和用户进行交互，一直到最后，全流程都有用户参与。企业不能关起门搞设计，制造出产品就开始打广告、搞营销。营销费用的存在意味着企业与用户之间还存在距离，企业只能依赖于折扣、促销等方式吸引用户。企业组织只有回归到人性需求的本质，符合人性，才能把产品做到极致，违背了人性，就违背了自然法则。企业的产品设计一定是基于对人性的洞悉、对用户需求的深刻理解，而只有通过用户交互才能"创造顾客"。

2

改善用户需求

从 1984 年海尔成立到现在，企业不知发生了多少次变革，但是，这么多年的变革中有一条主线始终没有变化，这条主线就是识别顾客需求，创造顾客价值。海尔自创业始，就一直强调用

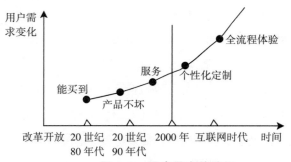

图 4-1　用户需求的升级

户的力量。从质量到服务，从服务到体验，组织变革也好，战略演进也好，一切都要围绕用户进行。海尔不仅能满足时代的用户需求，往往还能先行一步。当产品短缺，市场上的冰箱供不应求的时候，海尔的竞争策略从"数量"转向了"质量"；当产品同质化严重的时候，海尔已经转向服务竞争；当服务趋同的时候，海尔则开始与顾客的交互，为顾客提供个性化产品。

现在，传统的工业流程和价值创造体系越来越不能够满足互联网时代用户个性化的需求。用户资源并不等于产品销售所积累的"顾客"或者"消费者"的数量，用户的情感无法在一个功能性产品中得到延伸，"用户鸿沟"正在形成。互联网时代带来全球经济一体化的同时也带来了营销的碎片化，传统企业的"生产—库存—销售"模式不能满足用户个性化的需求。尽管"创造顾客是企业之魂"的原则没有发生变化，但是，新一代信息技术的出现使海尔必须变革自己的管理模式以创造顾客，尤其是在互联网时代，如何创造顾客成为海尔的巨大挑战。海尔意识到企业必须从"以企业为中心卖产品"转变为"以用户为中心卖服务"，即用户驱动的"即需即供"模式。

移动互联网技术使互联网从消费互联变为产业互联，用户消费习惯由"去购物"转变为"在购物"。用户随时下单，用户点击鼠标的速度已经超过了传统企业的响应速度，给传统制造业带来了冲击。互联网思维对传统制造业的影响正日益深入，互联网消除了距离，并使企业网络化，传统制造业中由生产商决定生产何种产品，互联网时代已转变为由用户来决定制造何种产品。用户越来越重视产品带来的自我认同感，尤其是对于年轻用户来说，自我认同和个性变得格外重要。因此，为了满足用户不同的个性化需求，产品细分正在不断深化。与此同时，用户开始逐步追求高品质的高端产品和个性化的产品，更多的用户表示他们愿意购买高端产品，因为高端产品具备更可靠的质量和高品质。企业必须适应这种变化，要转变过去"卖产品"的理念，逐步由"卖产品"向"卖解决方案"转变，最终通过智能制造为客户提供个性化定制的最优解决方案，从而获取客户的信任，并黏住客户，获取企业发展机会。

海尔的用户体验主要关注两点：第一，用户是谁；第二，消费场景是什么。从这个层面上看，海尔就不单是家电制造企业，其真正关注点是在用户需求上，谁用、在什么地方用是用户体验的核心。用户需要的体验是帮助用户完成消费闭环，因此，海尔能否把自己的产品、服务方案无缝提供给用户就显得尤为重要。做好用户体验有三个核心点：第一个是融入场景，第二个是移动体验，第三个是科技支撑。第一，融入场景。大家在京东和天猫买东西的时候经常比价，但当我们在旅游景区买纪念品的时候，大家的决策会很快，很少做比较。这是因为我们买的不单单是商品，更是买这个商品和当时场景中的感受，所以在那个时候决策是很快的。如果把海尔产品跟消费场景切割开，就意味着用户价值效率转化率很低，海尔想把产品和场景联合在一起，从用户参与产品创新，到"微店"等渠道的便利性，用户体验在各个环节都得到贯彻，用户决策就会非常迅速。第二，移动体验。现在

70%的用户是在移动端完成交易，海尔正在开发全流程的移动端参与功能，通过移动端带领用户和品牌进入更多场景。第三，科技支撑。场景和移动体验都要靠信息化的全流程支撑，利用COS-MOPlat平台实现信息的互联互通，决策流程变成实时化，实现用户信息的可视化。

实现用户交互的平台就是将原来的先有产品再找用户转变为先有用户再有产品，让企业和利益攸关方与用户零距离交互。海尔在设计、生产、营销和服务等各个方面都做到了与用户交互。在设计方面，海尔的各个小微都是以发现用户痛点，寻找解决方案为契机开展创业。在生产方面，海尔的互联工厂在生产过程的每一个流程都实现了用户信息共享，用户也可以看到自己订购的产品的生产过程。在营销方面，海尔开创了"三店合一"的营销模式，实现了用户与生产商的互联，生产商可以通过用户的使用数据收集用户信息，为用户服务，发现产品问题，改进产品。用户与海尔的关系不仅仅是交易关系，而是用户真正参与到产品的创造过程中来，实现与用户的交互，在每一流程每一方位把握用户的需求，为用户创造超额价值。在服务方面，海尔致力于做到以用户为主导，通过用户的满意程度来考核服务人员的服务质量，如海尔日日顺平台上的车小微对于平台上司机的评价和培训均是以用户评价作为衡量标准。

人单合一模式是一种新的商业模式，而这种商业模式的核心就是创造顾客、创造用户。创造顾客的前提条件是了解用户的差异化需求，而这就需要与用户零距离互动。所以，"零距离"成为小微在制定战略目标时必须坚持的首要原则。

3

提供用户体验

　　传统企业一定是以自我为中心，而生态平台一定是以用户为中心。用户正在从购买者变成参与者，企业要为用户创造全流程的最佳体验。海尔认为，没有价值交互平台的交易都不应该存在。"用户是资源"，这是海尔对顾客的独特定位，这一定位和许多企业对顾客角色的常规认知都不一样。用户乘数是人单合一的理论基础。所谓用户乘数，即创造出迭代倍增的用户价值，也就是从传统的只与无名的顾客交易，转为与有姓名的用户的交互，进而创造出社群的终身用户。告诉员工怎么去创造用户价值，就抓住了销售额和利润持续增长的根本。

用户交互

　　创造顾客的关键正在变为交互用户。"创造用户资源"是人单合一模式的真谛。顾客的个性化需求无处不在，但是，只有认真聆听才能识别这些个性化的需求。这一切都需要与顾客零距离交互才能做到，只有无限地缩短与顾客的距离，才能真正识别顾客的需求，这也是海尔持续创新的动力所在。过去，海尔关注的是市场占有率，以及产品销量达到多少万台。现在，海尔关注的是

这些用户有没有与企业产生交互。员工的思维具有惰性，陷于
"用户不知道自己需要什么"的工业思维，习惯于"开发新产品
然后将其推向市场"的模式，不习惯产品迭代和用户交互。用户
思维就是和用户零距离、用户体验、用户参与的思维。正是在这
种思维的指导下，海尔通过互联网为用户提供了与海尔虚实互动
的平台，通过海尔社区、微信平台、Facebook 及海尔虚拟展厅等
网络工具来吸引粉丝，进行在线体验、互动设计等。

　　网络交互模式的引入让产品研发者准确找到了顾客在以往体
验中的"痛点"，进而找到新产品的"亮点"。但是，仅仅在互联
网上开一个网店就当成"虚网"这种认知是错误的。网店往往是
单向的，努力把产品卖给顾客；而"虚网"着眼于交互，更重要
的是要和顾客进行无缝隙的沟通，并能够给顾客提供一个其所需
要的解决方案，进而黏住顾客。如果"虚网"起不到黏住用户的
作用，只是被当成销售的武器，那么这样的"虚网"最终只会陷
入僵局。通过 600 多个云交互的网络入口，海尔吸引顾客深度参
与产品前端个性化设计，现在每天有超过 100 万名活跃粉丝参与
海尔产品的互动，通过大数据平台，平均每天能产生有效创意
200 多项，全年则能产生 7 万多项有效创意。

　　海尔把用户交互分为三个阶段：一是建立互联网社区，让用
户自愿来交互；二是让用户之间实现自动交互；三是海尔从大量
交互中发现增值机会。海尔希望产品从无到有的过程始终都有用
户参与，甚至产品的价格都是用户参与决定。用户交互平台旨在
由原来的"先有产品再找用户"转变为现在的"先有用户再有产

品"，让企业和利益攸关方与用户零距离交互，了解用户的真实需求。海尔为用户搭建了三个层次的交流互动平台：第一，海尔与渠道商共同建立的线上销售平台；第二，海与模块商携手打造的资源与定制平台；第三，海尔汇聚全球灵感的创意互动平台。从最初的 idea 到创意的产品化乃至最终的商品化，每一个环节，海尔都努力做到倾听用户的心声。

图4-2　用户交互模式变化比较

案例聚焦：用户交互案例

海尔的天铂空调实际上是用户参与交互设计出来的。网上有一位叫DK先生的用户，提出了一个创意，想要一台类似国家体育场鸟巢外形的空调，并把这个创意发布在网上海尔设计平台上。海尔通过虚拟设计的手段，做出数字化的样机放在平台上，由更多的用户去交互，同时也吸引了许多一流资源一起来设计方案，经过众创之手，几番迭代之后一款圆形的、结构像鸟巢一样具有高识别度的"天铂空调"诞生了，并由此改变了家用挂机空调的外观与功能。在网上预售以后吸引了很多用户网上下单，下单后全过程也可以实现透明可视，到用户家里面，通过网器大数据又可以实现一个持续的迭代。

天樽空调是一款从创意灵感出炉到产品发布销售的全流程都实现网络用户交互的产品。海尔天樽空调的设计也是源于 673372 名网友和海尔研发平台的交互。通过收集网友对传统空调抱怨的"痛点"，如风太冷、容易得空调病等问题，海尔研发出了能够根据外界环境变化自动调节运行状态的产品。

图 4-3　天樽空调

海尔在 HOPE 开放创新平台上，向全球创新资源发出解决"空调病"、实现健康送风的创新邀请，一家公司的"风洞"方案胜出，与海尔进行了创新合作，加上全球 67 万用户和多家顶尖研发团队智慧的凝聚，海尔成功推出了满足用户"希望空调可以用微信操控，告别遥控器""吹送自然风避免空调病""更美观，可以作为家具装饰品"等要求的新产品——天樽空调。

海尔天樽空调采用"圆洞"形出风口设计，环形出风口在出冷风的同时，还会带动自然风的混合流动，所以空调运行起来温度宜人。海尔并不具备"射频技术"以完成此项设计，但利用外部供应商资源，一年内就完成了产品样机设计。利用平台形式，海尔正在把员工、用户、供应商之间的关系变成合作共赢的商业生态圈，共同创造市场价值。天樽空调外形美观，但是用户抱怨价格昂贵，于是天樽团队有义务寻找更加合理的供应伙伴，降低制造成本，满足用户需求。海尔天樽空调发布当天销售额即突破两千万元，2014 年在高端空调市场占有率更是高达 69%。

海尔双桶免清洗洗衣机，是一位新手妈妈设计师在切身体会到用两台洗衣机清洗大人与宝宝衣物的麻烦与痛苦后设计出的拥有两个内桶的洗衣机。无论是大人衣服、小孩衣服的分洗，还是内衣、外衣的分洗，以及不同颜色衣服的分洗，均可同时进行，从而让用户获得更便捷、更干净、更健康的洗衣体验。

海尔小帅的每款产品都是在与用户需求的交互中成型的。以小帅天幕 iSee mini 360°球形微投为例，海尔小帅互联网电影机的最初灵感缪斯，是一位准妈妈。孕妇群体行动、起居不便，她们需要一个方案能使她们可以躺着看电视、看电影，甚至在宝宝诞生后让孩子安全无辐射地成长。这也成了马文俊做互联网电影机的初衷。了解到准妈妈群体的真实需求，团队研发出首款小帅天幕的 360°球形微投，专门针对解决孕妇群体无法长时间保持坐姿的观看问题，同时 360°投影角度也可以让她们无论坐、卧、起、倒都能随时享受优质视角，并且安全无辐射。随后的小帅 iBox 微投和小帅 UFO 互联网电影机两款产品则从大小、设计上以商旅人

士和电影爱好者为中心来倾力打造的。如今海尔小帅影院凭借出
色产品，已崛起为家庭第五屏时代的领航者，对现有家用四
屏——电视、电脑、PAD、手机形成冲击。

　　雷神的粉丝交互一直是被人津津乐道的，拥有庞大的粉丝数
量。但是，雷神团队也在思考，每天增长粉丝的数量，这真的是
自己需要的么？随着一款款新品上市，粉丝变得不再冲动。雷神
团队决定回归到交互，要融入感情和价值，发现新需求。"从用户
中来，到用户中去"，于是产生了"以芯换新"活动，让用户评
选、选择可以参与新机器公测的用户，这样就让活动充满了感
情。必须让用户之间"擦出火花"，因为单纯的社交已经不适合
更好地黏住用户了，只有社群建设才能连接起用户的感情和价
值。通过交互，形成了固定的粉丝群体，保证了用户黏性。与用
户交互的根本是与用户零距离，交互是工具。通过价值交互，不
仅能够进行迭代式的创新，还可以增强用户黏性，让用户发展
成为粉丝。

　　用户交互只是创意的开始，此外，供应商也参与顾客交互和
前端设计，根据海尔提供的模块接口，形成模块化解决方案。海
尔 COSMO 平台则将信息充分透明地传递给用户和供应商，大幅
降低新用户的开发和交易成本，提升家电全产业链的价值创造
效率。

　　用户交互的结果是产生高质量的"单"。人单合一让每个员
工和用户需求结合在一起，非常精准地满足用户需求，而不是生

产出一大堆销售不出的产品。在人单合一模式中，"单"是一切管理的核心。从狭义的角度来理解，"单"就是目标，但是，海尔所说的"单"和我们传统上对目标的理解又有所不同，因此它是一种特殊的目标。"单"是用户，人单合一是"用户驱动"机制，用户是检验"单"的唯一标准。"单"必须是超值的，能够实现"首选、引领、强黏度"的产品价值主张，可以依据"单"对顾客价值的满足程度来衡量"单"的质量。"单"必须要锁定，因为用户价值不会随意更改，海尔的策略是"举高单、聚高人"单，即把"单"锁定，然后在全世界范围内寻找能够完成"单"的高人。这就要求必须咬住第一竞争力的目标不放松，同时打破自己的组织边界，在全世界范围内寻找合作伙伴，共同为顾客创造超值。当然，仅仅有高人还不够，还需要有与完成"单"相匹配的资源和机制，因此，海尔把"单"视为一个系统，在这个系统中，目标、机制和团队是三个最为重要的因素。

用户交互的思维渗透到海尔的每个业务环节，金融业务也要做用户交互。传统的金融财团，犹如端枪狩猎的精明猎人，打到猎物则转身潇洒离去。海尔金控的产业金融更像是一个勤恳的农民。收获作物的同时，更要在春季播种，夏季浇水施肥、拔草除虫，细心呵护作物，使其茂盛成长。现在，海尔任何一款新产品的研发都要先和顾客交互，海尔的信息化部门开发了多个产品网络社区，用于和顾客零距离交互。同时，利用业务分析与优化技术，筛选顾客有价值的创意，并使与用户交互的平台和企业的研发系统、营销系统、供应链系统形成无缝对接，将创意转化为产品的功能。

个性化定制

用户个性化，难点在于如何提供用户体验，从工业时代的
"销量经济"转型为体验经济。体验是令人难忘的，即使质量绝
对好，服务也要无懈可击，但没有用户交互，就没有迭代，就没
有体验。体验经济就是要把顾客变成参与用户，还要形成再创增
值交互的用户圈，所有用户聚在一起探讨创新。仅识别顾客的个
性化需求还远远不够，企业更需要创造出满足顾客需求的价值，
这也是小微和创客存在的价值。人单合一模式就是黏住用户的
"双面胶"，一面黏着用户资源，另一面黏着企业资源，同时实现
企业、用户、员工三者利益的平衡，在用户和企业都受益的同
时，员工自己也能分享价值。

用户个性化颠覆的目标是"产消合一"——生产者、消费者
合一。工业时代的大规模生产一定是产销分离，而互联网时代又
回归自产自销，海尔的互联工厂就是要实现即需即供、自产自
销。最终的目标是要实现"产消合一"，打造共享经济模式。

海尔围绕用户决定权构建了 COSMO 智能互联工厂，其最大
的一个特点就是，它是一个开放、透明的产品全生命周期的生态
系统，能与用户零距离互联互通，让用户参与到家电设计、生
产、制造等全流程当中，从单纯的购买者转变为设计者、生产者
和消费者。用户决定权体现在用户能在任何时间、任何地点定制
满足自己需求的高差异化产品；企业能够持续提升效率、成本和

品质，通过与用户的持续交互增强企业本身的创新力。参与其中的用户再也不是被动接受产品的使用者，而是成为主动创造产品的设计者、生产者。这种出自用户、用于用户的生产方式不仅能够满足需求、扩张需求，催生定制化产品，还能够变革社会生产制造的方式。而且通过可视化方式，用户可以参与交互、设计、制造、服务等全过程，全方位提升参与感。

互联工厂的精度在于可视化的即需即供、自产自销，而不仅仅是自动化和无人化。只有实现了这一目标，用户才有最佳体验，员工才有创业激情，企业才是互联网企业。通过 COSMO 平台上的众创汇、海达源模块，用户可以自主设计产品，并通过海尔互联工厂进行生产，用户既是消费者，又是设计者和生产者，颠覆了传统消费者只能单方面接受产品的理念，打通了长期以来横在制造工厂与用户之间的"厚墙"。海尔的个性化定制按场景不同可分为 3 种，分别是模块定制、众创定制、专属定制。

模块定制：基础模块+可变模块的组合定制，即海尔定制平台为用户提供需求度较高的基础产品和一些用户可自主选择的模块。如外观图案、除甲醛功能、Wi-Fi 控制功能等。用户可根据自己的家庭情况、个人喜好或装修风格等自由选配，选配后产品生产效果图可 360 度全景查看，满意后再下单。若用户认为这些模块仍不是自己想要的，则可通过另外两种定制模式来实现。

众创定制：用户在定制平台与专业客服人员交互自己的创意，不同创意通过微信、微博及定制平台等渠道进行点赞评比。点赞超过预定数量的创意将由专业设计师把梦想照进现实。设计

师与用户可实时对话，图纸完成后，创意图要经过网络投票评
比，中标创意正式进入开发环节。在 3D 虚拟装配验证、样品试
制等开发过程中用户均可参与并提出建议。新产品设计验证完成
后，用户即可在定制平台下单、支付。

专属定制：完全个性化的专属定制，用户提出全新的需求或
创意概念，支付一定的订金后，交设计师打造，定制平台同时互
联海尔内部的 HOPE 资源平台及外部第三方设计资源等，吸引全
球一流资源来设计。3D 样品设计及验证完成后下单支付，由海尔
互联工厂或第三方工厂生产。

三种定制模式满足用户的多样化及个性化需求，用户参与设
计体验、观看制造过程、监测物流配送、享受送装一体的服务。
整个产品从概念到使用全生命周期内均有用户参与和评价。

所以，海尔的互联网工厂有两个坐标，横轴是"面向全价值
链提供智能服务"，纵轴是"用户最佳体验"，要共创共赢——实
现用户增值，攸关各方分享增值。一方面实现了"端到端的信息
融合"，所有的传感器、驱动器将其收集的数据传输到企业信息
平台；另一方面用户需求的数量、生产制造的成本等财务指标也
能反映出企业的经营情况，企业、用户、员工之间的利益信息都
是可视化的、互联互通。

个性化生产从用户需求开始，用户交互所产生的源点需求驱
动工厂端的柔性制造，企业要围绕用户需求进行组织变革、激励
变革、流程变革，需要形成一个高效率、低成本、高质量、快迭
代、低错误率的创新管理模式，真正实现以满足用户需求为源点

的自驱动、自组织的创新生态系统。

用户创新

创新呈现出"民主化"的趋势。当用户创新成为一种趋势的时候，企业必须将用户创新纳入自己的创新体系，采用"生态圈"的管理方式不断吸纳用户对于企业创新的意见。一般认为，产品创新是由制造商完成的。现在，越来越多的用户参与到企业创新过程中来，用户在产品的塑造过程中越来越居主导地位。用户创新作为重要的创新源，在很多领域中都扮演着举足轻重的作用。因此企业必须改变传统的创新方式，为了满足用户的个性化需求，需要和用户、一流资源一起创新。

海尔创新的基本理念是"世界就是我们的研发中心"，其本质是全球用户、创客和创新资源的零距离交互，持续创新。"线上"的含义变得更加宽泛，不再仅仅是渠道和购买的概念，用户在线上越来越多地参与到产品设计中来。小米手机是用户在线上参与产品创新的典型，因为是用户自己设计的产品，更加能够满足其需求。在用户参与产品设计方面，海尔靓丽的水晶洗衣机、圆柱形的帝樽空调都是在网上和用户不断互动的过程中所产生的产品创新设计方案。

海尔搭建了企业与用户、利益相关者无缝对接的平台，拉近了制造端和服务端的距离，让用户与企业内部互联工厂的资源零距离交互，用户可以参与产品定制、研发、生产、物流服务的全过程。

案例聚焦：智慧烤箱

物联网本质上是能够让用户体验得到不断迭代的解决方案，厂商必须帮助用户解决问题，才可能产生交互。海尔的烤箱产品，打造了集硬件、菜谱、食材于一体的"烤圈"APP。在"烤圈"上，烘焙爱好者会更新针对烤箱打造的菜谱，用户发现烤箱除了可以制作面包和甜点外，还能制作回锅肉、烤鱼、培根等。另外，"烤圈"上还有许多大型活动，用户可以面对面交流，还有知名烘焙大师指导烘焙，分享技能。

海尔"焙多芬"智慧烤箱依托于强大的U+云平台，网聚烘焙达人、资深大厨，提供深度验证菜谱，"手把手"指导用户准备烘焙材料，为烤箱"量身定制"烘焙进程。最终要变成做一个"烤圈"，也就是不再关注烤箱了，而是关注烤出来的食品，用户就研究这个食品怎么烤才好。用户不断提出新的需求，倒逼烤箱迭代。

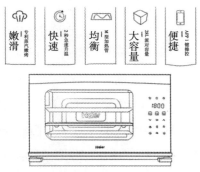

图4-4　海尔"焙多芬"智慧烤箱

"烤圈" APP 除了作为控制烤箱的工具外，还是聚集烘焙大师和烘焙爱好者的用户社群，社群吸引用户在"烤圈"上上传自己制作的食谱，基于"烤圈"系统数字化的引擎方案，其他用户可以将食谱一键烘焙执行到自己的烤箱上。上传食谱的用户由于会受到大家的关注、点赞、食谱收藏，也会积极地上传自己的烘焙作品，"烤圈"赞助食谱作者对上传的好作品进行打赏。打赏的虚拟币等礼品可以在烤圈商城兑换和购买烘焙周边产品及烘焙课程。

热爱烘焙的人都知道，要做烘焙，购买食材是一件极其琐碎和费力的事情，烤圈商城为烘焙用户提供一站式购买平台，与安琪酵母、乐果芬、嘉利宝等国内、国际品牌合作，用户足不出户即可购买到"烤圈"食谱的所有食材。

在移动互联网时代，分享的体验能极大地满足用户的荣誉感，而烘焙过程和美食的成品恰恰是很好的分享素材。用户对生态圈内容的主动分享除了能满足用户的荣誉感，也为平台带来了更多的用户。"烤圈"通过上传食谱、提交作品、打赏用户、点赞、评论、分享、购买厨具、食材、课程等，完成整个烘焙美食生态的搭建，牢牢地吸引和留存用户。

海尔努力推进"从创意到交付"的创新定制模式。社群经济逐步成为改变中国未来的新经济模式，社群的影响力越来越大，产品创新更加容易获得群体的共鸣。海尔探索人单合一模式，以用户为中心，用户在交互、设计、制造、物流全流程参与，企业、用户、社群形成一个三元化的品牌社群，建立成一个诚信的平台，让所有的利益攸关方在为用户创造价值的过程中实现共创共赢。只有像海尔这样真正以用户为中心，在社群化的交互和体验中实现交易的场景式消费，才是未来定制发展的方向。

第五章

员工创客化：
重构人与组织的关系

以激活人的价值创造驱动力为理念，海尔彻底改变了工业文明时期塑造的人与组织的关系，即雇用与被雇用、股东与劳动力的关系，重新建构了人与组织的新型关系，确立了人在组织中的地位和价值。人不再依附于组织，组织为人服务。员工与企业之间形成动态合伙机制，企业成为以共创共赢为准则的价值创造新生态。

1.

重构人企关系

　　管理理论的演化，就是人性的演化。管理理论的形成，建立在管理者对于人性的不同假设之上。"人性"假设从经济人到社会人，到追求自我实现，再到道德人。经济人就是自私自利，人活着就是为了利益。但社会人并不完全为了私利，要有人际关系，要沟通。自我实现是更进一步了，马斯洛认为人有不同的需求层次，不能一概而论。道德人的道德水平非常高，可以为别人、为社会做些贡献。然而，最终却成为"组织人"。"组织人"是工业文明时期组织对于人的基本假设，员工被物化，成为被管制、被驱动的"组织人"。

传统组织是马克斯·韦伯的科层制形式，他认为企业一定要有领导，而且领导是一层一层的，上层领导、中层领导、基层领导……如同在威廉·怀特1956年的《组织人》一书中描述的那样，员工成为"组织人"后，看上去光鲜亮丽，但在科层制组织中，他们日益成为毫无个性、毫无个体意愿，只是组织机器中的"标准部件"。在"硅谷悖论"中，小公司做大以后就会出现官僚层级，从而变得僵化。根源便在于对员工的激励，因为员工自己主动给自己设定目标，和被动地接受别人设定的目标是完全不一样的。硅谷公司的创业者在创建公司的时候是自己给自己设定很高的目标，非常有创业的动力，但是公司变大了以后，就变成被动地接受别人设定的目标，再没有主动性和创造性了。

重构人企关系，关键在于缩短人与人的距离。在互联网时代，人与人之间的距离在无限缩短，沟通无障碍，信息对称有可能实现，使组织平台化+微化成为可能。所以，海尔的企业内部就有无数个微化的小微，小微是基于共同的价值观、兴趣和目标，通过自组织方式来形成责权利单元、项目小组、业务法人。利用协同信息平台，在小微之中、小微之间，实现并联协同，沟通无障碍。每个小微围绕使命，围绕客户需求，随需而动。

重构人企关系，目标是激发知识型员工的价值。随着技术进步，信息操作和智能制造等知识型岗位越来越多。以知识型员工为代表的"新就业"正在形成，人力越发是企业资源而非成本。"90后"成为新员工的主要构成，随着他们进击职场并成为一股重要力量，就业方式也在改变，由固定用工逐渐变为灵活就业。员工在变，组织也需要适时革新，组织管理者更需要转变观念、正确对待所有新生力量。所以，企业激发员工价值创造，首先就是要去层级、重激励。从组织层级看，科层制下的信息传递失真削弱了组织活力和反应速度，少一级科层，就多一份活力，组织单元小一点是一件特别有意义的事情。从薪酬制度看，科层制组织采用的是"岗位酬"，内在的逻辑是先独立评价职位的价值，然后再寻找合适的人匹配这一职位。企业与员工之间是"贿赂"关系，员工干活多一点，企业给的工资就多一点。企业以用户需求为中心，就必须弱化或取消与职位、能力挂钩的薪酬制度，实行"人单酬"制度，根据"顾客价值"来计算报酬。根据目标的完成情况、拥有资源的多少以及为顾客创造价值的大小来决定薪酬的高低，对"单"的评价则主要通过信息化系统来完成，降低领导者在薪酬评价中的作用。

重构人企关系，还要以文化价值去约束和引领员工。为了提升组织活力，企业不能仅靠严格的制度规则、严格的控制体系去固化员工。企业必须学会用高素质的人才，尊重他们的个性。未来，最重要的是要授权，发挥人才信用价值。组织需要构建一个信任体系，真正把责任、权力让渡给一线员工，真正建立组织信任机制，实现人才的自驱动，这样才能激发组织的活力，才能提升高素质人才的价值创造能力，从而为客户提供高品质的产品与服务。

2

发现员工价值

德鲁克认为，基于个人知识的意愿属性，价值观、愿景也会成为组织管理的新要素。随着知识社会的来临，进入员工头脑和企业文化的知识开始具有支配地位。海尔把"发现员工价值"作为践行组织变革的理念，并贯穿于 30 年的发展历程。从创业初期，海尔就希望从规范工作流程开始，让当时的工人具备专业素养。海尔的"管理十三条"正是流程规范化的开始。在形成规范的专业素养之后，海尔通过强化 OEC 管理，把员工的专业素养发展成为一种稳定的工作伦理。基于此，海尔逐渐建立了"现场管理"的理念和优势。随后的 SBU、市场链、人单合一等试验，也可以看作从无到有、循序渐进的知识积累过程。现在，海尔提出"员工创客化"，完全得益于海尔 30 年来从技能化到技术化，再到知识化的持续演进。所谓创客，就是知识化的专家。企业不仅"管理"知识，还要"创造"知识。当每一个员工都参与到企业知识的创造过程中，创客化就是要塑造一个个知识工程师。在企业平台化发展中，员工实现自主创业和自主创新，从传统科层制下的执行者变成平台上的自主创新者。

发现员工价值就是要点燃员工的创业激情，帮助他们实现自己的梦想。所以，海尔在管理创新方面的主题是搭建一流人才"创业"平台，打造产生一流人才的机制。如果我们回顾海尔自1984年以来所实施的一些管理创新举措就会发现，尽管在不同的年代海尔使用了不同的管理概念以突出时代性，但其背后的精神是一脉相承的，没有发生什么大的变化，这种精神就是创业精神。例如，从早期的自主班组、市场链、每个人都是SUB，到每个人都是老板、每个人都是自己的CEO，这些概念看起来有些差异，其衍生出的工具和方法也有所不同，但它们都遵循一个共同的原则：推动每个人自主创业。

人是目的而非工具，要成为自我管理、自我驱动的"自主人"。激励主要有三种来源：认为工作本身就是奖赏的自我表现型的"内在动机"、个人意愿与价值体系相一致的"目标内在化为基础的动机"和规章制度与物质奖励的"外来动机"。现在，海尔"80后""90后"员工逐渐增多，占比达到了全体员工总数的2/3以上。这些员工学历普遍较高，视野宽广，接受新鲜事物快，对自我价值实现的要求也更加迫切，希望通过自己的努力得到认可和尊重的愿望很强烈，传统的管理模式日益受到挑战。因此，必须打破传统的层级制管理模式，主动构建能为劳动者带来自我价值实现和增值、使其个人发展与企业发展相一致的平台，借以能够通过创造价值带来个人的物质激励最大化。这样才能吸引优秀的员工，使他们充分发挥积极性和能动性；只有当员工的潜力得到充分发挥，自我价值得到充分体现，企业才可能获得持续的竞争优势和发展潜力。

　　新员工需要被承认和被尊重。传统的层级式和集权式领导模式限制了每个人的独立意志，压制了每个人的创业和创新精神。海尔提出的"管理无领导"并不是要消灭一切领导者，而是要改变传统领导模式下"领导者和追随者"之间的关系，要创造一种适合网络组织的新型领导力模式。"管理无领导"的实质是员工创客化。每个人都可以成为创业家，每个人都可以创业，让每个员工把自己的价值、利益最大化。如果说过去囿于技术做不到，那么现在有了互联网、数字制造，可以通过开源工具、3D 打印等很多方法来实现，每个人都可以通过互联网成为创业家。海尔通过组织变革，鼓励员工创业，像空气盒子、智慧烤箱等都是打破传统的开发模式，创意由员工和用户交互得出，传统的开发模式是企业组织开发队伍进行开发，按部就班进行企划、设计、开发、试制、生产、上市；在海尔新的组织模式下，采取路演的方式，引入外部投资，避免了传统项目评审的弊端；路演成功的项目，员工跟投成立小微公司，企业内外资源主动抢入，员工从打工仔变成了小微公司的合伙人，小微公司独立运作、自负盈亏，极大地激发了员工的创业热情。

　　海尔试图通过"去官衔化"建立一种平等文化，让每个人不再像传统的组织里那样眼睛紧紧地盯着自己的"官帽"，而是把眼睛转向市场。领导者的位置不再固定，而是高度动态，他的位置基于他所创造的价值。如果领导者不能为顾客和员工创造价值，他就没有价值了，其位置将随时被其他人所替代，这就意味着领导者的命运交给了顾客和员工。例如，海尔实施的"官兵互选"就可以随时罢免那些不能继续创造资源和价值的经营体体长。"接口人"恰恰就体现了创造型岗位的价值。接口人首先是一个"自由连接体"，就像一个 U 盘，今天进入这个电脑，明天进入那个电脑，可以跟任何一个组织连接，甚至同时跟几个组织连接。小微企业都是小组作战，没有那么多 CXO，一个小组搞不定，就三个小组搞，这时候就用上"接口人"了，通过"接口人"来连接这三个组，形成并联协作。"接口人"靠的是能力，而非职务，"官兵互选"是一个 360 度考察的过程，谁带着大家有肉吃，谁就是领导。

在发展初期，海尔建立了一个选拔优秀人才的机制，那就是大家都熟悉的"人人是人才，赛马不相马"。赛马机制主要包含三条原则：首先，公平竞争，任人唯贤；其次，职适其能，人尽其才；最后，合理流动，动态管理。针对优秀员工也并非永远是优秀员工，海尔根据绩效考核结果，规定一个期限整改提升，不达标会降为合格员工，再不达标会成为试用员工，直到被淘汰出企业，这也是对员工进行动态考核的一种机制。例如，海尔的中层干部不是固定不变的，根据其所在岗位职责不同进行分类考核，根据任期进行轮换。这样的人才培养机制无疑为海尔培养了大量可用之才，但却依然是传统科层制体系下的用人制度。

在传统企业的"选、育、用、留"人力资源管理体系中，企业给员工提供工作岗位，有些能力较高的员工可能在较低工作能力就能胜任的岗位上，而有些能力较低的员工可能在高能力员工才能匹配的岗位上，相应地工作目标及标准也不能充分体现员工潜在能力，不能做到岗尽其人。转型为互联网企业后，海尔致力于真正让员工成为创业者，强调给员工提供的不是一个固定岗位，而是一个个动态的创业机会。互联网模式下的人力资源管理模式创新的动态合伙人制，人才按照竞单上岗、按单聚散机制按单聚散人，"单"（基于用户价值的目标）不变，人可以开放地竞单上岗、按单聚散。海尔现在演变成为自创业、自组织、自驱动"三自"平台，从企业激活员工变成员工的自我驱动、自我激活（见图 5–1）。

图 5–1　从选用育留转为放"三权"及"三自"的体系

3

实现人人创客

员工不应是"组织人"，而是"知识人"。基于"知识人"的假设，员工成为知识创客。知识创客们是进行价值创造的主要生产要素，而企业平台的任务则是让知识变得更加有效。海尔平台上的创客们"按单聚散"，具有三大特征：用户付薪的人人创客、完全开放的动态合伙人、充分授权的平权型员工。最终目标是通过开放平台吸引全球一流人才与资源，通过搭建共创共赢的激励机制来激发员工潜力与激情，并且鼓励员工进行创业创新，员工与企业收益共享、风险共担，实现人人创客。

让渡"三权"

员工创客化是海尔的战略目标之一，就是要将每个员工变成创客，变成自主创业者。海尔以"用户价值创造"为导向，提出"人人都是CEO"，鼓励人在组织中自我实现，依靠自己的力量、智慧及努力获得生产发展的权力，驱动实现更大的价值。"管理无领导"体现的就是人人创客，让员工创客化。所谓的创客，首先是创新之客，就是使数字制造和个性制造结合、合作，即"创客运动"。其次是创业之客，在海尔，每个人都可以成为创业家，每个人都可以创业。互联网使得每个人都可以成为创业家，谁有创意，谁能满足用户需求，谁能为用户创造价值，谁就可以在海尔的平台上进行创业。

海尔从管控组织变成节点闭环的网状平台之后，将"三权"（自主决策权、自主分配权、自主用人权）彻底让渡给小微，小微自创业、自组织、自驱动（见图5-2）。自创业就是创客自己在市场上发现机会、创造项目，而不是由公司决定是不是可以去创业；自组织就是根据项目的要求，创客自己组织可以完成这个项目的团队；自驱动就是根据给市场、用户所创造的价值，在市场竞争中优胜劣汰来驱动自己再发展。创客小微有了这三项权力，"自主"不再是徒有虚名，而是真正能在第一线第一时间了解用户的需求，又能以第一速度满足和创造用户需求。员工创客化最终要达到的目标是，"人是目的，不是工具"，平台的价值在于让每个人都把自己的价值充分发挥出来，海尔试图让平台上的小微和创客们都实现这一点。

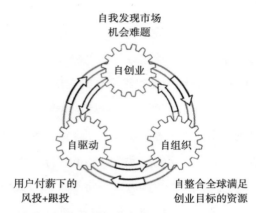

自我发现市场
机会难题

自创业

自驱动　　　　　自组织

用户付薪下的　　　　　　　自整合全球满足
风投+跟投　　　　　　　　创业目标的资源

图 5-2　小微企业的"三自"机制

实现平权就是要真正实现"无领导"，在用户面前创客与集团领导实现真正平等。传统企业转型很难，最大的问题在于老板对于权力的迷恋。尽管几乎所有的老板在互联网时代的倒逼下，都做出了想要转型的姿态，但他们的内心依然没有把员工当作平等的人。海尔打造创客平台，是为了释放员工的潜力，更是让员工实现自我；是为了利用员工的潜力，更是让员工帮助自己实现经济利益。创客本着"为自己打工"的心态，但是如果企业领导做不到平权，就不可能打造出创客平台。员工会从种种细节中发现领导究竟是不是在放权，进而会决定自己是要转型创客，还是安安稳稳地做员工。传统的企业领导要从放权，到放心，再到放利，做到"三放"，就能成为"转型舵手"。"三放"不是口号，而是管理实践中一以贯之的理念。

互联网技术消除了企业和顾客之间的距离，海尔的网状节点组织也使每个人都有机会直接面对外部顾客，因此，应该将从原来领导者手中释放出来的权力转移给顾客，只有这样，才能真正建立以顾客为中心的组织。把用户变成领导，把权力交给顾客，让他们来评价海尔各个小微和创客的绩效，这是海尔在领导力变革中做出的重要举措。只有每个创客都被赋予充分的自主权和决策权，才能充分激发企业价值创造的活力。只有实现员工平权，才能真正以用户需求为源点重塑企业价值生态，重构企业的生产组织和价值创造范式，充分释放全员创新创业能力，使每个节点由内而外对焦用户需求目标，各个业务环节高效协同，由原来的"让我干"变成"我要干"。

雷神小微就是由海尔笔记本部门的在职员工发起的。发起人李宁 2013 年 7 月在京东商城偶然发现，PC（个人电脑）、笔记本电脑销量都在下滑时，唯独游戏本销量却在逐月上升，且游戏本领域也尚未出现占据垄断地位的品牌，进入门槛还不太高。于是他组建了雷神小微团队，业绩快速实现突破。

按单聚散

　　人的开放是实现人人创客的前提。海尔把传统的"选、用、育、留"式的人力资源管理模式颠覆为"动态合伙人"制度，让每个员工都直面市场，主动获取用户需求，从原来被动接受命令去干活的执行者变成主动工作、主动抢目标的创业者和动态合伙人。人单合一模式中的员工，指的不仅是内部员工，任何人都可以抢单上岗成为在线员工或者创客，同时拥有"三权"（自主决策权、自主分配权、自主用人权）。"在线员工"是海尔提出的新人才概念，是指利用海尔平台进行创业，但和海尔没有任何劳动合同关系的人。和它相对应的则是"在册员工"，即那些与海尔具有劳动合同关系的人员。"在线员工"和"在册员工"共同构成了海尔的人才生态体系。之所以"动态"，是因为开放，"员工"不是局限在企业内部的人，小微实行人力社会化，全球范围内有竞争力的人都可以通过竞单上岗，成为平台上的创业者。"在线员工"和"在册员工"之间可以相互转化身份，海尔鼓励那些具有创业和创新精神的"在册员工"向"在线员工"转化，以最大限度地实现他们的创业梦想。当小微真正成为创业公司的时候，创客可以不再受身份的限制，他们主动从"在册"转为"在线"，且依然可以使用海尔的平台资源，将自己的利益最大化。所以，海尔的人才生态圈重视的是给每一个员工提供创业的"机会"，而不是一个传统意义的"岗位"。

　　按单聚散实行"动态合伙人制"。帮助员工实现创业梦想的平台则是小微，采用"动态合伙人制"，小微企业将"在线和在册"员工融合到一起。在海尔的生态圈中，每个小微都是按单聚散、动态优化，为了实现同一目标和创造用户价值而自行协同和互动。海尔的创客们可以自主决定组成小微企业，也就是说小微企业的成员是动态组合的，有"单"才有人，"单"变了，人也要"变"，即动态地按单聚散。小微企业本身也是动态的，如果没有了用户需求价值，小微企业也就没有存在的必要了。"动态合伙人制"的动态性还体现在小微企业股份的动态变化，如果小微业绩突出，员工的股份可以保留甚至扩大，如果停滞不前，员工就从海尔的平台上"退市"。例如，海尔"快递顺"创业小微，由于风投看好并加入，项目估值也很高，资本市场的要求是一年之内营业规模必须翻番，完不成则撤资。"动态合伙人制"要达到的目标是自创业、自组织、自驱动。员工定位要从原来的岗位执行人转变为拥有"三权"的创业者，要从被雇用者转变成动态合伙人。

组织因需求而聚集、连接，动态合伙的机制则是"按单聚散"。围绕客户需求，围绕员工需求，围绕人的需求，实现资源的聚集，实现彼此之间有效的连接。一个团队是怎么形成的？过去是基于目标、功能、结构形成的，现在的团队，包括组织内部的项目制团队，是基于网络，基于特定需求产生价值节点的联动来形成团队，创造价值。依据客户价值来实现内部协同，是依据客户导向的流程，并基于此建立责任体系。在海尔的平台上，小微发现机会，确定小微的战略目标及实现路径、有保障的三预方案之后，就要组建一流的团队来完成目标，但若仅仅依靠组织内部的人，还存在目标实现的局限性，目标达成没有竞争力，因此通过海尔"竞单上岗，按单聚散"，开放企业平台，打破企业内外的边界，只要足够优秀，全球一流的人才资源都可顺利到平台上来，真正实现了"全世界就是我的人力资源库"，为我所用。海尔"按单聚散"的流程如图 5-3 所示。

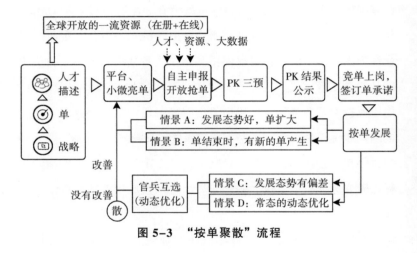

图 5-3 "按单聚散"流程

首先，通过"小微"战略定位和市场目标明确小微的单（目标）和人力资源需求。

其次，构建开放的人才吸引平台，解决人的来源问题。传统企业人力资源的招聘系统相对封闭，通过招聘网站或者猎头公司进行招聘，招到的人不一定是最有竞争力的、能创造价值的人。海尔改变这种传统的招聘方式，利用互联网手段（手机、电脑等终端）搭建了开放的人才吸引平台，开放、动态的人才聚集方式，使全球一流的专业人才和创业者能够无障碍进来。同时还为创业者及其他资源方提供一个展示自己优秀一面的渠道并进行交互，通过此平台也可以高效地挖掘和搜索全球各方面平台的资源，把上面的人、资源以及其他相关内容动态聚集在此平台上，海尔也可以通过此平台动态地将不同的人和资源进行随时匹配，并且通过匹配顺序，选出最合适的人或资源，避免了资源浪费，更大程度上帮助小微自主用人。开放的人才吸引平台的差异化表现在以下方面：可以自由进行超值机会展示、具有全球丰富的创业者资源、创业者所需要的全流程服务、通过此平台牵线在线和在册资源签订对赌、同时小微可以自优化并随时动态解约，还有其他支持小微优化和发展的方式，如创业者沙龙、论坛、行业资讯。

再次，需要解决的就是人通过什么方式到海尔平台上，主要有几个节点，如把"单"亮出去让全球优秀的人进行争抢、前提是自主申报、然后准备 PK 三预方案竞单上岗、最终才是签订契约。具体过程如下：①小微主和 HR 在平台上对外公开亮出要公开招聘的小微的目标和拟定人员资质及其他能力要求，在人员报名方面，全员可以竞聘，不再局限在原有部门，只要你有能力、有足够的信心，不管你身在哪个部门都可以报名，当然这也就是说全球一流人才都可以报名抢单。②由用户、小微主、利益攸关方、人力等共同组建评议小组，一般不少于 5 人。评议小组根据抢单者事前准备的三预方案进行初步评分。③抢单者汇报各自的三预方案（预算，即竞争力目标；预案，是指完成预算的差异化路径；预酬，如果你自己设定的竞争力目标能够达成，你期望的报酬及分享机制），三预方案优势及抢单者的信心，能体现出每个抢单者的综合素质和核心竞争力。④评议小组经过商议并形成最终决定，由 HR 发布最终抢单结果，那些能够承接目标并能够抢大目标的抢单者、能够提供最佳资源以及拥有最优方案的人选最终入围。⑤公示期 15 天，如无异议，抢单成功的人员与企业签订对赌承诺，正式上岗。

最后，动态优化。经过上述激烈的抢单过程，并最终进入到平台上的人和资源不是就能永远在此平台上面而不变化，其会根据战略及目标的实现动态变化，主要可能遇到下面三个变化：①个人在平台上游刃有余，创造更大价值，有更大的发展空间，完成高目标的同时获得高的报酬。②对于周期性的项目工作，在市场目标完成之后小微散掉，本人就必须去抢其他的单，否则就没有单，内部的人则要离开企业。这也说明无论你是谁，无论你是海尔在册员工还是在线员工，每个人、每个节点都会根据目标的需要变化，动态聚散。③抢单上岗之后，个人创造的用户价值和竞单上岗时签订的目标承诺差距很大，并且不能在规定的时间内关闭差距，这时会采用另外一种机制来处理，那就是启动"官兵互选"，这也是海尔搭建的一种独特的人员动态优化方式，避免那种"你干得不好，我还不能开除或者解聘你"的事情发生。一切都建立在公开、公正、公平的基础上，大家的目标一致，就是要实现企业目标，只有这样才能达成我们个人目标及价值，也只有通过这样的方式才能保证团队永远有活力，有能力的人可以通过平台抢占大目标来做，不再永远听命于无能领导的指挥。"官兵互选"也是通过三预 PK 的形式进行，优秀的人、优秀的方案、优秀的资源、承诺大目标才会被选中，才会得到大家的支持。"官兵互选"总体来说主要有 5 种形式：官选兵（由小微主选优秀创客），兵选官（创客们选小微主），兵互选（相互协同的创客们选择团队成员），市场用户选（用户至上），一流资源团队选（在线、上下游供应商）。

以上按单聚散的流程节点海尔均已经通过搭建的信息化平台实时显示、分析、跟踪落地。不难看出，这种按单聚散平台解决了传统企业面临的三大难题：首先，如何保持团队活力，那就是通过动态的"官兵互选"机制让更优秀的人持续动态地进入到海尔平台上；其次，如何开发员工的最大潜能，那就是提供员工快速得到发展的机制，如海尔的三预 PK 竞单上岗的机制，解决了员工主动抢大目标的问题；最后，因为是动态接入全球一流的资源和平台，现有的能力一般的人要么直接被淘汰，要么自我学习，缩短其与更大目标之间的差距，否则就会被淘汰。海尔内部有"两解"的说法，即小微不行就解散，个人不行就解约，这样做的目的不是减员，而是要把企业打造成一个完全开放的平台。

案例聚焦：免清洗小微

免清洗小微创业的第一部是明确用户价值。2013 年，全自动洗衣机员工孙传滨发现，不少网友都存在这样一个困惑，那就是一旦看到洗衣机用了一段时间后的内桶，他们就对洗衣机的

"脏"感觉惨不忍睹。针对关注这些的用户群体，经过收集，他发现在整个洗衣机市场上，至少有 2000 万左右的用户都有不同程度的意见和改善要求，孙传滨认为这是一个创业的好机会。他在想，能不能研发出一款不用清洗的洗衣机来满足这些用户的需求呢？而经过他的调查，市场上还没有一款类似的产品，如果研发上市必定引领市场。海尔洗衣机的 HR "接口人"也支持孙传滨的创业想法，这样 HR 帮助孙传滨公开竞聘对此有想法的研发、市场、生产、售后、人力、财务等全流程每个节点的人才，通过竞聘上岗组成小微团队。小微在网上发了一个题为"洗衣机筒脏了你有解决方案吗"的帖子，有大约 15 万人（包括供应商）参与，形成了千余个创意方案。通过对比选出最优且可行的方案并生产出产品，用户体验后，最终确定了"智慧球"的研发方向。

团队组建之后，最重要的一点就是明确大家要实现的共同目标，那就是每个节点都面向用户，共同承担对用户承诺的实现免清洗的目标。例如，研发人员整合全球最先进的免清洗技术，保证按期提供技术方案；市场人员要与用户进行深一步的交互，了解有多少用户提前定制免清洗洗衣机，他们还有哪些需求及可提供的建议，保证订单量；人力要吸引全球一流资源到此团队，保证每个节点的目标有最优秀的人来承接。免清洗小微确定了不同阶段的目标、完成时间以及最终的产品销量、收入和利润，并确定了在此同一目标下，分解到每个阶段的目标以及自主考核激励方案。

免清洗小微积极实施"对赌抢单"。平台与小微及每个成员签订对赌合同后，设计、供应商、生产、销售等各节点小微也都相互签订对赌契约。大家积极性很高，销量目标从一开始的 3 万台提高到 20 万台，2014 年在达成目标的同时，全流程挑战 2015 年将实现 200 万台的大目标，期望通过个性化定制交互用户资源，通过产品迭代黏住用户，满足更多用户的需求。

用户订单越来越多，这就需要提升生产产能，小微与生产 B 线签订对赌承包合同，大家目标相同，薪源同一，激励生产线在保证产品质量的前提下在 3 个月内实现日产能由 200 台/天提升至 3000 台/天。销售节点也提高目标，市场销量也由 3000 台迅速提升至 5 万台，超额完成年度对赌目标。小微主根据对赌目标完成情况，依据约定对每个节点的目标达成情况进行了 10%~20% 比例不等的超额利润分享。小微生态圈内各节点也全流程根据自己的价值贡献相应分享。[①]

因为每个小微都拥有独立的损益账户，免清洗小微在目标达成后，会根据整体收益，扣除各节点的费用成本，从而最终确定盈利。根据盈利及各小微成员的目标完成和价值贡献度，多挣多发、少挣少发、不挣不发、没有保底。这也是根据之前与小微成员对赌预设出不同目标达成前的价值分享数额。这一切的原则就是，目标有竞争力，薪酬分享标准也就相应有竞争力，而且实际创造的价值越大，挣出的可供分享的薪酬资源就越大。

---

① 任华，韩良海，贾春娟. 海尔对赌激励模式. 中国人力资源开发，2015（10）：25-30.

用户付薪

薪酬是企业的驱动力。海尔对于薪酬制度的探索与创新，仍然是基于如何将员工价值发挥到最大化来演进的，其目的是激励员工在为用户创造价值的同时实现自身价值。科层制有一个最大的问题，就是薪酬的源头（简称"薪源"）不一致。每个人的薪源都是自己的领导，该付给谁，不该付给谁，该付多少，标准不统一，都是模糊的 KPI 或 MBO 考核基础上领导的一句话。传统企业的薪酬是按照岗位和职级来划分的，员工执行上级的命令，绩效由上级评价，薪酬由企业支付。海尔在进行互联网转型之前，实行的宽带薪酬制度也是企业付薪，员工没有太大的积极性，薪酬无法准确反映员工创造的有效的用户价值，还容易滋生腐败和产生扯皮。于是，海尔提出要打造"用户付薪平台"。所有人获取薪酬的标准很简单，总的薪酬包就是用户的支付，参与者的薪酬包就是按各自工作的价值在终端产品中的比例衡量。总结起来就是一句话——用户付钱，为用户创造的价值由用户评价，薪酬也是为用户创造价值后的超利分享。

以单计酬。在海尔的网状节点组织中，职位的概念被颠覆了，传统职位的功能几近消失，取而代之的是"节点"这一崭新的概念。每一个员工就是一个创客，每一个员工就是一个节点。"节点"和"职位"是两个完全不同的概念。节点是高度动态的，其存在的基础是"契约"或者"单"，即目标。在海尔，每一个节点都需要明确自己的顾客，把顾客的需求转化成自己的"单"，然后根据"单"的完成情况拿到自己的薪酬，即"人单酬"。顾名思义，"人单酬"就是以"单"为基础的报酬体系，也就是说，"单"是计算报酬的核心依据。"单"衡量的是员工为顾客创造的价值，以"单"来计酬，实际上是将员工（人）的薪酬和为顾客创造的价值合一，即"人—单—酬"合一。海尔的原则是"高单和高酬"，为顾客创造的价值越大，得到的报酬越高。为了得到更高的报酬，小微成员必须时刻清晰地知道自己的顾客是谁，并要持续关注顾客需要什么样的价值，没有了顾客价值，就没有了经营体成员的薪酬。现在无论是平台主、小微主还是创客，无论是销售、生产或研发的成员，都是人单合一、同一目标、同一薪源。以价值为导向的小微所有成员的目标一致、目标达成，才能得到相应的薪酬，若目标无法达成，全流程的薪酬都会受到影响，这也避免了节点小微间的相互扯皮问题。

用户付薪。既然每个小微都以用户需求为中心，海尔希望实现用户领导、用户评价、用户激励。理所当然，员工的薪源也来自用户，从创造的用户价值中得到薪酬，得不到就离开。一些小微还没有盈利，还没有创造用户价值，如果项目有前景则平台主会继续支持，如果团队不行，就要让另外的团队接手。这样，海尔就实现了从传统企业的岗位酬制度向人单酬制度的转换。人单酬制度和传统的薪酬体系有很大不同，传统组织的领导者是"关起门来制定目标"，海尔探索的是在"商业生态系统"中自动生成目标。海尔要"举高单，找高人"，"高单"就是要创造出用户价值，"高人"可以"在线在册"转换身份，随时加入海尔平台。

海尔通过"人单自推动"机制来进行监控，这一机制包括"高单竞岗"和"官兵互选"两个重要举措。"高单竞岗"是实现目标监控的第一步，它保证了"高单"和"高人"的匹配。第二步则是"官兵互选"，它的本质是监控"高人是否能够完成高单"。因为用户体验在变，"单"的内容也在变，今天能够满足用户需求，明天就不一定能够满足。所以，平台要具备一定的迭代速度，通过"高单竞岗""官兵互选"不断地优化资源，满足用户的需要。进入网络化战略阶段以后，用户付薪探索进入更深、更广的层面，享有独立分配权的小微被海尔"断奶"，实行"0固薪，0费用"，员工所有的薪酬都从为用户创造的价值中来，其目的是驱动员工转型成为真正的创业者。

第六章

创新与创业：转型创业平台的实践

海尔致力于搭建一个开放的可以复制和推广的创业平台。一方面，将员工转化为创客，从命令执行者转变为创业者；另一方面，平台对社会资源完全开放，只要怀有创业梦想都可以通过海尔的创客孵化平台进行孵化。

1

构建创客平台

海尔为创客搭建了"海创汇"创业平台，海创汇的战略定位是"创新社会化开放创业平台"。海创汇为创客提供专业的创业指导，以培训为切入点提升创客能力，通过集聚效应吸引政府、高校、孵化器等资源，建立适合创客发展的管理体系，帮助创客小微对接各类资源，搭建创客孵化加速生态圈。

孵化功能

"海创汇"是一个品牌、五大平台的体系，具有开放、生态、专业的特点，打造创新创业、线上线下、孵化投资相融合的"众创空间"，并拥有最"创业"的培训体系、最"生态"的孵化体系、最"产业"的加速体系。海创汇创业平台包括创客学院、创客空间、创客工厂、创客服务、创新平台五大子空间平台，为小微创新企业成长和个人创业提供低成本、便利化、全要素的开放创业生态系统（见图 6-1）。

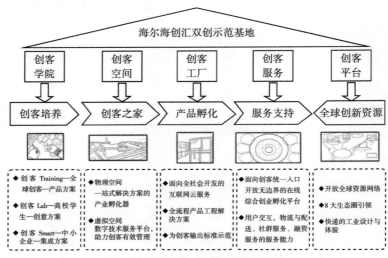

图 6-1 海创汇创业平台的结构

平台 1：创客学院

创客学院是"海创汇"的创客培训平台，以海尔自身用户资源、产业资源、教育资源和物质资源为依托，以海尔大学、创客

实验室和智能工业研究院为主要支撑实体，通过创客公开课帮助
创业者系统掌握创业的基本知识和专业技能；通过创业训练营为
创业者在创意生成、创意落地、项目变现、项目加速等环节定制
化匹配培训加速服务；通过创客实验室为高校群体提供创新交流
以及项目实训的互动平台；通过海尔特有的 COSMO 平台为中小
企业产业升级、转型提供全套解决方案。从而实现通过创客学院
的各个平台，为创业者创业成功提供有力的支持与帮助。

目前创客学院已搭建了 12 个主题 30 余门课程的创客公开课
体系，帮助创业者系统掌握创业的基本知识和专业技能；组织了
41 期免费公开课，吸引内外部创客 2 万余人参加，10 余个项目
对接众筹平台，与 30 余家互联网资源建立合作，搭建"创客+"
训练营体系，为创业者定制化匹配培训加速服务。通过输出战
略、组织、专业探索等模块的海尔互联网时代的管理模式，实现
对社会创客的培训加速，目前有社会化讲师 100 余位，已经举办
40 期创客活动，并与大学共建 5 个创客实验室。

平台 2：创客智慧空间

为创客提供实体、网上的虚拟创客智慧空间，为入驻创客空
间的企业提供创客智慧空间及以海尔数字技术服务为基础的应用
服务的体验平台，降低单个创客的创业成本，加速创客的运营效
率，缩短创客与全球资源的距离，提高创业成功率。

目前创客空间已孵化企业 74 家。海客会社区服务平台建立
了与社区关系管理相关的大数据资源平台，通过移动终端为创客
提供与生活、工作相关的一站式智慧生活服务。海客会社区服务

平台仅上线半年就成为加盟创客心目中不可或缺的社区营销平台，运营成熟的明星创客不断涌现，如千秋百味牛排入驻海客会平台短短 3 个月就已有将近 5 万元的交易额。

平台 3：创客工厂

海尔开放互联工厂，成就创客梦想，提供高起点的互联制造工厂，满足用户个性化定制和体验。海尔开放内部的数字化加工工厂，为创客提供从 0 到 1 的解决方案。海尔创客工厂为创客提供全流程产品工程解决方案，提供产品设计、模具开发、3D 打印、测试验证、生产组装等产品试制和研发服务。

截至目前，研发基地已成功孵化在线设计创客小微 3 个；通过为社会上优秀的创意和点子提供供应链、OEM、资金、市场等，孵化社会创客团队 1 个；通过为创客提供技术服务和模具租赁，试制基地孵化社会创客 2 家。创客工厂共孵化创新产品 2 款，创客产品 10 种，实现冰箱、洗衣机、空调、热水器、洗碗机等多款家电产品的个性化定制。截至目前，创客创新产品已生产 40000 多台，带动社会就业 300 余人。

平台 4：创业服务平台

开放海尔产业生态资源，提供线上创业服务平台和线下创业服务，为创客搭建孵化及加速过程所需要的商务、产业配套、物流、售后、人力等全流程服务。开放海尔的金融资源和财务服务能力，为创客提供融资辅导、财务服务、基金投资、税务、法务、代理注册等多种服务。解决创业过程中遇到的财务、资金、管理等难题，同时减少了交易风险、资产安全等后顾之忧。

目前线上平台共引入 1623 个项目，3725 位在线合伙人以及 4775 家资源入驻。平台举办的创客大赛青岛站有 30 个项目与多方资源参与，实现了项目与资源互动。创客金融平台为 32 类产业生态链以及 3 万多个小微企业提供融资服务，极大地扶持了创业者。日日顺交互平台已经聚集了 70 多万个创客在平台上交互，形成 3000 余个交互出来的产品解决方案。

平台5：创新资源平台

开放海尔的技术资源网络、企业实验室资源、检测研制服务资源和供应商资源网络，聚焦全球的创新资源和创客资源，采用全球资源的众创、众包，搭建检测验证与体验平台，致力于打造全球最大的创新生态系统和全流程创新社区，为创客提供从创意到工程解决方案、检测验证、供应商匹配等服务。

作为创新资源平台的后盾，海尔拥有全球顶尖的研发实力。在全球已经拥有了包含 GE 家电在内的九大研发中心，并且通过线上开放式创新平台 HOPE，已经吸引了全球 320 万家一流资源，仅在平台注册的资源就超过 10 万家，平均每年产生超过 6000 个的创意，每年成功孵化超过 200 个的创新项目。

孵化模式

海尔支持各类资源到海尔平台上创业，海尔员工、合作伙伴、社会资源、极客、消费者都可以在海尔平台上创业。以海创汇为例，平台的三大特点是开放、专业和生态。对于小微创业，海尔海创汇平台目前形成了企业员工、合作伙伴、社会资源、全球资源和消费者在海尔平台上的创业模式以及内部员工脱离企业创业的 6 大创业孵化模式（见图 6-2）。

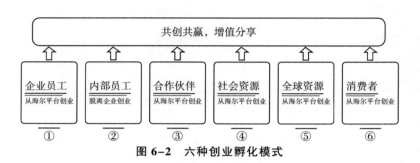

图 6-2　六种创业孵化模式

企业员工在平台创业

如果海尔员工提出的创业项目能够通过论证，那么集团就能给予其支持，同时还能提供天使基金。在创业公司中海尔是大股东，如果企业公司发展得好并且和海尔的规划发展方向吻合，海尔享有优先回购权。如果创业公司的发展与海尔的方向不十分吻合，海尔就考虑将其卖出去。以小帅私人影院为例，海尔员工马文俊看到孕妇在网上留言说"坐着看电视不舒服，希望躺在床上就能看电视"，还有妈妈在网上留言说"小孩看电视特别容易伤眼睛，希望有可以替代传统电视的产品"。获得了这一需求想法和产品创意之后，马文俊整合资源成立小微，需求一提出来就吸引了美国硅谷的创客团队及拥有大量供应链资源的行业专家一起创业，首先整合了美国硅谷技术，并找到了美国的德州仪器作为资源方，同时在武汉光谷做生产布局，并在青岛进行投资孵化，全过程开放创新，得出解决方案，并于 2015 年 7 月创建小帅智能科技股份有限公司，集合多方资源做成一个新的产业生态，把产品推向了市场，满足了需求，创造了价值。目前产品有第一代产品小帅天幕—天花板上的巨幕影院—迭代产品小帅 iBOX（发现生活新角度），新品小帅 UFO（互联网电影机）。

内部员工脱离企业在平台创业

海尔员工如果觉得海尔体系不能支持他的发展，创业不够灵活，想脱离海尔，海尔会支持他创业。如 2001 年成立的海尔家居，业绩和人员反复变动，在市场上没有竞争力。2014 年 7 月，有 3 个 90 后员工想要做互联网装修，但海尔的战略及体系不支持他们这个想法，因此他们想脱离海尔自己开始创业。他们整合全球一流资源，以 200 万元资金注册了互联网装修公司——有住网。他们打算用新的商业模式改变家居行业，用标准化把作坊式的家装变成流程式的工业生产，去掉中间层，不靠中间差价盈利，而是靠平台服务盈利。创业团队也从当初的 3 个人发展到现在的 200 多人。目前有住网在用户口碑、城市覆盖、销量、用户满意度等方面综合排名第一。他们的目标是做互联网装修的引领者。

合作伙伴在平台创业

海尔日日顺乐家快递柜一开始切入快递行业末端的"痛点"就是解决每个社区每天大量的快递给用户造成的问题，在小区里放置"日日顺乐家快递柜"，用户只要凭借手机收到的密码就能够直接打开快递柜取走快递，海尔通过服务获取用户信息，把用户变成资源，不仅可以入户营销，还可以把用户导流至线上。日日顺乐家的商业模式包括四个方面：快递末端解决方案、便民服务（包含居家养老服务）、农特产品直供平台、社区新媒体等。截至目前，日日顺乐家全国已经有了1万多个社区智能柜和社区驿站、1800万用户、40万日均活跃用户。这种共赢的好模式已经吸引了100多个广告商和1100多个农产品供应商，还与多个金融公司和便民服务商建立了合作关系。

社会资源在平台创业

海尔日日顺物流的车小微，是符合条件的家电服务点、经销商以及物流公司、个人等资源以加盟模式开放、主动进入，车小微的订单由海尔提供，海尔还给车小微配备统一的运营、派工和结算系统等，车小微集送货、安装、售后服务于一体。车小微进入平台后，不是等订单，而是通过手机APP软件自主抢单，按用户约定上门，由用户来对车小微服务进行评价并反馈给系统终端。用户对车小微服务的评价会影响此车小微的评定结果，这个结果也会影响下一次车小微抢单时的排序。全国目前有9万多个车小微、共支持了18万人进行创业，同时海尔通过这种模式也在全国多个区县实现了"按约送达、超时免单"的承诺。

全球资源在平台创业

在共享经济时代，海尔开放地搭建了相对的共享平台，将社会上更多资源的活力彻底激发出来。于是，海尔便实现了一个目标，那就是"世界是我们的研发部、世界是我们的人力资源部"。全球所有人、所有机构都能够在海尔平台上看到用户提出的需求，可以根据需求提出自己的创意。无论是专业的设计研究所还是消费者，甚至是设计控，都可以在平台上交互。截至目前，海尔平台上大概已经有 1.2 亿名普通用户、4000 多万名粉丝、13 万名发烧友。同时企业内部研发的"接口人"有 4200 人左右，在平台上注册并且和海尔有签约关系的有 15 万人左右，并且已经对接全球 140 万左右的一流资源。他们不是全都在海尔工作，只是属于海尔在线员工，有合同关系。如 2013~2014 年，海尔洗衣机团队在网上征集关于"洗衣机内筒脏"这一问题的创意解决方案，当时吸引了 990 多万名用户参与及交互，共收集到 846 个创意方案，最后，一名 19 岁的重庆大学生网友提出的点子获得了众多创客的支持，被认为最具商业化价值。于是其创意被采纳并进行技术开发，还吸引了来自全球的 26 个专家团队及美国 3M、联合利华、陶氏等全球 500 强企业进行资源整合和专利分享，产品上市后这名大学生也因为这一创意获得了超利分享，每卖一台免清洗洗衣机他可以分享一块钱。目前，免清洗洗衣机已卖出上百万台，这名网友因此获得了非常可观的利益收入。

消费者在平台创业

消费者可以自己定制产品，如果创意好，经过论证后可在海尔平台发布，用户多的话，消费者可以参与分成。顺逛微店是海尔官方微店，一开始消费者都是通过此微店购买海尔旗下所有家电产品，然而，因为此平台无边界、无门槛，面向全社会招募微店主，并且所有微店都可以获得日日顺的官方认证，所以很多用户都申请自己开店，从消费者转变为微店主。不管你是企业单位的打工族，还是自营私人店主，甚至是农村农户或农民工，只要你有手机，就可以注册微店进行创业。因为顺逛有海尔强大的产品质量、售后、物流等作支撑，微店主无须为送货犯愁。同时微店有独特的赚取佣金的方式，解决了很多普通消费者想创业但没有货源、渠道、资金和场地的瓶颈。

案例聚焦：乡村水站

乡村健康水站的主导者是"日日顺物联网"小微，其在发现了农村有饮用干净水的潜在需求后，曾向一些乡村推销2万元一套的净水设备，但效果并不好。之后，"日日顺物联网"小微转变策略，开始与县政府合作，免费把净水设备送给当地的乡村，每个村推荐一位"小顺管家"来打理水站。

一元买7.5升现制净水，对村民来说，可以喝上便宜的干净水。卖水的收入，一半归海尔，弥补设备投入；另一半归小顺管家，由其负责水电费用。据估算，一个村一般一两百户，如果一半农户办水卡，那么两三年左右就可以回本。

这种政府、村民、企业三赢的做法受到欢迎。至今，"日日顺物联网"已与山东、河南、河北等七八个省的73个县签订合作协议，覆盖7000多个村；计划3~5年内在全国覆盖20万个村。

小水站连着大生意。小顺管家也有两重收入：一是卖水的分成；二是销售商品的佣金，另外，水站的箱体两侧可以变为广告位。他们通过APP，实时监测水质、卖水量以及是否需要更换滤芯等，并与海尔的"顺逛"微店相连，附带销售海尔的家电产品；由于深入农村，并借助小顺管家建立起村民社交圈，水站变为一个商品下乡的平台。"日日顺物联网"在日化、化肥、白酒方面，已分别与宝洁、史丹利、金六福展开合作，实体出样，面对面地进行销售。

目前，"日日顺物联网"已估值 8.5 亿元，完成了 A 轮、B 轮融资，社会投资共 1 亿元，今年年底会到 C 轮，小微成员斥资500 万元、入股 10%。

孵化机制

年轻一代的员工更强调自我意识，追求自我价值的实现。传统企业提供的工作岗位已经不能满足他们自我实现的需求，他们更想通过创业来实现自我价值。

为了让每个员工成为创新创业的主体，海尔对标行业股权类、现金类激励机制，分析短期激励性、长期激励性和风险共担程度，以此为输入，结合海尔战略层面的小微定位、分类，针对不同类的小微，匹配个性化的激励模式，实现收益共享，风险共担，让每个员工变成企业的主人，站在股东的角度经营企业，激励每个员工创新创业，实现人人创客。

创业机制方面，包括员工持股、对赌期权、跟投、虚拟股权等形式。员工享受创业机制的前提是需要对赌有竞争力的目标，拿出差异化的方案，通过竞争抢入小微，成为小微的主人，在享受权益的同时，承担相应的责任与风险。风险共担体现在小微跟投上面，收益共享体现在超利分享和资产增值分享上。

以"水盒子"小微创业为例，创客小邹原来是海尔水交互平台的员工,于 2013 年 8 月加入海尔。有着 8 年净水行业经验的他如今的新身份是在海尔平台上创业的"水盒子"小微的小微主。水盒子是一个网器,能监控自来水的水质并改造自来水,让用户通过手机 APP 随时了解情况,同时还具备提醒更换净水机滤芯等实用功能。目前小邹正在注册一个名为"浩海科技"的公司,它便是"水盒子"小微的实体公司,他作为小微主为这个公司投资了 40 多万元。

"水盒子"第一阶段应用的机制是传统的激励方式,团队是内部指定的,对产品的设计也是仅限于团队成员的封闭设计,团队做出的产品体积较大、成本较高;第二阶段团队应用对赌机制,吸引在线员工加入,做出的产品体积将为原来的 1/5,成本大幅降低;第三阶段团队应用的机制是创业股权激励+跟投,团队方面,用户体验驱动"接口人"及资源方动态升级(全球一流资源抢入),做出的产品体积和成本进一步减小。

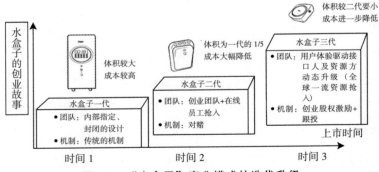

图 6-3 "水盒子"商业模式的迭代升级

海尔还举办创客大赛。每年的创客大赛有 100 多个团队参与，筛选出二十多个团队参与路演，十多个团队获得认可，有投资意向。内部形成常态化的"创客咖啡""微课堂"等，接入外部一流资源，如著名 VC、企业孵化器、成功创业者等，为创客提供常态化的创业培训，培训覆盖上万人次。

在创客培训方面，海尔大学拥有 300 多位内部讲师，这些讲师来自优秀的样板小微，海尔还不断提升和发展动态内部讲师管理体系；80 多位兼职教授，与 IMD、沃顿商学院、中欧商学院、清华大学、北京大学、人民大学等国内外高等院校建立师资合作关系；50 余家全球一流战略合作伙伴，开放整合并接口全球一流学习资源，资源互换，建立战略合作伙伴，目前有宝洁、思科、IBM、HP、卡内基等一流外部合作伙伴。通过对创客的能力进行分解，创客培育项目最终聚焦创客精神、创业方案、互联网思维三大类 11 小类能力（Maker 创新、创意交互、众筹模式、投资模式、商业企划、创业团队组建、资金管理、粉丝力量、虚网零距离交互、行业趋势等）进行培养。

所以，员工创客化的目标是要实现创新创业，而根源在于权力资源的分配，组织在于动态开放。要让"听得见炮声"的人去决策，创新创业要围绕用户需求，授权使指挥命令系统调动资源的方式从自上而下转向自下而上，要变得贴近客户，能够洞悉并快速响应客户需求。动态开放才能整合最优的人力资源组合，完成创客的目标。员工创客化分别从员工、小微、平台三个方面实现决策效率的提升。从员工层面看，是节点效率，从小微层面看，是流程效率，从平台层面看，是价值创造效率。未来企业治理的方式一定是依靠群体智慧，以共同的价值为导向，培育自演进的创新系统。

2

实施开放式创新

正如《大爆炸式创新》所说，技术的指数级发展和产品的快速迭代改变了原有的创新方式。互联网时代，新技术、新产品的快速迭代，以及用户需求的日益个性化倒逼企业改变创新方式。自Chesbrough 于 2003 年出版《开放式创新》一书以来，企业与组织采用开放式创新的概念已经成为主流的创新模式。然而，如何在实际运营中采用开放式创新的组织设计与实践并不明朗，海尔试图探索开放式创新的模式。

创新平台

海尔搭建创新与创业平台，鼓励企业内外的创新团队和资源自由结合，力图搭建一个融合内外资源，研发智慧产品的交互平台。这个平台具有开放性特征，将产业链上下游所有的利益攸关方吸引、整合到平台上，共同围绕用户的个性化需求、最佳用户体验，不断创造价值。在转型创业平台的过程中，海尔探索开放式创新模式，以"世界是我的研发部"为理念，建立线上线下融合的开放式创新平台，吸引全球资源和用户参与，开放链接世界一流研发资源，颠覆传统的瀑布式研发为迭代式研发，形成自驱动的创新生态系统，持续产出颠覆性创新成果。

案例聚焦：HOPE 创新平台

HOPE（Haier Open Partnership Ecosystem）是海尔和全球伙伴交互创新的社区，其目的是打造全球资源并联交互的生态圈，它是一个开放式创新虚网平台。海尔将 HOPE 平台的功能界定为，通过需求与资源在平台上的自交互，为用户提供超值的创新解决方案，并实现各相关方的利益最大化，实现平台上所有资源和用户的共赢共享。

世界就是你的研发部！HOPE 平台正是这句话在海尔的最佳实践，它秉承开放、合作、创新、分享的理念，把世界视为海尔的研发部，致力于整合全球一流资源及智慧，征集全球优秀创意，推动智能家居及生活家电的技术创新，提升用户体验，创造满足用户需求的智慧生活。

HOPE 平台主要包括需求发布、技术资讯、成功案例、互动社区等栏目，还建立了一流的资源超市，可以对接全球专家和解决方案资源，目前已经实现了与全球 200 多万专家资源信息的无缝对接。

海尔之所以要变成平台型企业，其目的就是要获取网络化的资源。所谓网络化的资源，就是这些资源在网络上是所有人都可以获得的，但是怎么获取，就要看每个人的路径和措施了。例如，全球一流的设计资源、全球一流的模块供应商资源、全球一流的营销资源等，这些资源谁都可以使用，它不会专属于某一个人……能不能获取这些网络化的资源，这是组织要解决的非常重要的问题。

HOPE 平台正是海尔获取网络化资源的一个重要工具，通过它海尔可以与全球创新的解决方案提供者精诚协作，将最佳方案与用户需求结合，创造出引领用户需求的产品和服务。其在全球首发的"无尾厨电"则是 HOPE 平台运作的一个经典案例。

目前，海尔已在全球建立十大研发中心，形成遍布全球的创新资源网络；同时建立开放的 HOPE（Haier Open Partnership Ecosystem）线上平台。在这个平台上，海尔可触及的全球一流资源达 320 万家，平均每天产生创意 24 个，源源不断地产生领先的创意和产品。

共赢机制

海尔向所有的创新资源敞开大门、征集创意，希望通过创新平台拉近全球供应链与用户需求的距离。开放的平台是一个多方参与、多方受益的平台，如果企业的开放只是从外部资源获得好处，这种关系是极其不稳固的。海尔开放式平台不但要利用外部资源，也要通过开放平台提供自己的资源，使平台的各参与方能够共享海尔的资源，海尔应该最大限度地利用平台资源创造增值，而非最大限度地将平台参与方的利益转移到海尔。因此，共赢是海尔创新交互平台所秉持的基本原则，海尔生态圈生生不息的根本在于共赢机制完善。

共建专利池

海尔已与陶氏化学、利兹大学等共建专利池，共同纳入专利池的专利数量达到 100 件以上，联合运营获取专利授权收入。迄今为止海尔已经和合作伙伴共建了 7 个专利池，其中 2 个专利池上升为国家标准。

投资孵化

美国某大学孵化出的 C 公司，拥有固态制冷技术模块顶尖技术，并且处于孵化融资阶段。海尔参与该公司前期孵化、融资及技术的产业化，成功孵化出全球首款真正静音的固态制冷酒柜。

联合实验室，成果分享

海尔与 D 公司、L 公司等成立技术研发联合实验室，双方共同投入基本的运营费用，从各个领域实现技术的开放性，实现双方技术的交互与应用共享，技术研发的成果双方共同拥有，产品上市后价值分享。

成为供应商伙伴获取收益

具备交互用户、模块化设计、模块化检测、模块化供货四个能力的资源，可享有优先供货权，即优先保障享有 70%~100% 的供货配额。同时享有 6~12 个月的反超期。例如，由于其 S 公司参与天樽空调研发，由于其参与前端模块研发，同时具备供货能力，在量产后直接享受 80% 的模块供货配额。

批评者认为，海尔太关注管理创新而忽略了技术创新。一些人认为，海尔注重管理有余，不如"一款产品打天下"，比起做管理更加有效。这种思维方式明显体现了其与海尔对于企业成长历程和生命周期认知的差异。在战略层面，海尔要从传统企业转变为互联网企业，意味着企业、用户、员工关系的重塑，意味着组织结构和管理流程的颠覆。如果仅仅聚焦于产品或技术，组织结构等不做任何调整，产品创新注定不会持续，企业也不能保持健康成长。一定是道在先，术在后。

创新涌现

发挥和制造用户资源优势，整合外部资源是海尔搭建开放式创新平台的基本思路。客观上讲，与美、日、欧等发达国家电子、电器企业比较，海尔在整合创新资源方面没有优势，甚至是没有经验的，但这并不能作为不进行创新模式革新的借口，互联网时代的到来要求海尔必须尽快适应新的创新环境，进行开放式创新。

以净水洗涤为例，从用户的第一声抱怨开始，在短短的 3 个月时间里，海尔便从洗净、节能、健康、智能等多个维度中挖掘出"净水洗涤"的创意。借助 9Sigma 的资源库，海尔迅速与全球数千家企业、高校、研究所建立联系，并从 100 家具有竞争力的资源里筛选出 14 个最有可能的方案。海尔净水洗衣机项目实践了开放式创新思维，通过搭建创新平台，整合了全球技术资源，改变了中国企业通过低成本参与全球竞争的方式。

天樽空调的缘起是用户抱怨"空调出风太凉"，很多用户习惯在空调旁边开着电风扇，以使空调凉风和室内空气尽快中和。基于此，才有了天樽空调"环形出风口"设计。"快速满足"是整合资源的终点。科研机构有更好的制冷技术，但是无用户需求。海尔把用户需求放在资源整合平台上面，采用开放式创新和集成创新的思维，吸引全球技术资源满足用户需求。天樽空调的空气射流技术是与中科院合作的成果，智能调温技术则联合中国标准化研究院共同推出。

表 6-1　海尔开放式创新案例

开放性创新组织	创新与日常工作的衔接	在创新中目标资源的可用性	协同结构和流程用以合作创新理念	公司运营模式下没有可执行的能够增值创新的战略
节水洗衣机	供应商想用镀膜技术来改善洗涤效果，海尔工程师对这一想法表现出了兴趣，而且其持续对于新技术的探索导致了新的节水功能产生	克服了供应商选择的僵局	协同挑战；测试原型	"没有水"的由上至下指导方向
天樽空调	应用社交媒体平台为海尔的站式空调收集评论及用户体验	缺少分析能力，需要外部人员协助。建立内部数据分析能力	建立内部分析能力	把顾客的想法与产品整合（新的空调里增加了空气过滤芯）
雷神专业游戏笔记本	秘密团队的工作方式	创建自己的资源；在游戏笔记本中成为领导品牌	高管决定把该产品分离成独立公司	风险投资
海尔风险投资基金	使用政府提供的风险资金来助力企业内部的项目以及对外部进行投资	与政府建立工作联系	多种资金来源的渠道	超出白色家电企业运营范畴的多元化

开放式创新是各种创新要素互动、整合、协同的动态过程，

这要求企业与所有的利益相关者之间建立紧密联系，以实现创新要素在不同企业、个体之间的共享，构建创新要素整合、共享和创新的网络体系。海尔的开放式创新战略体现为企业平台化、员工创客化、用户个性化。为了实现平台化发展，海尔把研发变成一个开放平台，完全发挥平台的网络效应。利用互联网平台，企业的创新资源存在无限整合的可能。首先，企业平台是开放的，可以整合全球的各种资源；其次，平台也可以让所有的用户参与进来，企业可以准确发现用户需求并快速满足用户需求。

新工业革命背景下，企业创新的内容和形式快速变化，对市场和技术变化的反应更为敏感，可以在较短时间内以低成本整合各种技术资源，创新具有很强的灵活性与开放性。互联网技术的普及，使创新的发生更加平民化、分散化，创新不一定由技术专家发起，也不一定集中在大企业内部。尤其在消费类电子产品行业，互联网技术培育了适宜创新的"土壤"。

海尔的节水洗涤、天樽空调、雷神游戏本等业务，乃至风险投资基金都是采用平台的思维，整合社会化资源，进行开放式创新的结果。通过案例分析，我们可以看出通过构建"平台型企业"，海尔一边聚集着引领企业创新的用户需求，一边连接着供应商资源和解决方案，通过开放式资源整合，不断创造用户价值。平台企业要跨界就需要知道新领域的分布，了解新领域的核心知识，进而找到资源整合的接口。

案例聚焦：雷神小微的创业激励设计

2013年底，雷神项目创意产生，但相关的实践工作并未开始运作，其中很大的一个问题是创客团队担心失败所带来的经济负担。基于此担心，平台主协助小微进行了对赌目标、薪酬以及孵化机制设计，通过建立一个多层次的激励机制，解除了创客团队在报酬方面的担忧。

2014年4月，公司开始独立注册，吸收新员工。独立注册是一件很难的事，首先，需要就战略方向、盈利模式、战略路径进行论证，证明小微的发展具有潜力和可行性。其次，独立注册之后，小微和海尔正式脱离，成为独立的社会化个体，在供应链、用户口碑、保证期等方面都需要和海尔做一个独立的市场结算关系。雷神小微要建立自身的全流程价值损益表，并着手招聘员工，组织独立团队。

2014年6月，雷神1分钟售出2500台游戏本，6月单月销售过万台，提前完成全年利润目标。这是雷神第一个对赌目标达成的关键时点，也是海尔兑现当初激励设计的关键时点。海尔对项目进行估值，并提前兑现了利润分享，以此激励员工完成接下来的目标。

2014年11月，雷神完成PRE-A融资，这又是一个激励节点。雷神超额完成了既定的利润目标，海尔对于超出的部分进行了超利分享，并开始给予雷神中长期股权激励，创客团队实现自主持股，雷神完全社会化，董事会开始自主运营。

2015 年 3 月，雷神完成 A 轮融资，估值高于 7000 万元，海尔开始兑现 A 轮融资股权激励，创客团队拥有雷神股份，实现了从"打工者"到"所有者"的过渡。

在整个过程中，海尔创业平台的激励设计合理、有效、及时，为雷神的发展注入了不竭的动力。

三大创新优势

海尔平台型组织的基本单元是小微。小微是自主经营体的演进和升级，是由创客在海尔的孵化平台上自主注册而成的。小微是全流程的，能够直接创造用户资源、用户价值，能够自驱动、自优化、自演进，可以利用社会化的资源、资金来进行创业，小微自优化；小微成员开放自抢入，按"单"聚散，而不再是固定的组织、固定的人，从而最大化地保证组织架构的柔性化和灵活度。

表 6-2 平台型组织转型

	原组织	平台组织	创新表现
价值链	直线串联	同步并联，闭环迭代优化	●产品与服务结合，满足有效需求 ●公司价值链向社会价值链转变
协同关系	部门职能化	共享化、交易化、价值增值	●全流程对最终结果负责的契约关系 ●员工创客，利润共享 ●市场交易化、价值化
资源配置	归口管理	平台、零距离、权责关联模式	●无障碍快速反应资源支持 ●依据战略选择性投资

　　海尔平台型组织生态圈创新点体现在三个方面：价值链、协作关系、资源配置。

　　第一是价值链创新。常见的价值链是串联的，串联流程下，研发完了去制造，制造完了去营销，一环一环下来。这样总流程就会很长，无法实现快速满足用户需求的要求，所以海尔就将价值链转变成同步并联且迭代优化的，各个节点都共同面对用户的需求、共同响应用户需求、共享用户信息。从产品最初的设计开始，用户就参与其中，一直到最终销售结束，全流程实现信息共享。

　　第二是协作关系创新。传统组织的组织单元（部门）之间是职能化的协作关系，平台型组织的组织单元（小微）间是共赢共享的市场交易关系。小微直接创造用户需求，平台为小微提供优于社会的资源支持，如果平台提供的资源满足不了小微的需求，小微还可以在生态平台上快速吸引选择更优的资源，不用内部资源平台提供的服务，小微有权选择任何最优的资源满足自己的需求。这样就会激励平台持续地追求卓越，提升自己的竞争力，平台也必须不断迭代优化。这就促使小微和平台同步发展，共同进步。

　　第三是资源配置创新。传统组织的资源配置是职能化归口管理，平台组织的资源配置是市场交易化的经济核算模式。职能化归口管理最大的问题就是资源不是按目标配置，资源管理部门成为了市场的"隔热墙"，资源使用需要层层审批，不能快速响应市场需求，待资源审批下来以后，可能已经不是市场上需要的

了，贻误市场机会。为了打破这种弊端，平台型组织的资源配置
模式变成了市场交易化的经济核算模式，平台与小微之间也是交
易对赌关系。小微一旦交互了解了用户需求，有了满足用户需求
事先算赢投入产出的方案，便可以将资源投入使用，不再需要各
节点的审批，能以最快速度响应市场用户需求。而平台要做的就
是不断优化生态圈资源，整合外部一流社会资源满足小微的需
求，让小微愿意在这个平台上进行运转，进而提高其存在的价
值。这样，海尔的平台生态圈就不仅仅是企业内部的，而是整个
社会资源形成的生态圈。

3

创新的社会化拓展

"产—城—创生态圈"是海尔着力推动的社会化项目。海尔
首创的"产—城—创"，其实是一种"换道"，从传统工业园的智
能制造的"道"上，换到了新型国民幸福生态圈的"道"上。

**"产—城—创生态圈"更是人单合一模式社会化实践的重要
成果。**"产"是指智能制造平台，海尔希望把 COSMOPlat 平台上的
资源落地，形成智能制造产业发展集群。"城"是指智慧生活平
台，海尔强化社群经济理念，打造智慧生活平台，提升居民的生
活幸福指数。在互联工厂模式的核心基础上，形成一个以用户为
中心的诚信工业新生态。"创"是指双创平台，依托海创汇提供创

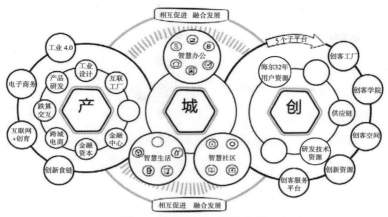

图 6-4　产—城—创生态圈

业孵化、依托 COSMOPlat 平台实施开放式创新，以新技术推进双创平台发展。

　　"产—城—创生态圈"也是国家智能制造战略、双创战略、智慧城市战略落地的平台。"产—城—创生态圈"通过产业聚集带动人才聚集、经济发展、就业提升，通过建立智慧生活社群促进产业社群进一步融合交互，通过双创资源聚集进一步带动产业交互，促进创新、创业协同发展，最终形成"产—城—创"的联动，形成交互型微型城市社群，从而为城市、产业的发展提供新的动能，助力城市的产业融合发展与升级。

　　青岛信息谷项目是海尔融合产业、生态、智慧、多元、国际等众多元素的新一代"产—城—创"融合项目。"产—城—创生态圈"也落户天津，通过三方在科研、市场、金融、产业等方面的优势，全力打造联合研究中心、产业创客中心、智能制造示范线、海尔金融中心，共同发展"产—城—创"三级联动的经济生态链。"产—城—创生态圈"落户上海，海尔将通过建设世界级智能制造和 COSMOPlat 工业互联网平台、GEA 中国总部及销售中心、工业互联网投资基金、智慧供应链产业园、海尔智谷、国家级双创示范基地（海创汇）等项目，与上海市携手打造"中国制造 2025"新标杆，共同推动上海市产业和经济转型升级。

未来，"产—城—创生态圈"平台将整合海尔集团全产业链资源，在智能制造、创业创新孵化基地、智慧家庭、金融、产业等多方面展开深度合作，推动"产—城—创生态圈"模式落地。

第七章

互联工厂：COSMOPlat 智能制造平台

海尔对智能制造的理解是打通与用户交互的全流程节点，实现从"定制交互"到"网器终身交互"。海尔抓住转型机遇、打通企业内外，构建众创汇和智能制造平台。通过搭建智能制造平台，互联工厂"透明化发展"，让大规模制造向着个性化定制转型，将用户、创客、模块商等利益攸关方融合在一个平台上，实现用户参与产品的设计、生产，最终实现"产消合一"。

1

智能制造升级

　　新一代信息通信技术向制造业的深度渗透和融合为家电企业转型升级和提升竞争力提供了机遇。互联网与制造业不断深入融合，提升制造业数字化、网络化、智能化水平，加强产业链协作，发展基于互联网的协同制造新模式。以企业内部的生产过程为例，生产过程的数字化、网络化和智能化改造，将推动我国生产自动化水平和工业机器人的发展应用进程，缩短我国与日本、欧美等发达国家在制造装备业的距离；通过智能企业的建设，改善工作流程，实现精益生产，将大大提高企业总体效率、降低制造成本。同时通过支持社会力量参与产品的设计、柔性加工、高端服务等交互式创新活动，将有力地推动自主创新能力的提升和向服务型制造转型，帮助企业走出低端制造的困境。

传统的制造模式是大规模制造，工厂批量生产之后再销售给用户，不能满足互联网时代用户个性化定制的需求。同时，伴随着新工业革命的到来，先进制造模式和技术不断深化，以德国"工业4.0"、美国"工业互联网"为代表的智能制造研究模式，正推动全球新工业革命的发展方向，中国也提出"中国制造2025"，推动中国制造业转型升级。

此外，为更好承接"中国制造2025"，海尔创新性地提出行业首个依托自主研发、自主创新的COSMOPlat工业互联网平台。该平台以用户为中心搭建的并联协同的互联网模式，将用户、企业、资源各方并联互通，形成了用户与资源、用户与企业、企业与资源的3个双边市场，通过实现横向、纵向和端到端集成，帮助企业构建全要素互联互通的能力，实现用户、企业和资源的零距离交互，来满足用户最佳体验。

2

探索互联工厂

海尔一直致力于打通企业生产和用户需求，提出互联工厂制造模式。通过探索互联工厂模式，实现由大规模制造向大规模定制转型，驱动"产销分离"转向"产消合一"，满足用户无缝化、透明化、可视化的最佳体验。海尔互联工厂本质上是一个生态系统，最重要的是要连接用户。一方面，是在制造环节前联用户需求、后联资源方，打造一个共创共赢平台，为用户提供个性化产品体验；另一方面，将产品由电器变为网器，利用互联网实现永远与用户交互，不断倒逼产品迭代升级。

互联工厂的目标是形成智慧互联共创共赢生态圈，打通企业供给与用户需求。海尔以互联工厂建设为载体，以模块化、自动化、信息化为支撑，以标准化、精益、质量保证期为基础，努力打造三个圈：一是用户全程参与的个性化产品实现圈。通过互联网平台，吸引用户参与从产品设计、制造、配送和服务的全过程。二是零距离互联互通。通过 COSMOPlat，用户、企业、资源之间实现零距离交互，形成工厂和用户的零距离，用户和工厂直连，满足用户的最佳体验。三是开放共赢的新生态。COSMOPlat平台构建的是开放共享的工业生态体系，对不同行业、不同企业、不同资源都是开放的。将企业的墙打开，吸引全球一流的设计、研发、营销、物流、制造等资源到海尔平台上，形成并联的资源生态圈，能够快速满足用户的个性化需求，共同去打造用户的最佳体验。这是一个全方位、全体系的变革，支持整个产业链、上下游企业都在这个生态圈上协同创新，共创共赢。

智慧互联共创共赢生态圈建设的目标是实现从"产销分离"到"产消合一"，满足用户无缝化、透明化、可视化的最佳体验。

（1）用户层面：形成大规模定制的解决方案，真正实现用户和企业的零距离；全球用户能够随时、随地通过移动终端定制产品，互联工厂可以随时满足用户的需求。

（2）企业层面：打造以互联工厂为载体的智慧互联生态圈，成为标杆企业，输出行业标准，颠覆现有家电行业的制造体系，实现行业引领；通过互联工厂实现企业互联网转型，应对互联网技术对传统业务的冲击，提升企业的竞争力和创新能力。

（3）行业层面：提升行业创新能力，推动产业链升级。通过全球资源无障碍进入平台，吸引全球一流资源，引入更多具有竞争力的技术、人才等资源，持续创新、迭代，满足用户个性化、碎片化的需求，从而形成共创共赢的家电生态圈，为行业提供借鉴经验，推动我国家电行业转型升级和竞争力提升。

目前，海尔已建成八大互联工厂。互联工厂模式下，用户能够全流程参与产品的研发、设计、制造、销售、物流等全环节，成为"产消者"，产品实际上在生产之前就有用户。海尔互联工厂也是海尔推动实现需求侧和供给侧融合，落实供给侧改革的具体实践。

例如，天铂空调的创意就是由用户发布在众创汇平台，通过海尔 HOPE 设计平台对接全球专业设计资源，运用虚拟设计的手段把这个创意做成样机放在平台上，吸引了更多的用户去交互，同时也吸引了中科院、中标院、三菱、西安交通大学等多家资源共同设计方案，最终形成了天铂一代空调。产品在网上预售后很多用户下单，用户的信息直达模块商、制造、物流等互联工厂各个环节，全过程对用户都实现透明可视，产品下线后直接配送到用户家中。在传统电器时代，企业把产品卖给用户，交易就结束了；但在互联网时代，企业把产品卖给用户，交互才刚刚开始。因为产品本身就是网器，通过网器大数据进行用户需求及交互分析，又可以进行下一代产品的升级迭代。

3

多平台的衔接

海尔从高精度和高效率两个维度推进互联工厂建设，构建用户个性化需求驱动的共创共赢生态圈。对用户，搭建众创汇平台，对企业，搭建 COSMOPlat 智能制造平台。最终，以 COSMO-Plat 平台为基础，实现了从用户交互，到产品研发，再到智慧供应和互联工厂制造的衔接，完全打通了用户需求和生产制造信息。

用户平台：众创汇平台

众创汇平台是行业首个用户社群交互定制体验平台。众创汇通过采用开放式社区模式，搭建用户、设计师、供应商面对面交流的平台，将用户对产品的需求、创意设想转化成产品方案；从需求端到制造端，众创汇依托互联工厂实现全流程可视化定制体验，让处于前端的用户与后端的互联工厂互联互通。用户从单纯的需求者转变成为产品创意发起者、设计参与者以及参与决策者等，参与产品定制全流程，通过与众不同的全新体验激发用户潜在的创造力。

互联工厂由大规模制造向大规模定制转型，完成协同设计与协同制造，需要打通全流程各节点系统进行横向集成，实现用户全流程参与。在技术上需要搭建以用户为中心的研发、制造和销售资源创新协同与集成平台，构建工业智能领域资源云端生态模式。众创汇平台打通从用户交互设计到协同制造，再到用户使用端的全流程活动，集成相关软件系统，包括用户交互、迭代研发、数字营销、智慧供应链、模块采购、智慧物流、智慧服务 7个应用软件系统，实现互联工厂资源和信息的横向整合，产业链上下游主动协同。2016 年 9 月，题为"定义明天　制同道合"的海尔定制平台生态战略发布会在北京举行。房天下、曲美家居、红星美凯龙、时尚集团、厦门国际设计周红点在中国、宝宝树以及利鸥品牌 7 家合作资源共同启动海尔定制生态战略。未来，海尔继续整合更多资源合作方，深入构建场景社群生态，探索更多可能。

按照流程节点划分，众创汇平台横向集成 7 项业务过程：用户交互、研发、数字营销、模块采购、供应链、物流、服务。众创汇平台通过采用开放式社区模式，搭建用户、设计师、供应商面对面交流的平台，将用户对产品的需求、创意设想转化成产品方案；从需求端到制造端，依托互联工厂体系实现全流程可视化定制体验，让处于前端的用户与后端的互联工厂互联互通。用户从单纯的需求者转变成为产品创意发起者、设计参与者以及参与决策者等，参与产品定制全流程，激发用户潜在的创造力，实现用户价值驱动。

案例聚焦：Hello kitty 洗衣机众创定制

2016 年 1 月　灵感初现

在海尔推出迪斯尼系列冰箱后，网友"菜菜的歌"在海尔定制平台上留言，希望能拥有一整套 Hello Kitty 形象定制家电。这一诉求激起了许多 Hello Kitty 粉丝的共鸣，短时间内 500 多位网友点赞表示支持。

2016 年 1 月　合作意向萌芽

在网友们的大力推动下，海尔定制平台在微博上 @Hello Kitty，引发 Hello Kitty 粉丝们的集体狂欢，引起 32 万的传播量，也使双方都产生了进一步合作的意向。

2016 年 2 月　创意转化设计

来自意大利的设计师 Stefano Ollino 和 Dario Olivero 认领了这

个创意，并同创意发起者进行在线沟通，开始着手进行设计工作，将 Hello Kitty 蝴蝶结和色彩等元素与电器元素相结合，使传统家电不再单调乏味。

2016 年 2 月　小范围投票

为了使作品让大家 100% 满意，结合粉丝们的建议，设计师曾经几易其稿，设计出多款 Hello Kitty 家电产品方案；并在设计稿完成后邀请用户及网友进行了小范围投票。最终，一整套洗衣机设计作品以高票胜出，进入样机制作阶段。

2016 年 2 月　正式签约

与此同时，海尔定制平台与 Hello Kitty 授权方三丽鸥集团洽谈跨界合作，正式签约，准备共同推出 Hello Kitty 形象系列定制电器。

2016 年 3 月　上海 AWE 惊艳亮相

首批 Hello Kitty 洗衣机样机制作完成后，3 月 9 日在家博会亮相，成为全场瞩目的焦点，现场访客驻足拍照留念，网友们也纷纷投票点赞。相关微博和话题浏览量累计超过 1500 万，各渠道收到 10000 条预约，产品迅速在用户中引爆。

2016 年 4 月　产品开启预约、正式上市发售

2016 年 4 月 5~30 日，12 款 Hello Kitty 定制版产品进行预约，不到一周时间，预约人数就已达 7454 人。4 月 13 日，三款洗衣机产品上市：Hello Kitty 定制版的迷你二代、青年机波轮、青年机滚筒，除了 Hello Kitty 形象外观定制外，加入使用功能和洗涤程序定制，用户可根据使用标签如家庭成员组成、衣物穿着等方面智能匹配洗涤程序；用户还能根据自身需求，自主下载运动洗、丝袜洗、毛绒玩具洗等多种洗涤程序。同时，产品还吸引了苏宁这样的大渠道进行同步首发。

2016 年 4 月　更多 Hello Kitty 定制家电陆续上市

应粉丝们的热情呼声，海尔定制平台在定制版洗衣机后，陆续推出了其他品类的 Hello Kitty 定制款。2016 年 5 月底，海尔宣布 Hello Kitty 定制空调与京东共同首发上市。这款定制空调是海尔众创汇定制平台与用户交互孵化出来的产品，应 Hello Kitty 全球粉丝的需求而设计，除了具备 Hello Kitty 粉萌甜美的外观，在功能上也结合粉丝需求重点突出自清洁。2016 年 5 月初，Hello Kitty 定制版冰箱上市。连主持人吴昕也被 Hello Kitty 系列产品撩动了少女心，在微博上表达了对它们的喜爱。网友纷纷转发互动点赞，一度成为网络热点。2016 年 6 月中，Hello Kitty 定制版厨净宝 & 空气炸锅上市。2016 年 6 月末，Hello Kitty 定制版热水器上市。2016 年 7 月初，Hello Kitty 定制版嫩烤箱上市。消费者并非像传统烤箱生产商想像的那样，不注重产品的外观，相反，如果产品具有极强的个性和反差性，哪怕是颜色上的差异，都会让消费者的选择产生变化，并使用户幸福感倍增。2016 年 9 月，Hello Kitty 版定制扫地机器人的设计方案也正在火热投票中。

研发平台：多元化模式

互联网时代，新技术、新产品的快速迭代以及用户需求的日益个性化倒逼企业改变创新方式。在转型创业平台的过程中，海尔探索开放式创新模式，以"世界是我的研发部"为理念，建立线上线下融合的开放式创新平台，吸引全球资源和用户参与，开放链接世界一流研发资源，颠覆传统的瀑布式研发为迭代式研发，形成自驱动的创新生态系统，持续产出颠覆性创新成果。

海尔面向研发技术需求交互、产品设计实现、与模块商协同开发交互这些不同阶段的需求搭建了多种研发模式，包括开放创新平台（HOPE）、迭代研发平台（HID），以及依托于模块采购平台的协同开发平台。

（1）开放创新平台。2013 年 9 月开放创新平台（HOPE）测试版上线，2014 年 1 月正式版上线，2015 年 5 月资源圈建设启动，旨在打造创新生态系统和全流程创新交互社区，通过整合全球资源、智慧及优秀创意，与全球研发机构和个人合作，为平台用户提供前沿科技资讯以及创新解决方案。最终实现各相关方的利益最大化，并使平台上所有资源提供方及技术需求方互利共享。HOPE 让用户、创客、风投、技术拥有者或是供应商、制造商的需求可以在第一时间发布，并通过大数据进行精准分析与匹配，最终实现多方需求的一站式解决。HOPE 平台为企业等技术需求方提供解决方案，为用户提供痛点解决与参与产品研发的机会，使设计师能够接触全球领先技术信息，让设计方案找到买家。各方基于不同的市场目标结成利益共同体，优化组合成创新团队，风险共担、超利共享。创新技术、产品面世后，平台还会持续与用户交流反馈，使创新团队得到最新的创新大数据支持，以实现产品的迅速升级。

（2）HID 迭代研发平台。如何在组织的创生阶段和运营阶段都保持持续的创造力是企业发展的难题，尤其在运营阶段的创新被交给了企业自己，人们潜意识中先进的管理方式可以解决组织的创新力不足的问题，企业容易采用瀑布式管理创新模式。HID迭代研发平台承接海尔转型战略，将原来的瀑布式研发颠覆为迭代式研发（见图 7-1）。产品全生命周期管理由瀑布式变为 HID迭代式，降低项目风险，在项目研发的全过程与用户直接交互获取用户最新的反馈，进行持续测试与功能集成来满足用户需求。通过开放创新、同期工程、流程优化以及虚拟仿真等新工具的应用，产品开发周期效率得到明显提升。

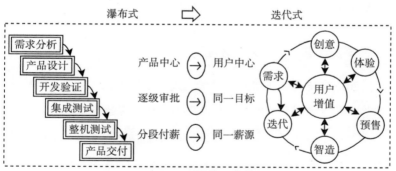

图 7-1　从瀑布式研发到迭代式研发

以迭代式研发理论为基础，根据具体的项目开发管理要求和产品变现流程进行适当的配置，使其成为个性化的组织级项目协同管理平台，覆盖了组织的战略层、运营层和协作层三个层面。一方面，通过自上而下的业务战略规划，使项目目标与组织的业务目标保持一致；另一方面，通过自下而上的自动化数据收集，管理者能够基于实时客观的数据进行分析和决策。

（3）协同开发平台。协同开发平台是基于用户需求与全球一流设计资源、一流模块商资源协同设计的信息化平台，该平台提供开放、高效的在线协同研发功能，输出行业引领的设计方案。该平台有内嵌式（Immersed）、同步式（Synchronized）及异步式（Asynchronous）三种协同设计方式，适用于模块、系统、整机等多个协同设计场景。2015 年 3 月开始协同开发需求调研，2015 年 9 月系统上线，协同开发平台通过开放创新平台（Hope）和模块商资源网（海达源 HDY）将设计资源及供应商资源与研发并联起来。通过协同平台，支持项目协同、设计协同、管理协同，实现基于价值链的协同设计研发生态圈。

案例聚焦：干湿分储冰箱

2013 年 6 月，上班族赵娜娜（人物名称为化名）在其微博上抱怨"现在市面上的冰箱在果蔬保鲜方面很难达到理想的效果"，并且向海尔超前家电中心的孙工程师咨询。海尔冰箱研发部门开始对怎样让果蔬保鲜的效果更好进行研究，并且经过技术评估后决定进行高湿保鲜模块的研发。2013 年 8 月，海尔冰箱研发部门在海尔开放创新平台上发布了可以"让菠菜保鲜 7 天"的技术需求。在收到需求后，海尔开放创新平台首先使用标签自动匹配和大数据技术，检测平台上有没有符合该技术需求的方案。平台快速匹配到了五家做相关技术研发的资源方，进行分析后选取了三家，将其反馈给冰箱研发部门。2013 年 9 月，对于这三家资源方，海尔开放创新平台组织了一次洽谈会＆技术评估会，邀请五位专家以及冰箱研发部门的同事，通过技术评估确定接下来可以合作的资源方。技术评估是海尔开放创新平台线下服务的重要环节，针对每一个技术项目都会组织专家团队进行评估，以确保能够选取最好的方案。2013 年 11 月，A 研究院、B 集团、C 公司和冰箱研发部门达成了合作协议。其中，A 研究院进行高湿保鲜的技术研发，B 集团则是核心模块的供应商。2014 年上半年，海尔开放创新平台安排线下服务团队跟进高湿保鲜技术的研发，并且进行中期的研发评估和审核。2014 年 10 月，可以"让菠菜保鲜七天"的干湿分离技术成功发布。这项技术突破了目前行业食物保鲜的最高水平，并且申请了国家专利。这项技术除了对于果蔬的高湿保鲜外，还研发了干物储藏技术，可以储藏冬虫夏草、茶叶等贵重干物。

供应链平台：海达源平台

针对模块商资源与用户零距离交互的需求，海尔从 2014 年开始搭建全球家电行业供应商资源服务平台和聚合平台——海达源（见图 7-2）。企业与供应商之间由原来单纯的采购关系转变为生态圈，供应商进入平台创造用户资源、创造订单。随后，供应商就要设计、模块化供货，否则就没有订单。采购的改变主要包括：①由零件商转变为模块商，由按图纸提供零件转变为交互用户，提供模块化方案；②采购组织由"隔热墙"转变为开放平台，由封闭的零件采购转型为开放的模块商并联交互体验的平台，由内部评价转变为用户评价；③双方的关系由博弈转变为共赢，由单纯的买卖关系转变为共同面对用户共创共赢的生态圈。

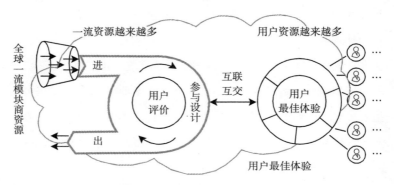

图 7-2　海达源开放平台模型

海达源平台面向全球模块商资源开放，具有自注册、自抢单、自交互、自交易、自交付、自优化功能，实现资源在线上线下与用户交互的融合。在运营形式上，模块采购平台采用分布式架构，用户需求面向全球模块商资源公开发布，系统自动精准匹配推送。同时，系统设立资源方案超市，模块商的方案自主发布，定向推送，由用户直接选择最优最合理的解决方案。此外，模块采购平台还建立了公平交易的机制，用户在线评价，结果公开透明，策略自动执行，动态优化资源。

案例聚焦：滚筒洗衣机动力模块采购

斐雪派克在海达源上响应用户需求，提供的全球首创直流直驱电机方案满足了用户"安静洗"的舒适体验。同时，它参与海尔的智能制造，在青岛建成了一个高度自动化的新一代智能电机制造工厂，工厂使用斐雪派克自主开发的 COSMO 系统，自动接收用户信息，并将信息转到供应链系统，自动调整产线参数，实现 100%检查产品，保证产品品质，系统与用户共享生产信息，保证全流程的可视化。

空调压缩机模块方案

三菱电机在海达源上参与海尔急速冷暖房空调抢单，其参与设计的新一代变频高效倍速压缩机，大大提升了用户的舒适度体验，将压缩机能效提升了 10%，成本及噪音大幅降低。凭借三菱与海尔联合建立的研发实验室，模块方案快速落地。

BLDC 超静音送风模块方案

日本电产在海达源方案超市发布了空调送风系统新的解决方案，该方案实现了达到 18DB 的超低静音，采用的回路抗烧损技术使耐压水平提升了 20%，从而提升了产品品质。该方案被用户直接选用为帝樽三代送风模块方案，享有独家供货资格。海尔与供应商之间由博弈关系转变为共创共赢的利益共同体，由采购零件转变为交互模块化引领方案，由内部评价转变为用户评价。海达源吸引众多一流的供应商资源，围绕用户需求大力进行创新实践，在行业内起了很好的示范作用。

海尔从 2016 年开始构建面向未来的智慧供应链系统平台，各个模块可进行扩展及动态优化，总体包括分布订单中心、库存共享平台、云仓网络等。各模块之间与企业其他模块互联互通，并可以交互。同时构建大数据可视平台，实现下单前台对用户的可视体验。供应链系统平台包含 3 个主要部分：①基于 DDVN 网络进行总体设计、需求管理、数据模型及系统构建等，并运用多级可视工具进行规划；②运用项目管理软件使各模块项目进行协同合作，包括细项的任务表、流程变革的进度表、项目预算表等；③协同平台进行模拟测试，动态优化。智慧供应链体系由以往聚焦企业内部分散部门的效率提升转变为由用户驱动的跨多部门和跨企业的互联互通协作平台；传统被动反应的"烟筒式"执行的响应模式转变为可视化和智能化的集成，从而使价值网络生态中的决策更具灵活性。

智能制造：COSMOPlat 平台

海尔重新定义智能制造。当行业内大多聚焦于用"机器换人"解决高效率问题时，海尔 COSMOPlat 让用户参与个性定制，并通过互联工厂实现生产，进而实现"高精度下的高效率"，率先在全球完成从大规模制造向大规模定制的转型。

（1）工业互联网平台。COSMOPlat 平台是海尔自主研发与创新的，工业互联网云平台。海尔 COSMOPlat 平台具有四大特征：一是开放的云平台。COSMOPlat 平台既充分借鉴吸收了互联网平台架构，又保障了工业安全稳定的特质。无论是架构、接口还是业务，都可以支持平台跨行业的发展。二是分布式的架构。分布式的架构支持平台性能横向无限扩展，达到高并发、高可靠、负载均衡的效果。三是模块化微服务。将通用的工业模型、工业流程抽象为可高度服用的微服务模型，开放给应用层调用和配置，实现应用方案的快速部署和灵活定制。四是智能物联。快速采集和高压缩存储技术，支持工业级别数据流式在线分析、实时预测响应、资源分布式调度。工业互联网将企业的"数字藩篱"破除，吸引全球一流的设计、研发、营销、物流、制造等资源到海尔平台上，形成一个开放共享的产业生态，这是一个全方位、全体系的变革。它的应用并不局限于海尔集团内部，而是将资源开放，服务于千千万万的企业，支持整个产业链、上下游企业都在这个生态圈上协同创新、共创共赢。

海尔 COSMOPlat 已成功申请自主知识产权 89 项。领先性、独创性、生态性及可持续性获得国际权威认可，并让全球重新认识了中国创新引领实力。当传统强国德国和美国通过 Mind-Sphere、Predix 平台抢占智能制造话语权时，海尔推出了独创的 COSMOPlat。它是海尔人单合一模式的具体落地平台，而人单合一和传统管理的最大差异在于让用户愿意定制企业产品以及用户可以全流程参与，这使海尔有别于且领先德美两国。

（2）以用户需求为中心。COSMOPlat 平台作为中国首个自主研发的工业互联网平台，有别于美国由信息化带动工业化、德国由工业化带动信息化，也不是简单的"机器换人"，而是在互联工厂模式的核心基础上，形成了一个以用户为中心的诚信工业新生态。

COSMOPlat 以用户为中心搭建的并联协同的互联网模式，将用户、企业、资源各方并联互通，形成了用户与资源、用户与企业、企业与资源 3 个双边市场，通过实现横向、纵向和端到端集成，帮助企业构建全要素互联互通的能力，实现用户、企业和资源的零距离交互，从而满足用户最佳体验。

COSMOPlat 由用户口碑交互系统、众创汇平台、HOPE 创新平台、海达源平台、智能制造平台、日日顺物流平台、人人服务生态圈平台七大子平台构成。通过将互联工厂模式产品化、社会化，COSMOPlat 平台将互联工厂生态系统中交互、定制、研发、采购、制造、物流、服务 7 个全流程节点，输出为 7 个可以社会化复制的系统应用，形成包括协同创新、众创众包、柔性制造、供应链协同、设备远程诊断维护、物流资源的分布式调度等全流程的应用解决方案。

案例聚焦：馨厨冰箱

以海尔馨厨冰箱为例，用户在海尔众创汇定制平台提出定制要求之后，需求信息马上到达工厂，生成订单；工厂的智能制造系统会自动排产，将信息传递到各个生产线，用户在最短的时间内便能获得定制产品。

对海尔来说，馨厨的诞生不是一次性的硬件定制，而是与用户的持续交互。这体现在以下四个方面：第一是用户的深度参与，即用户可以参与馨厨冰箱的交互、虚拟设计、制造及交付等全过程。第二是用户体验迭代，通过用户使用馨厨冰箱的大数据分析，基于体验持续迭代这一产品。第三是网器持续交互，体现在馨厨冰箱上就是它带来的生态使用场景，可以提供智能菜谱、帮助用户进行食材管理、在线观看影音娱乐及购物等。第四是网器定制网器，这是基于馨厨冰箱的体验迭代，如果用户觉得馨厨冰箱体验好，那么他还可以通过这一网器定制一套空调等网器。通过它与海尔的互联工厂联动，就能再定制一台智能空调等网器，实现真正的"网器终身交互"，创造终身用户。

（3）平台的架构。COSMOPlat 包括业务模式层、SaaS 应用层、平台层和资源层四层功能，其业务流程如下：构建各行业的业务模式——将模式云化形成全流程解决方案——对技术进行开发应用并实现资源最优匹配——收集全球资源，就像谷歌搜索引擎，通过对各种信息进行整理、分类及再处理，实现资源的最优化匹配（见图 7-3）。

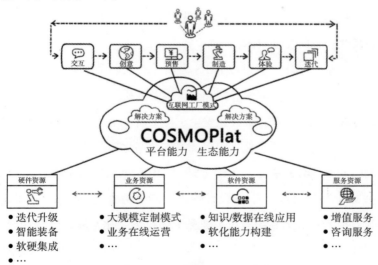

图 7-3　海尔 COSMOPlat 智能制造平台

通过工业技术与数字化技术、物联网技术融合，建立持续引领的智能制造技术创新体系，支撑智慧互联共创共赢生态圈的搭建，核心分为四个层次：

一是模块化，这是个性化定制的基础。产品通过模块化的设计，将零件变为模块，通过模块化的自由配置组合，满足用户多样化的需求。海尔从 2008 年开始探索模块化，通过制造的模块化倒逼全流程的模块化，进而保障智能制造的达成。具体从以下三点展开：通过总装的 SKD 剥离倒逼模块设计，实现由零件到模块；通过模块的设计划分来实现用户个性化定制；通过大资源整合，吸引全球一流模块商事先参与模块设计，实现模块的竞争力和引领。

二是自动化。海尔认为，自动化应是互联自动化，不是简单的"机器换人"，而是攸关方事先并联交互，实现用户驱动下的设备联动及柔性定制体验。

三是数字化。通过以 iMES 为核心的五大系统集成，实现物联网、互联网和务联网三网融合，以及人机互联、机物互联、机机互联、人人互联，最终让整个工厂变成一个类似人脑的智能系统，自动响应用户个性化定单。海尔数字化架构的核心就是智能制造执行 iMES 系统，系统上通过 iMES 驱动实现 iMES、ERP、iWMS、PLM（包含 CAD/设计仿真、制造仿真）、Scada（设备监视、控制）五大系统集成；业务上通过数字化互联，实现制造、研发、物流等全流程紧密的互联互通。通过智能制造执行系统和现场智能化硬件的连接，构建一个高度灵活的个性化和数字化制造模式，实现管理、研发、生产、物流的数字化管理，提升企业的智能化水平。

四是智能化，主要是产品智能化和工厂智能化。产品智能化方面，如海尔天樽空调通过内置的智能 Wi-Fi 模块实现产品运行数据的实时在线采集。通过大数据分析，对问题会自动预警，内置智能 Wi-Fi 模块通过用户家中的 Wi-Fi 网络将预警信息传送至海尔云平台。海尔云平台接到预警信息后，会自动给用户推送提醒短信，同时给服务兵触发服务信息，服务兵抢单后提供上门服务。工厂智能化方面，如胶州空调互联工厂初步布置了 12000 多个传感器，每天产生的制造大数据超过了 4000 万条。通过对这些大数据的分析，对整个互联工厂的运行情况进行实时的监控、异常实时预警。

海尔以西门子、通用这类企业为竞标对手，发布 COSMOPlat 工业互联网平台，在这样一个平台上，所有用户、员工都可以提出需求和改进建议，从而不断改善产品和服务，设计研发、生产制造、物流配送、迭代升级等环节都能够得到数据支撑。海尔作为《中国制造 2025》的示范样板参加 2017 年德国汉诺威工业博览会，并首次发布了 COSMOPlat 工业互联网平台，通过在现场展示互联工厂示范线，包括智能匹配、柔性装配、用户定制等 7 个工站以及 13 个节点，还原了以用户为核心的全流程智能制造体系。

（4）社会化输出。海尔打造的 COSMOPlat 平台不仅是海尔内部的转型平台，也是海尔对外部企业提供制造转型的服务平台。COSMOPlat 平台重组海尔的有形资产与无形资产，打造一个智能制造生态服务新产业，为外部企业智能制造转型升级提供软硬一体、虚实融合的整体解决方案，实现互联工厂大规模定制模式的社会化复制。目前海尔正在打造的智能制造生态服务新产业包含4大业务版块、软件平台版块、智研院版块、智能装备版块、智能控制版块，后续会根据企业的需求继续孵化新的业务版块。

COSMOPlat 平台上除了提供海尔互联工厂的解决方案外，还能快速聚合全球一流资源构建知识智慧服务，共享集约服务、大数据服务等领域的产品，为企业转型提供全流程闭环的服务。同时 COSMOPlat 平台还实现了企业、资源、创客之间的互联互通，每一个需求都可以通过平台来快速配置资源，实现产消合一。目前这个平台上已经聚集了海量资源和用户，实现良性循环。目前，海尔 COSMOPlat 平台上聚集了上亿的用户资源，同时还聚合了 300 多万个的生态资源，并为近百家其他公司提供了创新设计服务，每月产生创新设计方案 500 多个，实现了从创意交互到协同设计、再到虚拟设计验证、最终到产品持续迭代等全流程的服务。智能生产 IM 模块则实现了用户定单实时直达全流程节点，由计划驱动变成用户驱动生产，变领导经营员工为用户驱动员工自经营，大大提高了工厂的柔性、响应速度、质量水平。而且其社会化服务输出已经取得一定成效，在电子、船舶、纺织、装备、建筑、运输、化工七大行业均实现推广落地。

目前，COSMOPlat 平台可以输出为 7 个可以社会化复制的系统应用，形成包括协同创新、众创众包、柔性制造、供应链协同、设备远程诊断维护、物流服务资源的分布式调度等全流程的应用解决方案。帮助企业实现全流程的业务模式革新，精准抓取用户需求、精准生产，实现高精度、高效率的大规模定制升级转型。除了海尔的互联工厂解决方案，目前 COSMOPlat 平台还聚合了企业需求和广大第三方开发者、解决方案商，未来还将有更多行业先进模式、工程技术形成可复制的软件化应用。

目前，COSMOPlat 平台实践已初现成效，按照平台的运作已经构建沈阳冰箱、郑州空调、佛山滚筒、胶州空调、青岛热水器、FPA 电机、青岛模具和中央空调八个互联工厂。同时，海尔通过 COSMOPlat 平台已服务数十家社会企业，致力于打造"诚信生态、共享平台"的共创共赢生态系统。

第八章

用户诚信生态：发展社群经济模式

互联网时代，海尔的目标是成为互联网企业，颠覆传统企业自成体系的封闭系统，变成网络互联中的节点，互联互通各种资源，打造后电商时代基于用户价值交互（社群）的共创共赢生态圈，实现攸关各方的共赢增值。海尔探索互联网转型、搭建开放创业平台的目的，就是要从"有围墙的花园"变成共创共赢生态圈，从以企业为中心、以长期利润最大化为目的的封闭体系变成以用户为中心的共创共赢生态圈。因此，海尔一方面致力于构建智慧家庭、把家电变为"网器"，另一方面则重点打造社区生态、发展社群经济。

1

社群经济模式

社群经济正是基于社群而形成的一种经济模式。在互联网时代，随着原有的时空限制被打破，人们更易于因兴趣追求、价值认同、情感交流及利益共享等聚集在一起，进行线上线下的交流互动，形成社群。社群成员在内部沟通中，会产生新的需求点，通过发现及服务这些需求，能够进一步建立社群内部的生态系统。互联网低成本和高效率的传播效应又会促进社群增值，从而产生更大的经济价值。海尔非常推崇社交网站脸书有 4500 万个社区，以及由此聚集的用户数量及人的关系。海尔希望通过构建的用户生态，构建海尔与用户及上下游客户的社群关系，从而促生社群经济。

传统消费模式是"企业（生产产品）—经销商—零售商—顾客"的单向线路，企业为了品牌效应拼命打广告。但是互联网时代，用户关注的不是"广告"而是"口碑"，也就是能够真正带给用户全流程的最佳体验。同时，互联网使市场从传统的单边市场转变为双边市场。单边市场中企业做出来产品推销出去就算了，而双边市场中企业一定要和用户在一起，共同创造新的价值。

在后电商时代，谁拥有了用户社群，谁就拥有了竞争力。海尔认为，传统时代的品牌就是产品竞争，现在则一定是用户关系的竞争。转型实践中，海尔将用户由传统的交易消费者颠覆为价值交互者，用户不再是被动的商品购买者，而是可以渗入企业生产全流程的价值创造参与者。

目前，海尔探索社群经济模式，就是要建立以诚信为核心竞争力，以社群为基本单元的后电商时代共创共赢生态圈。简单来说，就是通过一个个社群，把社群资产—用户资源整合起来，根据用户的需求提供给他们需要的东西，为用户提供全流程最佳价值体验，创造用户终生价值，实现多方的共创共赢。

例如，日日顺乐家快递柜小微致力于建立"诚信＋社群＋场景商务"的共创共赢的生态圈平台，以快递柜农特产品直供平台为例，它把优质农产品基地与社区用户直接对接（产地直达社区），去线上线下渠道，建立诚信、健康、个性化的农产品直供与定制预约平台，真实地体现了海尔探索互联网时代社群经济的发展逻辑。快递柜农特产品直供平台曾4天卖出10吨五常大米，还创造了5小时销售12吨赣南脐橙的纪录。

2

用户诚信生态

2012年，海尔集团提出了"三化"战略，即用户个性化、员工创客化和企业平台化，将"人单合一双赢"模式迭代升级为"人单合一2.0——共创共赢生态圈模式"，在产业链业务节点设立了基于互联网的平台，形成与客户全流程参与、全流程互动，与资源商合作共赢，共同参与产品的设计、研发、模块化供应链和售后服务支持各项活动。

海尔把用户融入自己的价值链，把用户变为创新的资源，让用户参与产品和设计的创新，从而更快地满足顾客的个性化需求。企业面对的是物质极为丰富的时代，消费者的选择不再匮乏，进入了买方市场的时代。但是，整个市场缺乏有效供给，或者是用户需求一直存在，但是这些需求没有被很好地响应。在互联网时代，用户的需求是"个性化的全流程体验"，这表现在用户参与产品设计、友好的购物界面、全流程信息可视化、快捷的配送和安装服务。

海尔对于用户交互的认知是全方位的，从设计到生产，再到后续服务，都体现了与用户沟通用户零距离交互，以用户为中心的思想。一方面，从海尔的创新研发过程来说，除了集合全球的一线研发资源之外，海尔也鼓励用户和资源之间进行直接的交互，参与到整个创新过程中去。从产品创意的产生、创意的确认、产品的开发到全球研发资源的整合，海尔开放了整体的过程，在这个过程中与用户的交互相当于在不断地明确用户需求，最终锁定用户需求，从而在根本上保证了生产的产品可以满足用户需求。另一方面，从服务方面来说，海尔也认识到了与用户交互的重要性。海尔认为，只有通过持续推出"亲情化"的、能够满足用户潜在需求的服务新举措，才能拉开与竞争对手的距离，形成差异化的服务，提升海尔的服务形象，最终创造用户感动，实现与用户零距离交互。此外，海尔还明确，为用户服务不仅要解决问题，实现补偿式的服务，还要创造用户价值，为用户提供增值的服务。只有诚信，才能塑造用户生态。

物联网时代已经临近，以用户社群为基础的后电商时代晨光初现。物联网概念已经提出了 18 年，但始终没有引爆，其原因正是始终没有与用户相融合。物联网时代必定是以用户为中心，过去企业的竞争力大小体现在资产的多少上，而物联网时代企业的竞争力体现在拥有终身用户的多少。只有以用户社群为基础，搭建共创共赢的平台，才能率先引爆物联网。

首先是建立社群交互平台。物联网时代的社群交互平台以用户体验为中心，把传统的销售模式下企业的以自我为中心变成以用户为中心，把顾客变成用户，把一次性交易变成持续的用户交互，把企业、顾客的两元关系变成企业、用户和社群的三元关系。

其次是获得终身用户，通过经营用户社群，从一次交互到 N 次交互，去倒逼产品不断迭代，不断满足用户需求，不断引领用户体验，最终获得终身用户。通过与终身用户的不断交互，不断创造生态收入，传统经济一定是边际收益递减，而生态收入带来的是边际收益的递增。

再次是形成共享共赢的生态圈。传统商业模式发展到互联网时代，很多实体店在电商的侵蚀下，不断关闭，现在，互联网时代发展到下半场，电商也疲态尽显，价格战成了几大电商平台间的主要竞争手段。在对利润最大化的零和博弈中，出现多败俱伤的局面，无一赢家。物联网时代的共享是通过用户社群，不断把各方聚集起来，体现多方利益的价值矩阵，与终身用户不断交互出生态收入，使利益攸关方的价值最大化。

最后是搭建共创共享的平台。不同行业有不同的特点，但所有符合物联网的平台有两个共通的特点：一是共创，二是共享。这是由人单合一的本质决定的，人单合一模式下，所有人的价值都是自己创造的，所有分享的价值是自己创造价值的体现，这样不仅会使平台上的利益攸关方产生自驱动，同时还会获得其他平

177

台所没有的核心竞争力——诚信生态。而诚信生态则会吸引更多的资源不断加入进来，交互出更多的价值。

3

构建社群生态

海尔为满足互联网时代用户个性化、多样化、高品质的最佳体验，对内建立互联工厂，将产品改造成为网器，从传统的大规模制造转变成大规模定制，实现人机互联，用户全流程参与，形成用户圈；对外通过海尔生态圈平台，吸引攸关各方共同创造用户价值，由提供单一硬件产品到提供整套智慧生活场景解决方案，实现从卖产品到智能服务的转型，与利益相关方共创共赢，最终形成一个以用户最佳体验为核心的生态圈。

智慧产品

海尔搭建 U+智慧生活平台，把传统的家电变成智能终端的网器，通过网器接入 U+智慧生活平台，通过这个平台吸引全球一流资源，包括硬件资源、软件资源、投资方、人才资源等，从而形成能够提供用户最佳体验的若干生活场景生态圈。U+智慧生活平台探索"智能产品（网器）+社群"的运营模式，建立面向未来产业生态的基础。

所谓网器，就是指智能家电。智能家电是指加装了 Wi-Fi 联网模块、能够通过互联网远程控制的智能家电设备，即带智能联网模块（如 Wi-Fi 模块）和远程程序控制模块的家电产品，有时也被称为物联网家电。海尔通过物联网技术、网络通信技术、远程控制技术等高新技术的应用推广，加快改造传统家电产品为智能家电，使其由电器向网器（智能家电）转变。海尔网器具有以下四个方面的功能（见图 8-1）：一是故障诊断功能，能够实现对自身状态、环境的自感知；二是网络通信功能，提供标准和开放的数据接口，能够实现与制造商、用户之间的数据交互传送；三是自适应能力，能够根据感知的信息调整自身的运行模式，使智能产品（网器）处于最佳工作状态，降低网器机械损耗，提升节能环保能力；四是数据采集与应用分析能力，能够实时远程采集和上传用户使用过程中的数据信息，并通过企业信息平台实现大数据共享和分析，实现企业与用户的实时互动。2015 年以来，海尔加快产品（包括冰箱、空调、洗衣机、酒柜、烤箱、热水器、厨房电器等类别产品）网器化进程。

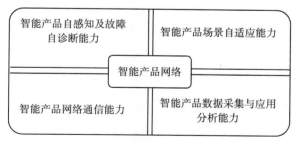

图 8-1　海尔网器的主要功能（智能家电）

同时，海尔坚持"开放、合作、共赢"的理念，探索建设

U+智慧生活平台，在全球 Wi-Fi 联盟智能家居领域担任领导地位。海尔的 U+智慧生活开放平台作为全球第一个统一的智慧生活交互平台，旨在改变过去智能家电无法相互联接产生互动和交流、产品信息过于零碎和分散化、家电之间互相独立工作、不能根据人们的需求自动联合共同工作等各种弊端，通过建立一个互联互通的标准，在不同的行业、不同的公司之间完全打通智能产品，通过基于互联平台、云平台和大数据分析平台的完全开放的 U+平台，以智能家电（网器）为硬件载体，以 U+智慧生活平台为软件载体，实现智慧硬件和软件平台之间的完美融合，让各个产品、各个品牌共享互动，为用户提供"一站式"的解决方案，帮助各个平台参与者找到自己的价值定位，共同建设一个有价值的智慧家庭生活体系，推进智能家电市场真正进入"以人为中心"的时代。

海尔在兼容苹果 Homekit、Allseen、Google Weave、华为 HiLink 等协议的基础上，与京东、阿里、微软等平台实现互联互通，接入智能硬件品类超过 120 种；U+云平台具备支撑亿级用户、千万级设备在线的能力，实现用户数据共享和设备数据共享；设备接入效率提升了 30%，大数据处理能力倍增，日均处理用户和设备数据超 10 亿条，并以此为基础形成用户行为分析、设备行为监控及评估、平台大数据分析、人机自然语言交互、U+智慧大脑等能力，全面提升用户体验。海尔不断升级完善生态圈落地模式，推进厨房美食、卫浴洗护、起居、娱乐、安防等智慧生态圈的协同发展，实现场景经济的落地。海尔发布 U+智慧生

活 2.0 战略，率先推出智能家电的人工智能解决方案，引领智能
家电未来，向"硬件＋软件＋服务"模式转型。例如，基于厨房
生态研发的馨厨智能冰箱上市以来累计销售 4 万台，粉丝 30 余
万；围绕馨厨冰箱建设智能系统平台，形成融合内容资源、模块
技术资源、媒体资源、营销渠道资源的智慧美食生态圈，尝试新
的盈利模式，第三方生态收入萌芽，实现从 0 到 1。

目前 U+平台接入的智能产品有 12 大品类，支持模块类设备
8 天快速接入，新硬件接入只需 12 天。围绕 5 大生态圈，先后推
出了以朗度冰箱、天樽空调、免清洗洗衣机、星语热水器等为代
表的大网器智能家电产品和以空气盒子、智能净化器、冰箱卫
士、醛知道、智慧眼等为代表的小网器智能家电，为用户提供了
整套智慧家电解决方案和网器交互体验，智能产品（网器）的销
量累计突破 900 万台。

案例聚焦：馨厨冰箱的"不卖冰箱卖入口"

海尔认为，没有用户交互是阻碍物联网引爆的关键。问题在
于，企业只是在生产智能产品，忽视了和用户的交互。例如，全
世界的家电厂商都试图在冰箱上加一块屏幕，以便向用户推送资
讯或者推荐下载应用。但这不是真正的用户需求，海尔的做法是
接入 400 多家诚信食品供应商，帮助用户解决他们的食品安全问
题（这在中国是一个大问题）。只有这样，用户才真正愿意通过
硬件产品进行交互。馨厨冰箱就是这样的案例。

馨厨是海尔集团孵化平台上 2015 年诞生的一个小微，其产

品是一款互联网冰箱。这款冰箱颠覆了传统冰箱只能作为食物储存空间的功能性特点，而将冰箱转变为一个流量入口，吸引了众多资源方加入这一平台。在这一过程中，馨厨冰箱实现了从单纯销售硬件产品向提供用户流量入口的转变，颠覆了传统冰箱的运作模式。

第一，打造"通馨粉"部落群，实现全流程无缝对接。整合微信、APP、微博、QQ群、社区等渠道，搭建馨厨"通馨粉"部落群，围绕美食健康兴趣社区、售后服务、用户调研、产品说明、线上线下同城活动、产品使用问题、迭代研发等内容与用户进行实时互动沟通，通过显现用户行为及习惯，实现与研发、品牌、服务、销售无缝对接。

第二，打造区别于传统电商的高频场景化电商。馨厨推出电商平台"闪电狗"，用户可以很方便地在馨厨屏幕上购买一些生活用品，馨厨可以自动提醒用户需要购买何种产品，用户不需登录即直接购买。在生鲜、生活用品等产品上提供专业化的便捷体验，用户可实现一键购买，真正"闪电购"；建立相关标准，打造以诚信为竞争力的电商平台。

第三，颠覆冰箱行业供应商合作模式。一是从供货关系到合作关系。由于产品能够直连互联网，可以与用户产生一系列购买和交互行为，颠覆了与供应商之间传统的"一次性卖冰箱"的供货关系，而是变成多次、深度的合作共赢关系。二是跨界合作，大大拓展合作商范围。在馨厨的生态圈中，有非常多的合作伙伴并不属于传统冰箱的合作伙伴范畴，如中粮、欣和、金龙鱼、古

井贡、雪花、统一、瞄上生鲜、加多宝等一线健康饮食企业占据
重要地位，大大降低了中间渠道商的运营风险，实现了用户与消
费企业的零距离交互，降低消费成本，及时满足用户差异化需
求。三是开放平台，实现生态圈第三方收入。馨厨改变了传统冰
箱硬件一次性消费模式，过渡为多频次内容消费，实现第三方付
费社会化。搭载 TFT 屏幕后，用户可通过馨厨冰箱完成线上购
物、娱乐消费、饮食定制、健康分析、社交分享等内容，吸引众
多企业资源加入馨厨生态圈中，其中电商企业可实现按比例分
成，非电商企业可按照品牌终端销量结算。

目前，馨厨生态圈吸引了 27 个资源方，中粮、欣和、金龙
鱼、古井贡、雪花、统一、瞄上生鲜、加多宝、本来生活、也买
酒、蒙牛、昆仑山、思必驰、蜻蜓 FM、中粮、爱奇艺、豆果美
食、苏宁易购、星艺、初萃、可益康、五谷道场、金蒂、知峰
堂、久久丫、田园会、赣南脐橙等均已进入或正在进入这一平
台。馨厨单一电商下单率为 0.7%，高于电商行业一流平台下单
率；馨厨周活跃度为 70.6%，高于行业均值 7 倍，月活跃度为
94.4%，高于行业 4 倍。从 2015 年 6 月研发之初一直到上市，馨
厨软件系统的迭代次数超过 300 多次，而最多的时候一天迭代次
数就达到了 3 次。对传统冰箱而言，这样的迭代速度是不可想象
的，但对于馨厨这一类的互联网冰箱来说，这样的迭代速度再正
常不过。

三店合一

海尔的创新目标在于以为用户创造更高的价值代替低价促销。为此，海尔在营销方面提出了"三店合一"模式。海尔从2016年开始实施三店合一。三店合一，即微店、电商和线下实体店的融合，三店共享平台优势，共创用户口碑。三店合一模式，中心是用户，微店利用发酵的形式，获得用户，培养粉丝，线上店做流量，实体店做体验，整体的研发、制造、用户中心、物流、服务资源都是为它服务的。三店合一将传统的"依靠广告、流量获得用户"的方式转换为通过社群获得用户。

三店合一的基础是巨商汇平台。巨商汇包括三大平台，即用户管理平台、客户服务平台和员工管理平台。客户管理平台为供应商服务，供应商在这一平台上可以实时了解每一个订单的状况，海尔也可通过这一平台可以分析自身的业务及相关的服务商的表现。员工在这一平台上可以完成自己的工作，看到自己当天的销售业绩，信息可以实时上传到企业系统中，减少了每日汇报的繁杂过程，企业也可以看到用户对每一名员工的服务满意度。用户管理平台上商家可以与用户进行交互，用户可以反映自身遇到的产品问题，商家也可以通过这一平台收集用户使用数据，有针对性地为用户提供服务，将每一个用户发展为终身用户。

同时，为了形成社群经济的模式，三店合一还成立了顺逛微店平台。顺逛就是海尔的微店，于2015年9月成立，顺逛是要建设成为开放的社群经济生态平台，对内体现在聚焦实体店转

型，全流程并联打通，对外体现是聚焦做社群交互，获取全网全
渠道用户的终身价值。在顺逛平台上个人可以作为零售商推销商
品，与企业共享利润，以往的产品用户可以为企业产品创造良好
的口碑并成为零售人员，在这种模式下用户转化率高，复购率也
较高。顺逛目前已经发展成为中国最大的大家电微商平台，份额
占比超过 70%。按照常规数据，传统电商的转化率为 2%~3%，
而作为社交电商的顺逛的平均转化率却能达到 8%，同时顺逛
46.67%的复购率也远高于传统电商的平均值。

顺逛依托"三店合一"的创新模式，驱动线上店、线下店、
微店全线发力，作为社交电商的典型代表，2017 年顺逛平台月销
售量超过 10 亿元，在"618"中以 45 万微店主为依托，创出了
单日 1.53 亿元销售额的好成绩，客单价 3269 元，极显社群化的
生态优势（见图 8-2）。

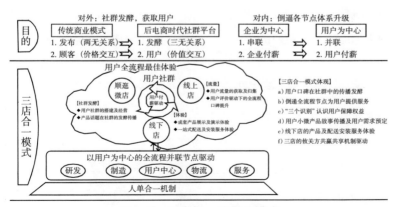

图 8-2　三店合一的商业模式

海尔营销正在从"发布"转换为"发酵"。以顺逛为例，通

过构建用户、社群、企业的三元关系，凭借用户社群交互以及诚信生态，不仅在过去取得了阶段性成绩，更为未来打下了基础。海尔实施三店合一，线上店侧重流量，线下店侧重体验，而顺逛微店侧重"发酵"。传统的广告模式就是企业和顾客之间的"发布"模式，现在则是利用社群经济实现"发酵"。在营销方面，海尔还尝试通过制造话题引起用户共鸣，实现产品推广。为了验证洗衣机的静音，海尔在洗衣机上演示"竖立 1 枚硬币"。这个话题迅速在海尔的用户社群中发酵，在全国掀起了"立硬币"的热潮，形成"静音行动"。经不断发酵，有用户 1 分钟立起 50枚，再到后来有用户最多立起了 302 枚硬币，数量持续增加。来自上海的力学哥竟成功在运行的海尔洗衣机上，摆出了"凯旋门"的造型。鉴于用户参与竖硬币活动的热情不断高涨，海尔洗衣机新浪官微发起了 # 硬币达人挑战赛 # 活动，越来越多的用户向"凯旋门"造型发起挑战。所以，发酵比发布好，社群中的话题更加能够引起用户的共鸣，更加能够黏住用户。

案例聚焦：顺逛促进线下店转型升级

从 0 到 20 亿，顺逛用了不到两年的时间。作为首个接顺逛的线下实体店，从把顺逛当作一个渠道，到把顺逛作为一个社群交互的场所，石家庄美尚专卖店也在这段时间实现了自身的转型。

2016 年初，工贸工作人员找到美尚专卖店老板吴峰松沟通试点时，没想到吴峰松答应得很痛快。因为在他看来，这是一种趋势。上线顺逛的第一个月，美尚在顺逛上的销售额只有十几万元，但吴峰松没有着急，他更加关注顺逛上到底能不能卖。

这之后，不到两个月时间，吴峰松发展了 42 个微店主。随着二级生态圈的不断扩大以及微店主的不断发展，有微店主向吴峰松提出自己没有产品样机，没有体验，没有"根"可寻。遇到这个问题的不止吴峰松一人，很多微店主都向专卖店、顺逛提出了类似的需求。之后，在顺逛平台的指导下，顺逛沙龙应运而生。

美尚会定期举办线下沙龙活动。微店主们在这能学习到丰富的产品知识和更加有效的销售技巧，而且可以讨论如何与用户交互。

截至 2016 年 7 月 18 日，美尚整体营收 386 万元，其中来自顺逛的营收占比为 11%。累计发展二级生态圈 433 人。作为首个接顺逛的线下店，吴峰松说，"如果想打造一个开放的生态圈，顺逛更要有除海尔以外的产品"。

如今，吴峰松的这句提议已经成为了现实，"这一年真正体会到了顺逛给专卖店带来的转型动力"。而他最近正在石家庄地区布局自己的智慧云店，来丰富美尚的线下社群交互。

数字营销

2014 年，海尔开始数字化营销模式的探索。数字营销模式基于 CRM 会员管理以及用户社群资源，通过大数据研究，将已有用户数据和第三方归集的用户数据进行梳理研究，同时，应用聚类分析，形成用户画像和标签管理的千人千面的精准营销。从而实现交易数据、客户数据、商品数据、用户行为数据透明化；用户行为、用户标签轨迹可视化。数字化营销离不开数据，包括用户数据、交互、机器、渠道、地域、企业、攸关方和市场数据，基于这 8 类数据应用方式有 4 方面：①精确识别和洞察；②创新开发和改进；③高效推广和交付；④实时管理和提升。第一是做精准营销，第二是做数据支持交易创新，第三是和用户沟通，第四是内部管理提效。在数据采集方面，核心是连接。海尔把每一个用户形成 360 度视角，具体来说有 7 个层级，包括地理位置、人口统计特征、兴趣爱好、使用偏好、品牌偏好度、购买和使用倾向等层级，7 个层级，143 个维度，5236 个节点，数据标签超过 6 亿个。数据挖掘的核心是预测。数据预测建立用户的数据细分，把海尔用户分成 6 大类，建立了两大类的应用模型：①用户活跃度模型，也就是用户在什么时间什么地点做了什么动作，根据不同的时间地点动作，判断其和海尔沟通的意愿有多强，用分数进行表示；②需求预测模型，首先以用户数据为核心，预测用户对产品什么时候会重复购买。

用户无非分线下和线上场景，在线上进行上网浏览、电商购物、线下社交，线下有居家生活、门店购物、电话交流等。海尔不断探索每个场景怎么精准抓到用户，并且根据其需求进行沟通。线上精准营销，海尔 SCRM 平台对接 DSP 需求方平台，程序化精准采买，大规模精准营销。线下精准营销，基于 SCRM1.2 亿数据分析潜在用户进行精准营销。以上内容基于海尔营销宝 App 来实现：第一个是社区热力图，用可视化的数据告诉每一个终端员工，你的目标区域在哪里，目标用户群在哪里。第二个是用户

热力图，终端几万人，打开用户热力图，基于地理位置，把周边
5 公里范围之内可能要购买海尔家电的老用户数据显示出来。第
三个就是小微播音台，分公司营销人员可以利用小微播音台，把
所在区域老用户中可能要购买海尔家电的人，一次大规模地进行
精准沟通。有了这些数据作为基础，用数据工具帮助营销人员工
作，海尔的门店就可以进行数字化营销。海尔有 7600 多家县级
专卖店，26000 家乡镇专卖店，19 万家村级联络站，本质上是海
尔用户流量线下的顾客，是非常宝贵的用户。经过海尔营销宝这
个入口，把线下的用户变成线上的流量，从而实现数字化精准
营销。

2015 年移动端微信版"顺逛"上线，顺逛整合线下 3 万多家
海尔专卖店的营销、服务、物流资源，旨在打造虚实融合的 O2O
战略布局，从而给用户带来最佳的全流程购物体验，为微店主搭
建"0 成本创业平台"，提供自主创业做 CEO 的良机。通过经营
用户，沉淀粉丝社群，形成海尔品牌生态文化圈。2016 年，电商
圈迎来了史上规模最大的 618 狂欢节。顺逛在 O2O 领域横空杀
出，6 月 16~18 日的用户转化率超过了 10%，6 月销售额达到
1.45 亿元。目前顺逛微店主已有 20 多万人，与此同时，全国具
备完善库存、服务能力的海尔专卖店旗舰店中，有多达 1400 家
接入 O2O 微店，展现出了顺逛平台的强大吸引力和生态优势。

智慧物流

海尔智慧物流平台以客户及用户需求为中心，融合营销网、

物流网、服务网、信息网等建设智慧物流信息协同管理平台，打通与供应链上下游资源生态和货源生态资源联接关系，构建智能多级云仓方案、干线集配方案、区域可视化配送方案和最后1千米送装方案等用户解决方案，实现物流从订单下达到订单闭环的全程可视化、以用户评价驱动全流程自优化，提升产品"直发"给用户的能力。通过将传统的"送安分离和集中评价"模式颠覆为"用户可全程直接评价的送装同步"，推动资源生态和货源生态共赢增值（见图8-3）。

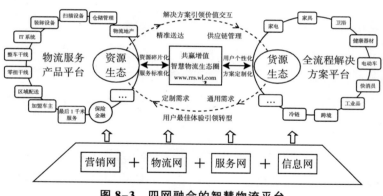

图8-3　四网融合的智慧物流平台

海尔日日顺物流的发展经历了企业物流→物流企业→平台企业的三个转型阶段，依托先进的管理理念和物流技术、整合全球的一流网络资源，搭建开放的专业化、标准化、智能化大件物流服务平台；日日顺物流始终坚持以用户最佳体验为标准，目前已经为家电、家具、卫浴、健身器材及互补行业客户及用户提供全品类、全渠道、全流程、一体化物流服务。

智慧物流平台基础是海尔集团的营销网、物流网、服务网和信息网，打造用户最佳体验的背后是"四网融合"的平台核心竞争力（即仓储网、配送网、服务网、信息网）。

（1）覆盖到村仓储网。日日顺物流建立了辐射全国的分布式三级云仓网络，拥有 10 个前置揽货仓、100 个物流中心。2000 个中转 HUB 库，总仓储面积 500 万平方米以上，实现全国网络无盲区覆盖。

（2）即需即送配送网。建立即需即送的配送网，在全国规划 3300 多条班车循环专线，9 万辆车小微，为客户和用户提供到村的入户送装服务，并在全国 2915 个区县已实现"按约送达，送装同步"。

（3）送装一体服务网。在全国建立了 6000 多家服务网点，实现全国范围内送货和同步上门安装服务，为用户提供安全可靠、全程无忧的服务体验。

（4）即时交互信息网。建立开放智慧物流平台，不仅可以实现对每一台产品，每一笔订单的全程可视，还可以实现人、车、库与用户需求信息即时交互。

日日顺物流基于海尔精神——诚信生态共享平台，搭建一个开放的物流创业者的创业平台，共创共赢共享的平台。从 2015 年 7 月开始，海尔日日顺物流以用户的全流程最佳体验为核心，基于用户付薪机制驱动，日日顺物流建立了开放的互联互通的物流资源生态圈，快速吸引物流地产商、仓储管理合作商、设备商、运输商、区域配送商、加盟车主、最后 1 千米服务商，保险公司等一流的物流资源自进入，实现平台与物流资源方的共创共赢。日日顺物流基于资源开放、资本开放搭建开放的创业平台，优势互补、协同效应、共创共享，诚信生态正在形成。

日日顺物流还在推动服务场景化。以车小微为例，日日顺的车小微除了"物流送货+售后服务"的安装维修一体、用户评价机制驱动司机与用户零距离，实现用户直接评价到车，用户的评价直接与车的系统抢单权限挂钩，实现用户说了算以外，现在从"最后1千米"向"领先1千米"转型升级，由"最后1千米"的送到服务升级到"领先1千米"的社群交互，获取用户的需求，按用户需求提供有温度的服务，而不仅仅是传统的物流服务。

案例聚焦：车小微

"车小微"隶属于海尔的日日顺平台，它是以加盟模式吸引各资源方主动进入，给加盟商订单，给他们运营系统、派工系统、结算系统等，搭建送装一体化服务平台。每一辆配送车都是一个小微公司，符合条件的家电服务点、经销商以及物流公司、个人等都可以加盟。通过车小微，日日顺平台成为一个"开放平台"。

以前，海尔的营销服务网，从省、市、县甚至到乡镇都要有专人负责，服务中心人员的主要职责是接到用户订单后，给网点派单，调度送货；原来负责物流配送的车辆和人员，此前的工作是被动地接受网点安排的派单送货。而随着互联网时代电商迅猛发展，用户对大家电物流送装的及时性和服务质量又提出了新的要求。尤其是目前电商人造节日越来越多，海量订单如何短期消化，成为物流需要解决的难题。车小微模式，就是海尔在提升配送效率、提高用户满意度、降低配送成本，以强化"最后1千米"的配送，形成对整体物流体系的提升进行的新的探索。

海尔物流转型自2012年开始，历经三个阶段：①2012年之前海尔物流为传统的企业物流，服务于海尔产品的生产制造，主要的业务是将海尔的产品送到经销商的仓库，由经销商为用户服务。②2012~2015年海尔物流转型为日日顺物流，成为独立的公司，提供物流一体化的解决方案。③第三个阶段日日顺平台致力于转型成为智慧物流生态圈，为用户提供云仓云配方案。

车小微主要解决配送服务的"最后1千米"的问题。基于对用户体验的追求，车小微不断改进经营模式，扩展业务。车小微首先建立了大件物流用户体验平台，为用户24小时送达产品，并提供"送装一体"的服务。后来，在自身的物流人员不足，无法满足高峰值需求时，车小微又建立了货车司机创业平台，为司机提供培训，允许个人货车司机抢单配送服务，通过用户评价检测司机服务质量，服务质量不合格的司机要重新接受培训才能继续抢单。同时，为了给予用户"有温度"的服务，车小微依托大数据平台建立了用户和货车司机直接沟通的机制，为用户提供满足个性化需求的物流服务，成为社群交互平台。

车小微平台是开放的，不仅整合了海尔原来的6000多家服务商的送装服务，还吸引了数万社会车辆的加盟。他们通过互联网自主进入，自主抢单，服务评价来自用户，考核则靠信息系统。用户给每单的评价会影响车辆评级,评级则会影响抢单的优先级。通过这种方式,平台激励每辆车努力提升客户满意度。

转成车小微后,原来负责配送的司机们从被动接单变成了主动抢单,有点类似于打车软件抢单。这些配送车辆既可以承接海尔的配送单子,也可以承接阿里巴巴、京东或者其他任何品牌商的配送单子。海尔原来的服务网则转型成为一个信息及支撑平台,为车小微们接大单、开发票、垫付车小微们支付不起的不良品退还资金占用等。去掉了派活、调度等业务,服务中心的人员则面临着要么失业、要么转型。车小微通过后台的大数据系统,对沉淀下来的消费数据进行大数据分析和订单的预测,为每辆车提供智能决策支持。同时车小微通过其 GPS 定位系统、POS 机、定制的平板电脑等完成与后台数据的连接,通信管理系统可以按位置分配订单,保证快速送达体验,这样每辆车都拥有了"大脑"。

优化后的配送体系达到了惊人的效果。双十一凌晨,济宁的一位用户 00:05 分在海尔天猫官方旗舰店完成了下单,在征得用户同意后,00:25 分全自动洗衣机就送到了用户家中,并为用户进行安装,这种超快的速度让用户惊讶到难以置信。这样的速度背后是一整套体系的支撑,要形成的是让用户尖叫的服务体验。

目前,海尔的配送系统已经吸引了九万多个"车小微"、十几万人加盟创业,其中,海尔 6000 家服务商转型而来的车小微约有 2 万个。现在,"车小微"的投资回报率平均接近 30%,而企业配送成本也降低了 5%。正是有了 9 万多个"车小微",海尔才在全国 1500 多个区县做出了"按约送达、超时免单"的承诺。

刘世军，年龄 32 岁，从家乡莒县来到青岛，至今已有 5 年时间。来青岛的这段时间，他始终从事货运的工作。每天的工作内容就是在城阳万都物流园门口等待货主来找他。因为能等到的订单一天平均也就一两单，刘世军每月的收入平均在 3000 元左右。这期间他最大的苦恼就是货少，尤其是优质订单少，不好干。

2015 年 9 月中旬，车小微日日顺快线开始在青岛试点，刘世军发现这次机会后自行注册加入到了日日顺快线平台上来抢单，一开始每天能抢到两三单左右，月收入已经比之前提升了很多。加入平台的刘世军发现，车小微平台还提供免费的技能培训、服务培训等，这能够让他提升自己的能力和服务质量，并能够因此抢到更多、更优质的订单资源。升级后的刘世军每月的平台收入稳定在七八千元的水平。

在车小微平台上的刘世军，有了在平台上的培训机会以及参与了很多司机圈的同城活动，不仅自身有了成长、获得了收入回报，更有了归属感。

智慧服务

（1）智慧服务平台。海尔智慧服务平台创建了新的家电服务业态，解决用户对家电及时维修的需求，通过社会化外包、信息化取代等实现定单信息化、仓储智能化，为用户提供维修服务解决方案（见图 8-4）。以电子保修卡为载体颠覆传统的服务模式，搭建智能互联服务模式，电子保修卡于 2014 年 5 月上线，用户购买产品后通过该平台一键录入家电信息，建立专属家电档案并上传，完全替代传统纸质保修卡，信息永不丢失。

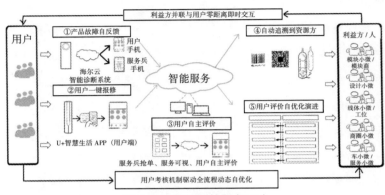

图 8-4　海尔智慧服务平台

2015 年 3 月智能互联服务发布，在云数据的支持下，平台还可实现与智能家电的实时连接，实现家电故障自诊断、自反馈至海尔云，服务兵主动抢单、主动联系用户上门服务，整个服务流程可视，用户在线全流程自主评价，颠覆传统的用户报修服务流程、电话中心接听、督办和回访流程。2016 年 4 月"人人服务人人创业"模式发布。2016 年 9 月 30 日，"人人服务　人人创业"海尔家电管家服务模式发布暨服务兵创业平台启动大会在青岛举行。用户可以借助海尔服务创业号对服务兵的服务质量进行在线评价，而这将直接决定海尔 10 万服务兵的收入和命运。发布会还对海尔服务兵创业平台进行了升级，进一步打破了传统的仅上门服务的家电服务模式。服务兵在为用户提供包括以旧换新、室内空气改造等一对一的全流程家电金牌管家服务的同时，也能获得更多的兼职创收途径。此外，包括退伍军人、老技工等

更广的人群也将得到相关的创业和技能培训机会。这同样是海尔
服务继 2016 年 4 月发布"人人服务、人人创业"服务模式后的
又一次自我升级。

（2）社群经济服务模式。当海尔以用户为中心，所有的业务
环节也围绕用户需求形成"并联"，薪酬制度也从企业付薪变成
用户付薪。海尔还为用户设计了全流程可视系统。从用户发布需
求信息开始到服务兵上门服务，直到服务结束，用户都可以通过
海尔的各个平台和 APP 监督服务流程、查询收费标准、完成支付
并在线评价。可以说整个服务过程，都是对用户开放的、透明
的、诚信的。而这套"以用户为中心"打造的全流程口碑体系，
实际上包含了用户咨询、购买、使用、服务的漫长过程，在此期
间的每个节点又能形成独立的体验口碑，不断产生新的叠加效应。

海尔通过实行"用户评价用户付薪"机制，将海尔服务人员
的评价和考核交给用户决定。具体来说，用户好评越多，薪酬越
高，增收的概率也越高。这就意味着，员工必须主动提升技能，
主动为用户创造更好的服务，才能实现更好的自我价值。而随着
口碑体系的持续升级，目前海尔不仅在内部关注用户评价，还将
用户的评价正式纳入了考核范畴并开发了相关的工具和机制。海
尔在评价各个平台上的转型小微时，以二维点阵图作为考核工
具，其中最重要的指标就是用户评价，这也进一步彰显了用户评
价的重要性。例如，在二维点阵图的纵轴上，三店合一小微给自
己设定了营销效率、产品竞争力、客户黏度、用户黏度等绩效指
标。同时，海尔还注重于培养终身用户，与用户产生长时间的交

互和沟通。海尔在整体的体系中十分注重用户流量和用户黏性，希望为用户提供一站式的服务。为此，海尔提供管家式服务，从单产品到成套销售，根据用户的居住环境，5分钟就能给出家电解决方案。所有的用户数据管理都在去中介、电子化、数据化、智能化。用户服务实现一扫注册、一键服务、一生关怀。

第九章 ▽▽

节点网络组织：设计创客激励机制

组织变革意在尝试去除员工与用户之间存在的障碍，将组织从束缚创新的"黑箱"变为激发人员活力的平台。当创客与小微成为海尔平台上的一个个组织节点，创客通过按单聚散组成小微，海尔应该为小微提供不同的加速模式，并让节点之间的全流程沟通更加容易、协调更加有效率。通过灵活的薪酬机制，使小微更有创业活力。通过信息化，使信息的反应路径最短且最有效。

1

从科层到节点制

打破科层层级限制。在传统的组织结构中，企业普遍采用科层制，并在此基础上形成多种组织结构形式，现在企业仍普遍采用科层制组织形式。互联网时代，企业的决策机制、决策时效等都受到不同程度的约束。要提升组织效率，就要打破科层限制，实现组织架构网络化。传统的金字塔组织构架下，影响组织效率的障碍有二：一是协调成本降低部门效率，二是市场冲击距离的延迟。按照科层制专业分工的逻辑，部门间很难实现有效协同。管理层级进行纵向授权需层层汇报，导致效率低下，容易造成市场信息失真。从协调成本看，现在所有的管理体系、管理逻辑、管理哲学都是基于科层制组织，"部门墙"是导致组织效率的最大因素。职能部门按照不同的经营和后勤职能进行横向分工，通常在部门之间会有一部分交叉职责。从"冲击距离"看，"隔热层"是影响市场信息失真的最大障碍。在管理过程中，企业遵循着一层一层向下授权的责、权、利运作方式。但是在现实中，上级和下级之间的权力边界模糊。高层迷恋权力，不愿授权、不敢授权。

需求驱动组织变革。需求包括用户需求和员工需求，需求的变化驱动组织创新与变革，这是第一动力。随着互联网时代的到来，市场竞争日益激烈，用户需求趋向多样化个性化，科层制集权组织的弊端也逐渐凸显出来。这些弊端可以归结为三个方面：①在自上而下的驱动机制中，上级制定目标，下级执行。权力的集中，使缺乏监督的权力被滥用，在企业内滋生"官僚主义"，形成一种"惟上是从"的官本位文化。这种文化侵蚀着企业的创造力和活力，抑制了创新。②权力和资源集中在高层领导者手中，而非直接与用户接触的一线员工，这加剧了信息不对称和信息失真。高层领导者难以有效决策，致使企业难以快速响应市场变化。③以职能为中心的组织结构使各职能部门之间界限清晰，缺乏协作，信息不流通，资源分散。

企业在价值创造和提供过程中不能"看不到用户需求"。互联网时代，在需求侧企业需要分解无数的"传感器"，快速阅读用户需求，并据此作出调整。但事实上，科层制是依靠 CEO 去识别市场，必然造成信息失真。微软的鲍尔默是工业经济时代最优秀的 CEO 之一，但是他也数次错判了市场。所以，企业要进行流程再造，打通内外部信息，最终实现组织再造。节点网络组织将用户体验作为目标，在价值创造和提供过程中筛简流程节点，使每一个节点都能够为用户提供价值，并据此实现部门的并联，以及减少信息传递的层级。企业适应消费者需求加速、需求个性化的趋势，把组织变得更简单、更敏捷，贴近消费者；组织管理程序更少，结构更扁平，只有管理程序更少，才能更好地洞悉消费者需求，快速响应消费者需求；组织的决策链条更短，责任更下沉。企业还要提高创新能力，这就必须要有创新的文化氛围、创新的组织结构，也必须要有高素质的人才和有利于创新发挥的组织环境。

构建网络型组织。网络化组织的兴起源于市场环境的变迁，即"大量生产、大量消费"的时代正走向灭亡，适合这种生产方式的科层组织已不能适应新时期消费者的个性化需求，激烈的市场竞争促使企业通过构建内外部网络来响应快速多变的市场环境。在现代企业实践中，企业为了在动态的市场环境中存活，或多或少都会采用网络化组织结构的元素，网络化组织变革成为一种趋势。通过构建平台型组织，海尔实现组织网络化，再加上利益攸关方，便形成了商业生态。组织扁平化就是要消灭中层，消

灭传统的中层意识和权力，构建网状组织，打通内外市场，培育
生态圈。所以，未来的生态组织一定呈现出多种形态，如平台
化、网络化、矩阵状、蜂巢化，或者多种形态共存于一个组织
内，未来的组织形态不是单一的，是在相对稳定的平台上流动的
一切个体要素。基于价值自组织、自融合，随需而变、随情境而
变，不断调整、不断实现动态平衡。未来的组织一定是动态、混
序的，而不是固化的。现在很多企业，要打破原有的基于职能分
工和岗位的组织结构设计理念，围绕客户价值，围绕创意，不设
任何边界，让组织呈现自然形态，像水一样，遇冷结冰，但始终
不变的是它的源点，是它的愿景，是它的客户需求。

2

推动组织网络化

用户驱动是海尔持续转型的动力。科层制下，员工的薪酬与
所在的职级和岗位联系密切。所以，员工并不关注用户需求，更
多的是关注任务完成情况是否使上级满意，其结果是领导和员工
之间的博弈。科层制组织中的领导驱动必然会导致企业的内部博
弈。海尔提出了用户驱动型的组织变革，很大程度上解决了传统
组织形式在目前的条件下存在的问题。用户驱动是指以用户为中
心，根据用户的需求改变组织结构，从用户需求出发，配套资源
生产产品，满足用户需求。用户需求可以很好地解决内部博弈的

问题。因为在用户驱动的组织下，员工的任务是为用户服务，满足用户的需求。员工的薪酬也由用户决定，员工的负责关系由"上级—下级"变为"员工—用户"，这从根本上解决了企业的内部博弈问题。具体来说，海尔组织变革的主要方向是将金字塔型的组织结构变为平台组织结构（见图9-1）。

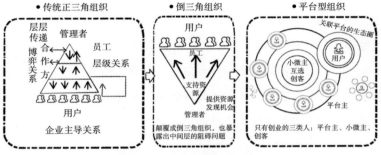

图9-1　海尔组织变革历程

从"正三角"到"倒三角"，再到自主经营体、利益共同体，再到以小微和创客为节点的网状组织、平台型企业，海尔在组织变革的路上不断探索。纵观海尔的历史，从自主班组、战略事业单位，到自主经营体，再到利益共同体，海尔走过了自主经营模式的四个发展阶段，这个过程也是海尔的自主经营模式从封闭走向开放，从局部走向全部，从个别部门走向全流程的过程。

创业之初，海尔是典型的金字塔组织，企业小，一级一级管理下来倒也分工明确，效率较高。到了多元化战略阶段，企业规模急速扩大，由以事业部为基本单元变成了矩阵式组织结构，这是一种分权运作的模式，是为了让更多的人才脱颖而出所采取的

"细胞分裂"的方式，能够让有希望、产业跨度大的企业可以独立运转，有效避免了组织僵化的问题。国际化战略阶段，海尔进行组织的重大调整，成立几个推进本部，目的就是整合全球资源，不同程度地降低成本，提高效益。2003年，海尔的组织结构进一步扁平化，提出自主管理的战略业务单元（Strategy Business Unit，SBU）概念，人人都是SBU，都是创新的个体，每个人都承接组织的一部分目标。2010年，海尔的基本组织单元变为"自主经营体"（以下简称"自经体"），实质是大公司变成几千个小公司，自经体不但能够感知外界变化，发现和创造客户需求，而且能够最终满足客户需求。在此基础上，又有了利共体（自经体与外部供应商等利益攸关方共同形成）和平台的概念。但自经体仍然存在流程串联、各自分散的问题，也就是各自为政的"自经圈"，如销售和研发都分别说自己干得好，自经体就应该给自己报酬，其实整体上并没有达到真正与用户融合的目的，还需要一个由自经圈到生态圈的升华过程。

自经体的问题表明需要进行组织架构的系统性颠覆，把各方与用户融为并联生态圈，所有人共同面对市场和用户。因此进入网络化战略阶段后，海尔的组织变革更进一步，完全颠覆传统的科层制体系，将整个体系打散，变成以创业小微为基本单元的网状节点组织。在网状节点组织中，海尔平台上只有三类人，即平台主、小微主和创客。没有领导和被领导关系，只有创造的用户资源不同。小微是企业基本单元，也是独立运营主体，享受"三权"，即"决策权、用人权、分配权"，并能够自创业、自组织、自驱动。海尔与小微之间是股东关系而非上下级管理关系，海尔平台为小微提供生态圈里的创业资源，而小微则在市场竞争力中优胜劣汰，被淘汰小微也随之解散。

从原来的自主经营体，到利益共同体，再到现在的小微，组织是逐渐演进和升级的。海尔通过持续的组织模式变革，重构组织和人、人与人、内部和外部之间的关系，重新确立了人在组织中的地位和价值，重新确立了人是企业的主宰，人不再依附于组织，组织为人的价值创造服务。

现在的小微是由创客自主注册而成的。小微是全流程的，包含用户、上下游等一起自驱动，共同创业，是完全市场化的团队，自主经营创造价值。在小微里，所有成员都是按单聚散、三预 PK、开放竞聘抢入的，成员也会根据引领目标的变化而优化，从而保证组织架构最优且具有最大的灵活度。总之，企业转变成节点组织后，每个人、每个小微都是互联网的一个节点，都直面用户；每个人都是创业者，是动态合伙人，听命于用户、为用户体验负责；员工和小微不仅从企业得到资源，而且从社会上整合资源；组织中的员工因用户价值而存在。用海尔的话说，就是预测未来不如创造未来，很多人关在办公室里冥思苦想预测未来，不如让创业团队自己去面对未来，自己去创造一个未来，这是海尔对每个小微的期望。对于一个有着严密生产线和供应链的大型制造业企业来说，打造小微的第一步是让员工拥有创业思维和市场意识。与之前的自主经营体、利益共同体不同，小微更加强调员工的市场主体意识，尤其是资本意识。

3

构建节点型组织

海尔实现了企业平台化，最终要构建网状节点组织。在海尔的平台上，平台主、小微和创客是平台的主体，他们按单聚散，开展不同模式的创新创业活动，海尔平台也对他们提供不同模式的加速机制，小微也摸索出一套有效的薪酬机制。

组织形态：节点型组织

海尔的变革框架，是打破传统的封闭科层制，转型互联互通的网状节点组织。节点型组织是围绕如何成为一个为创业者快速配置资源的平台而展开的。小微模式将员工和用户零距离接连起来，在融合中生成创新，企业从科层制转型为开放的创业平台，通过以用户为核心搭建生态圈，能够实现持续创新，共赢增值。

海尔平台上有小微和创客两种主体，有平台主、小微主、小微成员（创客）三类人。海尔组织结构被彻底重构，金字塔式的科层制结构被打破，取而代之的是由平台主、小微主、创客构成的网络化结构。他们具有同一目标、同一薪源，没有岗位层级的高低，只有创造价值的大小。海尔使用"节点"替代"职位"，将组织无限地扁平化。各节点之间的关系是契约关系，消除了职位层级，进而使组织去官僚化。在节点机制中，各个节点的关系是一种平等关系，相互服务和相互增值。网络节点组织使海尔成为一个创业生态圈，里面没有科层，只有这三类人，这三类人没有职位高低，差别只是所掌握的、创造的用户资源不同。平台主不是官员，也不是上级领导，而是服务员，负责给这个生态圈浇水施肥；小微主，就是创业团队，创业团队在这个平台上茁壮成长；创客即员工，依托小微齐心协力去创造用户最佳体验。三个主体协同分工，平台主的主要任务就是以行业引领为目标，搭建开放的人力资源体系，为小微提供创业资源支持，同时把原来封闭的系统变成开放的系统，负责吸引一流资源无障碍进入。平台主推动平台化组织转型，提供增值的平台服务，平台主的价值体现在其所在的行业平台上有多少成功的创业团队。小微主的主要任务是承接战略，经营小微实现目标，主要通过内外搭建两个生态圈，满足用户最佳体验。创客，也就是创业者，面对用户，并

表 9-1 小微融资速度排行榜

排名	小微	阶段	是否估值过亿	A 轮到 B 轮的融资速度	C 轮的融资倒计时
1	雷神	C 轮	是	完成 C 轮	已经完成
2	社区洗	B 轮	否	6 个月	2017 年 6 月
3	健康水站	B 轮	是	8 个月	2017 年 7 月
4	城市水圈	B 轮	是	8 个月	2017 年 7 月
5	小帅影院	B 轮	是	14 个月	2017 年 3 月
6	智慧烤箱	B 轮	是	15 个月	2017 年 6 月
7	有住网	B 轮	是	18 个月	2017 年 7 月
8	海尔家居	B 轮	是	18 个月	2017 年 7 月

吸引利益攸关各方融入，通过形成社群，构成创业的基本单元小微（生态圈）。创客是开放的，可以是在线的，也可以是在册的。

三类小微。目前海尔五大业务大平台上有 21 个中平台，包含白电转型业务中制冷、洗涤、厨卫、空气等 9 个平台，投资孵化业务中物流、水平台等 5 个平台，金控业务中互联网金融等 3 个平台，地产业务中包含商住等 3 个平台，再加上 2 个文化平台，中平台上就是小微。海尔平台上共有三类小微，分别是转型小微、加速小微、孵化小微。

转型小微是指海尔原有成长或者成熟的业务，后来完全市场化，拥有了自己的产品和市场，但随着外部市场的变化，它们需要转型用新的模式来运作。目前有 100 个左右转型小微。例如，健康器材小微就是转型小微，其成立于 2016 年 7 月，主要业务为健康器材的配送和安装。与其他小微不同的是，健康器材小微没有成为独立的法人，仍然依托于平台运作，转型小微根据用户体验考核计薪，无法达成业绩的小微主将会退出，但是并不需要自己去寻找风投等外部融资。在健康器材小微的平台上，用户和商家都可以自由接入，客户工厂可以通过这一平台实现线上线下订单统一管理，统一调配库存，并提供送装一体化的服务。目前健康器材前十大品牌已有半数商家入驻小微。2016 年底，健康器材小微实现 41.2 万单成交，利润为 558 万元，DSR 评分超过行业平均 23%。

加速小微是在海尔平台上已经创造用户价值度实现超额利润的小微，如雷神等 32 个已经进入天使轮或者 A 轮、B 轮融资的小微。孵化小微是聚焦新机会、新事业，从无到有孵化出来的且完全市场化的小微，目前已经有 50 个左右。

基于小微企业的模式，海尔成为以团队为基础的扁平"网状节点"企业，没有传统的组织层级，没有从上至下的指挥链，也没有预先指定的沟通渠道。在海尔，所有的员工都以"接口人"相互称呼，"接口人"相互之间直接交流，围绕市场机遇组织团队，并从中推选出领导人员。这种独特的组织结构极大地提升了员工的满意度与归属感。因此，小微主要围绕用户需求构建工作模型，小微可以是同一职能团、同一兴趣小组，也可以是虚拟委员会。小微的形成要"按单聚散"，基于用户需求，要"举高单，聚高人"。小微成员不是指定的，而是社会化的，流动性很强。小微主也不是指定的，而是拥有用户资源的"高人"。海尔正在实践"官兵互选"，小微主是"官"，小微成员是"兵"。"官"觉得"兵"不行，可以找更好的人进来，"兵"觉得"官"不好，可以把"官"选掉。

传统企业价值创造的过程是流程型的，流程上下游各个环节因为利益关系存在博弈和摩擦，造成组织效率下降。海尔的节点网状组织使小微之间形成并联关系，改变了传统制造企业的串行流程，每个小微之间都是市场交易关系，各个小微围绕用户需求形成完整的闭环。小微作为平台型组织的基本单元，企业与员工不再是雇佣关系，而是市场化的资源对赌关系。小微按单聚散，小微之间要建立对赌机制，实现内部协同零距离，构建共创共赢的生态圈。所有人都可以在海尔平台上创新、创业、成立小微，小微与海尔签订对赌协议，海尔对小微进行投资，而且提供对赌酬，只有小微企业业绩达到协议标准，小微才会有相应的薪酬。小微按照"高单—高人—高酬"的原则，由用户评价、用户付薪，自主管理、自挣自花，驱动价值创造最大化。

组织机制：创客所有制

传统管理是管理者命令被管理者的过程，当企业转型为创业平台后，企业为员工提供的不再是工作岗位而是创业机会。人人都可以成为创客，每个创客又会制造出一个充满活力的小微企业。海尔以"创客所有制"鼓励内部创业，通过人单合一的方式把企业传统组织形态打碎，海尔内部不断孵化出诸如"雷神"笔记本等新的小微企业，让实体制造业和创新创业结合在一起，正在成为制造业企业二次创业的典范。

（1）创客所有制。海尔执行创客所有制，把自主决策权、分配权、用人权这"三权"下放给小微，实现"自创业、自组织、自驱动"。创客所有制有三个特点：**一是用户付薪**，创客的薪酬不是由领导决定，而是由自己创造的用户价值决定的；**二是资本社会化**，有外部风投参与投资，同时创业者参与跟投，双方以跟投股本做对赌；**三是动态优化**，创客股权动态变化，创造价值大，股权就多。

海尔在支持创客创业方面不仅仅提供平台支撑，关键是搭建了创客共享、共创的创客所有制。创客所有制是海尔平台化转型的主要激励机制，平台为创客所拥有。也就是说，创业企业中创客除了短期的现金激励，还有中长期的股权激励。海尔的股权激励是一个股权逐步转让的过程，目的就是给予创客信心和激励。

创客所有制使创客完成了由打工者向创业者的转变。创客在完成创业目标后，不再按照考核发放工资，其报酬与价值创造直接相关。创客所有制也符合互联网时代企业的内涵，即区别于传统企业的股东价值优先，追求用户价值最大化，而实现用户价值最大化，就要实现人资资本价值最大化。因此，创客所有制体现出共创、共治、共享、共赢的理念，让每个员工都具有成就感。股东价值、用户价值、员工价值三者之间形成了良性循环。

（2）投资机制。平台化之后的海尔，就是通过服务换股权，以入股的方式给小微提供聚集全球优势资源的平台，从而实现共赢。海尔作为一个开放的创业和创新平台，还建立了股权、期权、分红等市场化激励保障措施，在员工创业初期，海尔会大力扶持，并在早期协助其引入天使投资、汇聚社会资源、降低创业风险，而创业人员可以采用根据贡献度奖励企业股份、预留期权等多种激励措施，调动创业者的创业激情。在企业发展期，海尔协助创客小微引入风险资本，实现创客小微的加速成长和孵化。同时海尔提供股权回购等多种措施，为创客提供退出通道。简单来说，就是如果小微企业找到风投，公司也会跟投，创客本人也会跟投，最终就成为小微的一个股东。海尔在小微企业里可以是控股，也可能是占小股。

海尔的创业孵化平台"海创汇"，既投资内部员工的创业项目，也投资外部创业团队的项目。有的项目，海尔是大股东。有的项目，海尔只是小股东。从投资结构看，海尔作为小微第一大股东，股权比例不断稀释。创业初期海尔可能是主要的大股东，但是随着小微商业模式的成熟，风投等社会资本逐渐成为小微的投资人。小帅影院在海尔平台上孵化诞生，随后小帅通过京东众筹融资，9个月实现3倍投资回报。雷神小微曾拿到A轮500万元风险投资，随着风投的进入，雷神创业团队跟投入股。2015年3月31日，在京东股权众筹平台上，雷神融资1300万元，几乎占京东整体筹集金额的一半。其中，紫辉创投（曾投资过锤子手机、陌陌、足记）买下雷神1000万股权。车小微估值8.5亿元，已完成了A轮、B轮融资，社会投资共1亿元，2017年底开始C轮融资，小微成员斥资500万元、入股10%。目前，海尔平台上有200多个创业小微、3800多个节点小微和上百万微店，有超过100个小微年营收过亿元，41个小微引入风投，其中16个小微估值过亿。

（3）驱动机制。"三化"和"三权"。小微的驱动机制有三："三化"，即资本市场化、薪酬市场化、人才市场化；"三权"，即自主用人权、自主分配权、现场决策权；"三表"，即战略损益表、二维点阵表、共赢增值表（见图9-2）。

节点的存在与否由"单"来决定。"按单聚散"说得更直白一些，就是只管单不管人，能者居之。其他公司的目标是企业利润最大化，海尔的目标是人的价值最大化。对所有人都要重新审视，到底适合与否。其他公司将企业视作独立的封闭系统，有什么样的人，做什么的事情。海尔将企业视作互联网的节点，需求

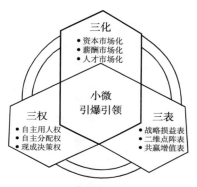

图 9-2　小微的驱动机制

是动态的，人员也是动态的，在整个互联网寻找最好的资源，满足最多的用户需求。

小微主具有用人、分配、决策"三权"，可以利用社会化的资源、社会化的资金、社会化的人员来进行创业。每一个有志向的小微主都被要求在公司内外找到自己的资金来源，为加速实现自己的愿景，他们有整个海尔的软件和硬件资源做后盾。小微们同样需要招募自己的人才来支持各自的愿景，而这些人才既可以来自公司内，也可以来自公司外。从融资和招聘的角度来看，动力在于愿景本身是否能激发兴趣——与由管理人员给项目指定和分配员工及资源的传统结构相反。"三表"则是小微的工作方法、学习方法、考核工具。

小微机制驱动平台即"自创业、自组织、自驱动"的"三自平台"，目的是从"断奶"切入，通过事先算赢，实现小微生态圈引领目标的不断升级。驱动平台是事先算赢，而不是事后算账；是恒温器，而不是温度计。作为海尔战略推进的落地总纲，大共享平台建设发挥两个作用：第一，驱动整个集团变成一个大创业平台，所有的员工、所有的部门都变成创业者，变成创业团队，变成小微。第二，驱动小微不断地追求成功，以引领目标不断地颠覆自我、战胜自我，这是海尔现在正在推进的，也是最难做到的。目前海尔平台上已建立了包括财务共享、资金、税务、预算、人力共享等在内的 9 个共享服务平台。

小微作为一个法人主体，所需要的知识不同于企业里从事固定职位所需的知识，不但需要专业领域的专门知识以把握创业方向和创业机会，还需要管理知识和社会知识。"官"和"兵"都需要提升自己的个人知识，并迭代升级，否则在海尔不会有出路。因为小微和创客不但要从用户需求倒推产品理念，更要学习关于资本的知识，因为他们要面对风投，面对社会上的创业者所要面对的一切问题。

（4）退出机制。海尔与小微的关系就是支持与放手的关系。巨商汇的董事长李华刚称，最开始自己带了 150 个海尔人出来创业，现在只剩下 20 个了。目前巨商汇的高管除了他，CEO、CTO 都不是原来的海尔人了。海尔的股份也在不断缩小，随着未来对接的第三方资源越来越多，海尔也将成为一个普通的客户。"小微企业将会如何发展，取决于海尔想将其送到哪里。"雷神的路凯林说。雷神已经于 2015 年脱离海尔。

对于小微的股权，海尔至少有三种利益选择：一是小微企业的发展不尽如人意，海尔可以选择维持现有的股权结构或者减少持股比例等方式调整对小微企业的投入；二是小微企业足够强大，若预计还有成长空间，海尔可以继续持股或者增持股份，实现股权价值最大化；三是小微企业发展的方向和态势有利于海尔的发展战略、有利于与海尔现有业务形成强强联合和优势互补、有利于海尔整体发展，那么海尔将坚定地保持其大股东或绝对控股股东的地位。

薪酬机制：0-0-30 机制

"人单合一"指向薪酬（薪酬是企业发展的核心驱动力），薪酬与顾客需求挂钩，市场营销和创新真正做到"以顾客为中心"。在小微成长的每个阶段，创客都有风险，海尔也有风险，大家都必须努力，不然谁都没有利益。海尔的解决方案就是，在每一个阶段都为创客及小微（更加具有自主权的经营体）设计独特的激励方案，确保激励相容。在初生期，创客拿基本酬（生活费），比原来在职时的薪酬大大降低了；在成长期，创客拿"基本酬+对赌酬"，对赌酬来自其每个阶段对于业绩的贡献；在成熟期，创客可以投钱占银股，在基本酬、对赌酬之外获取超利分享；在外部资本进入后，创客的股份则变成"实股"，真正成为事业的主人。

海尔的用户付薪是要保证事先算赢，事前对赌目标及将来分享的超利。海尔让负责交互用户的小微与平台风控部门（称为"三自"，即自创业、自组织、自驱动）签订对赌协议，达到要求后才能获得"薪酬包"。之后，用户小微与供应链、研发、设计、生产等节点小微签订对赌协议，将风险进行转嫁，它们也必须达到要求才能获得"薪酬包"。如此一来，所有人身上背负的都不是模糊的KPI，而是关键的成果。这些关键的成果共同组成了小微生态圈的经营结果，而且是强关联。就是说，一旦出现不能达到对赌业绩的情况，小微则会散去，新的创客会"抢入"小微。"单"不能变，但人可以变，实在不行，就用"高酬"引来"高人"做"高单"。

"0-0-30"机制是海尔小微在实施对赌机制过程中自己探索出的，是对赌机制的一种实现形式。"0-0-30"机制，就是对赌资本回报下的小微自主经营机制，是从雇佣机制到创业机制的转变，实现的是企业和创客的共创共赢。最基本的原则就是缴足企业利润、挣够小微费用、盈亏归小微自己、增值小微进行分享。第一个0就是0固薪，如果达不成对赌目标就只能得到最低生活保障。第二个0是0费用，只有形成业务流水，才会有预算批准，如出差才有钱。而30则指30%的风险金池，即员工把薪酬的30%放进风险金池对赌。这一机制也吸引到很多创客。创客们一定要意识到，薪酬是客户付的，推进"0-0-30"只是手段，目的是让员工真正拥有创业的意识。所以，"0-0-30"是从雇佣机制到创业机制的转变，实现的是企业与创客的共创共赢（见图9-3）。

以金控平台的供应链金融小微为例，金控平台"0-0-30"机制在供应链金融实现成功落地。小微负责自主经营，完成指标超值分享；完成不了，就要在一定期限内离开供应链小微的平台。供应链金融小微"归零竞争，归零上岗"，一个团队里所有成员

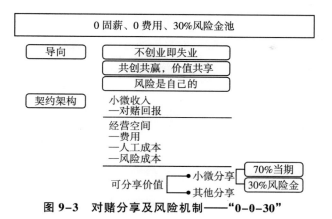

图 9-3 对赌分享及风险机制——"0-0-30"

可以拿出自己的标准和方案，大家一起来竞争，这在传统的金融
机构里面是不可想象的。目前，伴随"0-0-30"等一系列驱动机
制的成功落地，整个金控平台的小微逐渐改变安逸地吃集团业务
"铁饭碗"的现状，都在发掘新的机会转型。

在机制驱动下，怎样拓展经营空间，怎样共创共赢分享，怎
样体现金融真正的竞争力，怎样用客户资源开发新需求，是平台
上的小微都在思考的问题。小微要想实现突破，一是需要咬住引
领目标，二是需要开放体系机制驱动。以雷神为例，2017 年 3 月
以来，雷神开始从硬件转向建平台，作为主要的引爆目标，粉丝
数量到了七八百万之后就遭遇"天花板"，怎么也突破不了了。
雷神主动实施机制驱动，开始在互联平台的小微中推进"0-0-
30"，把期权激励拿出来对赌平台引爆目标。如果小微节点成员
对引爆目标没有贡献那么其就没有激励，即使得到了激励还要把
其中的 30%对赌到下一个引爆目标中去。设定好目标和机制，雷

神就开始着手平台搭建开放吸引人才，结果新抢进的成员仅用了
2个多月的时间，就把雷神的粉丝由800万人引爆到了2000多万
人。因此，小微主要学会用机制去驱动小微自运转。

小微升级：形成生态圈

小微也要平台化发展。成为独立的法人企业不是小微的重
点，小微也要做交互，向平台化转型。海尔也在观察行业的发
展，2015年，特斯拉生产了8万辆电动车，通用生产了1000万
辆汽车，是特斯拉的100多倍。特斯拉亏损6.7亿美元，而通用
盈利97亿美元。2016年再对比双方的市值，特斯拉反而大于通
用，评估机构的理由是特斯拉拥有全自动驾驶体系的研发平台，
这个平台是以从世界各地收集的各种路况及天气状况下超过20
亿公里的驾驶数据为基础。也许通用将来可以生产出更好的汽
车，但是平台的缺失，让通用前景不被看好。这就是平台的重
要性。

平台不仅是平台主为小微实现引爆引领搭建的平台，更是每
个小微进化升级的最终形态，即体现社群共创共享价值最大化的
物联网平台。对于白电转型平台来说，要以"三店合一"为核心
去搭建社群共创的平台，以企业、用户和社群三者的交互和全流
程的诚信体验，来获取最终用户价值，去淘汰电商的单纯交易平
台。现在海尔的新产品不在电商平台上而在自有平台上首发，将
来需要做的是实现平台服务用户全流程的闭环。对于投资孵化平
台来说，无论农村水站还是城市快递柜，只有用户交互才能形成

电商所不具备的诚信交互体系，进而不断吸引资源方加入进来。对于金控平台，则要以互联网金融和共享金融为核心，强化社群经济的特征。

同时，小微要以物联网平台为方向转型升级。小微的平台化升级要从产品价值的最大化，升级到用户交互价值最大化，而升级到物联网平台，则需要社群共创共享价值的最大化。所以，高增长、高盈利、高分享成为流程升级优化的标准。

雷神创业之时，选择进入游戏市场，利用发现的用户痛点，推出雷神游戏本产品进行小微创业，产品成为爆款，吸引了大量的粉丝。之后，雷神强化用户交互，在与用户交互的过程中，雷神团队首先在笔记本上附上 QQ 群群号，吸引了第一批粉丝用户，后来逐渐发展到微信群、微博、贴吧、论坛、京东、天猫旗舰店等，目前雷神百度贴吧中已有 130 万用户，日均签到人数为 10 万人。同时，雷神团队举办线下的粉丝见面活动，倾听粉丝的意见并扩大影响力。未来，雷神小微的发展定位是成为游戏交互平台，在这一平台上为用户提供有关游戏的全方位服务，从硬件到软件，包括资讯、主播等。目前，雷神公司已收购了神游网作为新的游戏平台，凭借雷神笔记本终端的优势发展平台业务，吸引更多的资源方加入雷神平台，形成商业生态圈，让各个利益攸关方实现共创共赢。

用户付薪机制不断驱动小微的迭代升级。升级后车小微的定位是，领先 1 千米引爆社群经济模式。在创业之初，车小微的使命是"送装服务最后 1 千米"，完成"最后 1 千米"，实现送装同步。车小微采用轻资产模式，不投资，海尔提供订单、结算和信息化系统，大众可带车辆抢入，车主即是小微主，在平台上自主创业。车主既是"服务兵"，又要成为移动电商入口。2017年车小微服务兵的导流收入要实现3亿元。所以，车小微的价值是，对用户，按约送达、按需送装，提供极致体验；对司机，价值创造驱动，司机成为创客，成为网店主；对资源方，从交易关系转型为诚信生态和合伙人；对平台，社群共创驱动，成为电商比选的入口平台。现在，车小微要升级成为"领先1千米社群交互平台"，网点成为动态合伙人和"小管家"，司机要实现对用户的定制分享，小微要实现A轮融资甚至IPO，共同构建"诚信+社群+场景商务"的社群经济（见图9-4）。

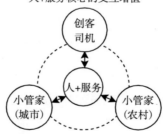

人+服务核心的交互增值

创客
司机

人+服务

小管家
（城市）

小管家
（农村）

"诚信+社群+场景商务"的社群经济

（流量用户→交互用户→社群用户）

- 对网点：动态合伙人
- 对司机：用户定制分享
- 对小微：A轮→TPO自演进

图9-4　车小微成为移动电商入口

不仅海尔通过平台化发展构建了生态圈，而且在海尔平台上

孵化的小微也通过平台化发展，形成了自己的生态圈，少海汇即
是其中之一。少海汇是众多小微中最像海尔的平台，现已构建了
千亿级智慧住居生态圈。少海汇是一个以智能物联家居为核心，
旨在打造引领高端智能生活的智慧住居生态圈，于 2016 年，由
海尔家居、有住网、博洛尼、克路德机器人等发起成立，目前成
员企业有 36 家，年产值过百亿元。少海汇整合行业优秀企业资
源，以引领智能家居集成、装配式建筑、装配式装修发展为目
标，打造国内第一的智能家居生态圈，构建覆盖全国智能家居科
技创新平台体系和产业创新能力体系。少海汇已经在家居领域建
立了一个千亿级的市场入口。

第十章 ▷▷

全员管理工具：全面衡量人的价值

管理模式需要有相应的机制作为支撑，在各种制度中，薪酬制度恐怕是最令人关注的，它也是决定企业良性运行最为核心的要素。因为薪酬制度的本质是利益的分配，涉及企业中每个人的切身利益。人单合一模式的核心就是实现顾客、员工和企业的三方共赢，让每个人都能够清楚地知道自己所创造的价值，并公平地获得属于自己的价值。此外，人单合一的成败取决于每个人的观念、态度、能力和行为的转变，海尔力图形成一套简单、有效的学习工具、思维工具、考核工具。

1

从会计成本到资源价值

　　德鲁克对海尔启发最大的一句话就是，最不懂企业的就是CFO，因为他只关注过去，而企业需要关注未来。其潜在含义如下：科层制企业的另一个问题是，它完全是指向股东利益的，反映在损益计量方式上就是计量表内收益。但是，传统财务报表并不是对企业价值的精准计量。例如，海尔在进入美国市场的时候就面临着美国渠道商要求他们做定牌（代工）的诱惑，对方承诺可以支付更高的酬劳，但海尔坚决拒绝了，因为放弃品牌的结果就是放弃大量战略价值（表外收益）。

进入互联网时代，海尔更加重视用户资产，提出"不能把商品卖给无名无姓的消费者，而一定要卖给有名有姓的用户"。其谋求的是平台层面而不是商品层面的竞争，这显然是关注到了战略损益。此外，企业还要把损益的视野放到整个生态层面。如果不计量用户资产，不计量生态收益，那么对于企业价值的评估就会出现偏差。因此，海尔不仅关注会计价值，更加关注资源价值的战略损益。当前，海尔已经自主研发了战略损益表、二维点阵、共赢增值表等工具简称"三表"，有效地计量了各个维度的战略损益。"三表"成为控制小微经营风险的基础，既不至于因为短视而忽略了企业的长期收益，又不至于因为陷入情怀而忽略了当下事关生存的短期收益。

管理会计，说到底就是管理未来、规划未来的会计。如果把管理会计、规划未来的会计变成每个人都规划未来，每个人规划未来和自己的未来是连在一起的，管理会计就一定会充满活力。原来把财务当作企业价值的守护者、核算者，保证企业的价值不受损失，现在海尔把财务当作企业价值的驱动者与引领者。海尔在管理会计方面的创新得到了美国管理会计师协会（IMA）的高度关注和认可，美国管理会计师协会认为，海尔的人单合一财务管理模式最大的特点就是抓住了表外资产和无形资产，也就是将企业发展的核心聚焦到人，而且认为海尔的财务管理创新探索是未来全球管理会计发展的重要突破口。

2

贯穿始终的“日清”制

海尔创立以来，十分重视管理方法和工具创新。以“砸冰箱”为开端，海尔推行全面质量管理。随后，又探索形成独具特色的“OEC 管理法”，这就是海尔独创的日清管理法，其精髓被浓缩为八个字：“日事日毕，日清日高”。其含义是全方位地对每个人每一天所做的每件事进行清理和改进。日清管理法的核心是改进，清理出隐藏在问题背后的真正原因，找到解决问题的方法，从而实现业绩的提升和战略的达成。

在自主经营体的变革过程中，海尔建立以损益表、日清表、人单酬表为核心的核算体系，将员工与市场及用户紧密联系在一起，使员工在为用户创造价值中实现自身价值，从而建立了一套由市场需求驱动的全员自主经营、自主激励的经营管理模式。在核算机制上，海尔改变传统的财务核算体系和薪酬管理体系，设计自主经营体的“三张表”，即损益表、日清表、人单酬表。第一张表表明创造用户价值的正确方向，第二张表精确到任务完成的流程时效，而第三张表就是员工和自主经营体自我经营的最终结果，直接决定了自主经营体和员工的薪酬。事前算赢靠的是损益表，事中日清靠的是日清表，事后闭环靠的是人单酬表。"三张表"可以简单地对应"三预"、"161"流程、"关差"。

"三预"机制。海尔要求所有小微、所有员工都要参与预算，包括预案、预算和预酬三个方面。海尔所提出的"三预"机制正是为了填补横亘在战略目标和战略执行之间巨大的"鸿沟"。它是一个重要的保障机制，保障"单"能够落地，保障目标能够得到执行，进而保障顾客的价值能够得到满足。所谓"三预"是指预算、预案和预酬。其中，预算是指资源和目标的匹配，也就是说，大目标需要大的资源来支持。自主经营体在制定高目标时，最先需要考虑的是资源如何协同和支持。预案则是创造性地关闭差距方案，这是评价自主经营体战略能力的主要标准之一，包括完成目标的路径，风险防范措施，对所有在目标完成过程中可能存在的风险进行管控等。预案是动态的、全流程的、闭环的，不是以企业自身为中心出发，而是以市场为中心出发。预酬是事前算赢，和薪酬挂钩，是指为了实现第一竞争力目标，锁定的经营体和经营体员工的赢利空间。在事前，根据创造价值的大小，约定事后薪酬。预酬能够激发员工的活力，为用户创造更大的价值，从而实现企业与员工共赢。

"161"流程。海尔把预算和日清紧密关联起来。"161"预算是日清的前提条件，没有预算就谈不上日清，也没有办法日清。所谓"161"是从时间节点上对目标和任务完成情况的"滚动预测"和"滚动评估"。在"161"体系中，时间的基本单位通常是

"周"。第一个数字"1"代表过去的"1周"，第二个数字"6"代表未来的"6周"，第三个数字"1"代表当前的"1周"。其核心思想是"挂定上周，计划6周，锁定本周"。海尔的信息化系统将"161"流程固化下来，所有的员工都必须按照这个体系制定自己的目标和任务计划。"三预"提出了日清的标准和日清的方向，日清的过程则能够帮助经营体发现预算和实际的差距。根据"161"预算体系，海尔开发了信息化日清管理平台，这个信息化日清平台可以对每个自主经营体、每个员工每天的工作制作一个日清表，从而能够对经营体及个人的业绩进行记录，同时也能够将外部市场的变化情况以最快的速度反馈给各级自主经营体。

"关差"。通过预酬可以"倒逼"预案和预算，要想激发员工内在的动力，必须事先明确激励的标准和方向，并帮助员工锁定目标以及实现目标的路径。预酬机制还可以帮助经营体"闭环优化"，关闭"实际现状"与"预算目标"之间的差距。在海尔，这一活动被称为"关差"。预案、预算、预酬三者是一个闭环，其核心目的是实现"预赢"，达成具有第一竞争力的目标。关差，即关闭现状与目标的差距。关闭差距的目的就是促使员工找出目标薪酬和实际薪酬之间的差距。因为目标薪酬是基于第一竞争力目标预算出来的，关闭目标薪酬和实际薪酬的差距，实际上也就是关闭"绩效结果"和"第一竞争力目标"之间的差距。简单地说，目标完成情况和薪酬之间的结果关系通常有4种情况：①如果达成的目标低于行业的平均水平，则只能获得基本的薪酬，且员工必须限时升级，否则，就可能被淘汰出局；②如果达成的目标的竞争力位于行业平均水平的状态，对应的薪酬为行业薪酬水平的 90%，员工必须制订改进计划；③目标的竞争力略高于行业平均水平时，对应的薪酬为行业领先的薪酬水平；④目标的竞争力在行业内属于第一竞争力时，对应的薪酬为行业第一竞争力薪酬水平。

海尔为自主经营体建立起来的核算制度，除了战略损益表之外，还包括日清表和人单酬表，三张表共同构成了海尔独特的管理会计体系。随着海尔"三化"战略的实施，强调战略思维的战略损益表、纳入用户数量考核的二维点阵图、增加风险评估的对赌契约构成了集思维工具、考核工具、激励工具三位一体的管理工具体系。

3

"二维点阵"推进体系

随着自主经营体转型为小微企业，海尔"三表"继续发挥作用。海尔通过战略损益表驱动每个小微始终以用户为中心，通过经营表外资产实现表内资产的增值，并分享价值。因此，战略损益表决定战略方向，二维点阵图上接战略损益表、下接对赌机制。战略损益表是对自主经营体变革成果的继承，二维点阵图和对赌机制则分别是用户绩效考核、人单酬分享机制的创新。

战略损益表

传统企业的损益表公式是：收入－成本－费用＝利润，其依据是，在传统经济下，假定市场是不变的，企业以自己为中心，以产品为中心，先生产后销售，利润则是事后的结果。但现实往往是为库存而生产，因此很多企业出现库存过多和应收不及时两大难题。

海尔人单合一模式的逻辑是先销售后生产，即先有用户再制造，在互联网时代，对于用户个性化、碎片化的需求，企业凭借先生产再销售的方式已经根本无法满足。同时，互联网带来的零距离，使企业与用户交互，让用户参与产品的研发、生产和销售也成为可能。

在这种转变的基础上，海尔创新提出"战略损益表"的工具，通过战略损益表在全体系的导入，引导企业全系统在挖掘用户需求、战略制定、计划制订和实施以及反馈考核等方面实现了体系化，在海尔开放的组织下，保障企业内部组织通过一套工具/体系实现与外部资源、用户需求的零距离对接。

战略损益表的设计及应用

海尔的战略损益表是战略落地的总控平台，无论是平台主、小微主还是创客都有一张自己的战略损益表。战略损益表按照战略、团队、流程、机制四个角度分为四个象限（见图10–1）。有些国外学者在对海尔战略损益表的四个象限进行研究后提出，四个象限的第一个字母正好组成"ZEUS"（宙斯），因此该模型也被称为宙斯模型。

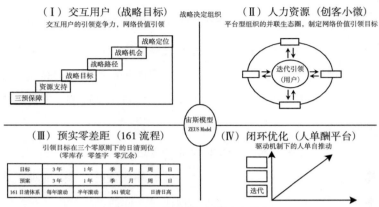

图 10-1　海尔战略损益表升级

第一象限是交互用户（战略目标）。这个象限主要是指导如何根据用户需求明确平台、小微、创客个人的战略，一共要明确几个方面，如通过发现机会到找到实现的路径，确定下一流的目标，同时明确为实现一流的目标而需要的资源支持和实施预案，在发现用户资源到获取用户资源的全流程形成预案，这不仅仅是一个目标值的问题，而是要有保障目标实现的详细的预案和工作流程。每个平台、小微及创客都必须回答四个问题："我的用户是谁""我能为用户创造什么价值""我能分享什么价值""我的经营战略和用户战略是否一致"。

第二象限是人力资源（创客小微）。这个象限指导如何根据平台、小微或创客的战略，在全球吸引一流的人才搭建最强战队，并按照"一流的单、一流的人、一流的酬"的机制实现团队的动态优化。具体就是指战略确定后要通过人（按单聚散能够承接目标的高人团队）、单（高单）、酬（考核）、费（资源投入）四个方面系统的结合，来驱动每个节点都创造超额价值，并聚集一流的高人组建小微来实现高单，淘汰不能承接目标的人，通过系统及时显示差距，确保全流程每个节点都要创造超额价值。三类人同一目标，预实零差距，实现平台、小微、创客与用户的零距离对接，使每个人成为创新主体，成为自己的CEO。

第三象限是预实零差距（161流程）。此象限主要是指导如何进行预算和计划管理，强调的是事前算赢，预算要和实际相符。通过动态161预算（1——上周工作绩效挂定；6——6周工作预算排定；1——本周工作预算锁定），通过日清体系控制进度和时间节点，保证一流的单和一流的人能真正完成一流的预案。按照年、季、月、周、日的计划和预算，保障每一节点的预实零差距来确保全年以及中长期目标的零差距实现。在模式上，采取滚动计划模式；从目标、预案、161日清体系三个角度观察预实零差距，预实零差距要落实到组织的每个节点，每个人，只有每个节点、每个人实现了零差距，整体的战略目标才能实现零差距。这是一个系统全面的预算体系和动态显示体系，能够显示小微组建的进度、合格接口人的进度，整体生态环境的进度。

第四象限是闭环优化（人单酬平台）。此象限指导小微成果的兑现，如果有差距，则要进行差距原因分析，并制定改进措施，寻求企业资源平台的支持。动态网状平台组织的驱动力来自对用户的承诺，要把用户承诺转化为全流程各节点对用户的契约，契约的本质是实现人单自推动、单酬自推动。因此契约关系取代了上下级关系，契约的本质是对用户的承诺，人单酬取代职务酬。同时也要从人（聚高人）、单（举高单）、酬（拿高酬）的角度来看预算、实际和差距，看人是不是合格的，是不是能够承接一流目标；目标是不是有竞争力。最终会出现高单低酬，高酬低单等情况，形成高单聚高人，低单散人。

因果相互支持的战略损益表

战略损益表的四象限从战略、团队、流程、机制四个方面组成了一个完整的动态管理系统，集合了独立企业管理体系的各个方面。四大部分既有果，也有因。目标是果，既要符合战略定位，又要符合第一竞争力。团队、机制、流程是因。团队支持目标，也就是说要有一流的团队才能保证目标（果）的达成。机制支持团队，机制也支持目标，也就是说要有好的机制来驱动团队，发挥团队的积极性和创造力，从而实现第一竞争力的目标。机制保障流程，流程指导团队，也就是说好的机制能够保障流程的实施，同时通过复制运用，可以让团队在完善高效流程方面发挥作用。流程确保目标持续优化。

战略损益表独特的价值

战略损益表要以人为索引。传统损益表见数不见人，而人是企业所有资产中唯一能增值的，其他都是负债。海尔的战略损益表一方面能反映传统企业的经营绩效，也就是企业资产负债表、现金流量表、收入利润表这三张表所反映的内容，另一方面能体现人单合一模式下各种表之外的资产——人的增值，即创客如何通过创造用户价值，实现自身价值并分享增值。

战略损益表要求事先算赢。传统损益表只是通过"三表"事后算账，只看到一个结果以及一个个冷冰冰的数据，而不知道其中的原因。海尔战略损益表是通过事前明确用户需求、发现机会等事先算赢的，是有预案保障的。

战略损益表要求动态优化。传统损益表是静态的，海尔战略损益表的四个象限是动态闭环优化的，第四象限的人单酬驱动第一象限的用户价值（战略目标）不断优化。

战略损益表要求开放思维。传统企业的人力资源是依靠传统方式引进的，是以我为中心的且封闭的；海尔的人力资源是通过开放平台全球吸引的，"竞单上岗、按单聚散"。

共赢增值表

海尔不谈市场份额，换之以"引爆"。"引爆"的不是单品的销量和份额，而是究竟能带动多少生态圈中的利益共同体。这正是共赢增值表所体现出的内涵，市场竞争不是零和博弈，而是共同创造价值，共同分享利润。尤其在物联网时代，共赢增值表的威力会得到很大的释放，因为白电本身可以作为万物互联的端口之一，而白电的产业链会加速融合到这张网络中，从而放大共赢效应。

因此，共赢增值表在实务中主要是一个用于考核的管理工具，而它最重要的创新在于以建立共创共赢生态圈为终极目标，改变了传统损益表以历史财务数据以及单一维度的信息作为衡量业绩的标准，将用户体验、生态收益、增值分享、边际效益等概念引入了衡量业绩的标准体系。共赢增值表将生态收入体现到损益表中，因为传统损益表是事后算账，不能提前预警规划战略目标，共赢增值表体现事前状态和生态交易（见图10-2）。

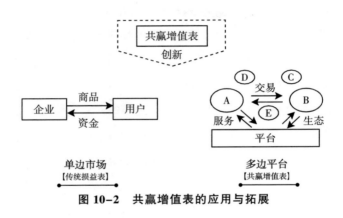

图 10-2　共赢增值表的应用与拓展

　　企业：从单边到平台。 社群经济是海尔在互联网时代的企业定位。在传统时代，企业的定位是以企业自我为中心的单边市场，主要策略是"零和博弈"，即自己一定要赢，不管别人能不能赢；但在互联网时代则是共创共赢，大家是一个平台，平台上所有攸关各方，都应该得到利益、共同发展。

　　产品：从电器到网器。 海尔一直强调将电器变成网器，即能够连接互联网的家电终端，如互联网冰箱。之后，又强调要将网器变成网站，即要从家电终端获取用户甚至粉丝，形成流量的聚集，搭建生态，获取用户的终身价值。

　　海尔的变革也符合企业发展的一个新方向，就是平台型企业

的崛起，我们看到世界上很多领先的企业现在正致力于打造各种
类型的新平台，一类是聚合平台，另一类是社交平台，还有一类
是移动平台，海尔将创造一种崭新的平台类型，那就是后电商时
代，基于用户价值交互的共创共赢新平台。

　　共赢增值表以实现业务流程的内在逻辑作为表格的排列顺
序，按报告式损益表的格式编制，从交易开始，第一部分是用户
资源，其中包括三个方面的指标：体验迭代、预约预售、用户创
客。目的是推动用户零距离参与设计，以预约预售、创客分享来
衡量用户黏度。第二部分是增值分享，包括两个方面的指标：利
润和增值分享。其中，利润又分为硬件利润和生态利润，与传统
财务报表中利润的含义不同，此处利润衡量的是共创共赢生态效
益。增值分享指向的是攸关方参与下的用户价值分享，具体包括
资本分享、生态分享和创客分享。第三部分是收入，包括硬件收
入和生态收入，硬件收入指的是人机交互网器收入，而生态收入
指的是场景商务模式增值收入。第四部分是成本，包括硬件成本
和生态成本。硬件成本指的是资源开放下的网器成本，生态成本
指的是内容运营成本。边际成本的逻辑是用户资源越多，边际成
本越小。第五部分是边际效益。生态资源越多，边际效益越大。
从以上的描述可见，在共赢增值表中，海尔对传统财务指标全部
进行了改造，剔除了其认为与战略无关的财务信息，紧紧把握人
单合一模式下一切以用户为核心搭建平台型组织的战略，改变了
传统损益表在交易结束后开始确认计量经营成果的用途，从交易
开始分析业务模式全流程中的相关指标，从而引导企业业务模式

的创新转型。

以车小微的共赢增值表为例，车小微平台的战略定位是建立货车司机的创业平台以及电商等资源的聚集生态圈。司机是这个平台上的用户，也是创客，车小微的目标是通过价值创造实现司机创客的自驱升级，以此实现平台与司机创客的共赢。在车小微的共赢增值表中，为评估司机创客身份转变为微店主的趋势，创客资源指标分解为车小微注册数量、创客车小微数量和活跃车小微微店数（见图10-3）。

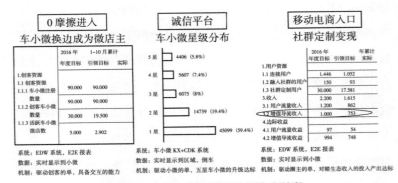

"系统实时显示并连到人、到酬；由果的显示连到因，找到本质"

图10-3　车小微的共赢增值表

为评估平台创建移动电商入口的实现程度，用户资源被分为三个指标：连接用户数量、融入社群的用户数量、社群定制用户数量；而收入指标被分为：用户流量收入和增值导流收入；相应地，边际收益包括用户流量收益和增值导流收益。从这些指标的设置可以看出，车小微的战略目标并不是建立物流企业并通过配送业务直接产生收益，而是通过社群的方式建立物流企业及相关产业链的平台生态圈。同时，车小微平台生态的建立可以连接海尔产品售卖的业务环节，以配送安装为切入点，用平台上的各种资源竭力与客户深度交互，目标是打造一个顾客社群，从而提高用户的品牌忠诚度。从这一例子可以看出，共赢增值表是为海尔的社群经济阶段发展目标服务的。

共赢增值表体现出共创共赢生态圈的增值，让海尔的组织结构成长为动态引领目标下的竞单上岗和按单聚散，实现企业从用户流量到用户资源上的增值。从海尔内部衡量项目价值的"共赢增值表"来看，获取硬件收益仅仅是最初步的要求，海尔强调，有价值的项目或生态一定是能够带来"生态收益"的。例如，用户通过网器进入网站，在网站上可以获得第三方的产品供应，而海尔的网器和网站就变成了平台方。从共赢增值表来看，如果"生态收益"这一栏填不上去，项目就依然是卖硬件的，价值就不会太大。说直接点，海尔希望实现的，是硬件+软件+云生态（服务），这是真正的互联网布局。

共赢增值表是对战略损益表的延伸，人单合一 2.0 下最重要的工具，创造性地颠覆了管理会计，已具有事实意义上的战略会计雏形。人单合一 2.0 模式是共创共赢，共赢增值表的核心要素是以用户为中心，攸关方参与创造最佳用户体验，全流程并联以及双边市场。因此，共赢增值表成为人单合一 2.0 下创新探索与实践的管理工具。

案例聚焦：以用户乘数推动物联网转型

作为人单合一理论体系的组成部分，用户乘数是共赢增值表的一个基础参数，是完善用户交互的驱动机制。每个小微都应该知道怎么利用用户乘数，在实践中按照行业特点去创造终身用户，构建三元关系的社群，最终打造物联网平台。

海尔利用用户乘数驱动创客，用户乘数是海尔对于人单合一实践的路径指引。所谓用户乘数，即创造出迭代倍增的用户价值，从交易到交互，进而创造出社群的终身用户。用户乘数决定品牌社群的构建能力及企业生态圈的构建能力。企业需要研究在一个社群里，用户总数是多少，有多少用户产生过交互，有多少用户购买了产品。小微在引导用户交互时，要传递正面信息，如"洗衣机的摆硬币大赛""空调的吹毛巾试验""冰箱的称鲜"等活动，都通过正交互引爆了用户社群。社群中基于产品体验的用户交互有多层次，从零交互到一次交互，再到多次、反复交互，最高层次就是终身用户。用户交互的升级倒逼产品迭代，零迭代的产品一定不是引领的产品，多次迭代才能引领引爆，只有获得用户终身价值，企业才能形成健康的生态。

网络迭代的速度超越人们的想象，用人单合一引爆物联网，用人单合一推动从互联网到物联网的转换，是海尔对于未来趋势的前瞻性判断。每位海尔创客最先考虑的问题是符不符合物联网范式的价值观。人单合一的实践，要以顺逛平台、COSMOPlat 平台、金控平台为支柱。顺逛平台是体现社群经济的平台，是颠覆传统电商的模式；COSMOPlat 是体现体验经济的平台，是基于用户体验迭代的共创共享；金控要加快成为物联网金融，实现产业链共享。体现在驱动机制上，有正向反向两种机制。正向机制是创客所有制，反向机制是逆向还原制。创客所有制就是要明确，每个人价值的大小和其所创造的用户价值挂钩；逆向还原制是全员全流程的"关差"。物联网引爆要基于用户乘数表，用户乘数是物联网属性的展示，每位创客都要有自己的用户乘数，然后才能每天对照自己的用户乘数进行自驱动，快速向物联网转型。

海尔通过全流程交互为用户创造终身价值，考核的标准就是用户乘数。每个小微都要从最细微处试套用户乘数。以产品为例，各个小微试套用户乘数，就是要看看产品有没有实现"三去"，有没有实现"三高"，有没有实现"三种收益率"。"三去"是"去孤儿"，全流程满足用户体验；"去单品"，变为成套；"去电器"，变为网器。"三高"是高单价、高份额、高利润。"三种收益率"是产品收益率、用户交互率和生态收益率。每个创客都要把自己摆到用户乘数里。以交互为例，每位创客都要看看自己有没有用户交互收益率和生态收益率。

二维点阵图

对于小微的考核，海尔的做法是二维点阵图，横轴是"数"，纵轴是"人"。作为一种考核工具，二维点阵图有两个指标。一个是横轴，是常规意义上的 KPI，称作企业价值，即市场绩效；另一个是纵轴，考察如何创造用户，称为网络价值，即用户资源

（见图 10-4）。网络价值与用户规模的平方成正比，而网络规模是由网络节点的多少以及网络连接用户的多少决定的。网络价值强调的是用户交互的数量和企业网络节点。在二维点阵考核体系中，即使横轴的市场绩效完成得再漂亮，如果纵轴的用户规模没有积累，在海尔看来，这仍然意味着企业还是在用传统的方法获取市场价值。海尔把网络价值分为三个关键点：迭代、拐点和引领。迭代，就是要同用户真正交互起来；拐点，即形成网络效应的爆发点；引领，引导用户需求。作为关键衡量指标，"迭代量"强调改变传统的"先生产、再销售"的模式，不断和用户交互，改进产品。

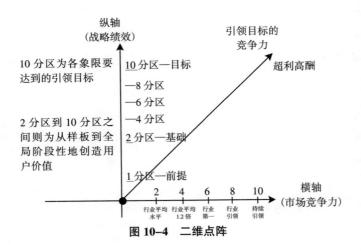

图 10-4　二维点阵

在平台化组织下，平台主、小微主和创客的二维点阵各有侧重点，是不一样的。平台主聚焦于平台上有多少小微能够发展成功，并搭建开放的运行机制，其关注的是平台层面的成果；小微主关注的是小微实现战略落地，达成战略目标的发展情况，纵轴主要是通过做用户资源实现持续引领来展现，横轴则是小微收入、利润、利润率、市场份额等指标；创客则是在这个过程中每个小微成员对小微主纵轴和横轴战略发展目标的承接。这三类主体主要通过对赌合同连接起来。

海尔"海创汇"创业平台孵化出雷神笔记本、小帅激光影院、有住网、日日顺健康水站、乐家快递柜、家哇云、海融易、魔镜、克路德"哇欧"机器人等小微企业。例如，雷神的业绩描述是，创业一年半的时间内，雷神的 10 人团队实现销售 2.5 亿元，净利润 1200 万元，粉丝人群从 3 万人爆发性增长至 130 万人。海尔小帅影院 2016 年拥有 100 万粉丝，实现销售台数 20 万台，销售金额 2 亿元。既然用户是资源，企业要创造用户最佳体验，用户又付薪，那么除了经营业绩，用户数量的积累也是小微企业考核的重要维度。

二维点阵基于横轴和纵轴两个维度交叉后的结果得出绩效评价的成果，横轴表示市场绩效，纵轴表示价值实现。但是，海尔二维点阵的横轴也和传统企业不一样。首先，海尔二维点阵的横轴体现海尔的整体利益导向——以用户为中心实现的价值，但其目标设定不是和自己比，而是和行业比，看其在行业的竞争力。二维点阵的横轴共有 2、4、6、8、10 五个分区，每个分区含义不同，但都是与行业目标对比出来的竞争力。从低到高各分区分别代表着小微所在行业的平均水平、行业的 1.2 倍水平、行业第一、行业引领、持续引领。所在的分区位置越往上说明在整个行

业中的竞争力地位越高。行业领先，薪酬也会根据行业水平上对
应的点动态进行匹配，体现出竞争力。

　　二维点阵的横轴从表面上看是传统的 KPI 指标，但这个指标
是根据行业标准确定的。由于海尔的目标是实现持续引领，这个
目标的达成不能靠传统的销售模式完成，而是要通过持续与用户
交互，在此基础上实现增值才算实现真正的引领。例如，之前有
一款产品刚上市，就靠传统线下渠道采用"返点"销售模式实现
了很不错的销量，但因为目标达成不是基于跟用户交互，尽管实
现盈利，也不是我们想要的引领产品，不能实现可持续的竞争
力，因此集团对其绩效评价仍然不高。

　　二维点阵中，横轴是"果"，纵轴是"因"，体现了"过程+
结果"的结合。传统企业通过做广告就能在市场上获得不错的表
现，企业的财务绩效也不错。但在海尔，任何产品的价值都是横
轴和纵轴交叉匹配后最终确定，如一个从横轴看市场盈利很好的
产品，如果从纵轴看它没有体现用户交互，或者用户交互水平很
低，其价值也很小。横轴和纵轴存在一定的逻辑关系，如果纵轴
无法突破，即无法实现与用户的持续交互，即使横轴引领，也不
可能出现由此带来的更多超利分享。

　　从图 10-5 可以看出，二维点阵不是凭空产生的，也要通过
另外一种手段进行落地。二维点阵事前连接战略损益表，事后通
过对赌承诺工具落地，这才是全流程闭环的绩效管理工具。

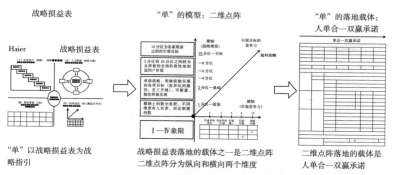

图 10-5　战略损益表、二维点阵、对赌三者逻辑关系

首先，小微的"单"来自用户（见图10-6）。以雷神小微为例，其正好赶上海尔推进小微机制，鼓励员工在海尔的平台上创新创业，很快，雷神团队把对游戏本的完整想法形成方案，经过与相关利益攸关方的论证，获得了认可和通过，成立了自己的小微，基于共同的愿景和志同道合的风格，另外 2 人也加入了这个小微，接下来这个小微通过一些渠道，在网上抛出了与游戏本相

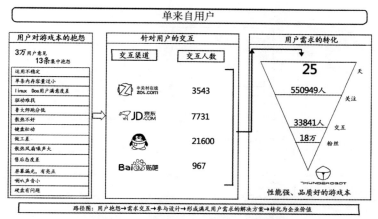

图 10-6　雷神小微的"单"来自用户

关的话题，面对面、零距离交互用户需求，在 25 天内便吸引了 550949 人关注，进行了 33841 次交互，最终形成了"雷神"品牌，其初衷就是满足互联网时代多变的用户需求。雷神小微成员通过贴吧、论坛、粉丝活动等多种形式的用户交互，完成了雷神 1 代的设计交互和生产，在预售环节，18 万名粉丝预定，3000 台雷神 21 分钟被抢光！

其次，生成雷神小微主的二维点阵（见图 10-7）。通过持续的零距离交互，一方面，雷神小微输出了小微定位——"与用户零距离，吸聚巨量粉丝，打造软硬结合的游戏本生态圈第一品牌！"；另一方面，在此基础上形成了雷神小微主的二维点阵，在纵轴上：①利用互联网思维建立零距离交互平台；②聚集巨量粉丝，通过持续交互，以用户需求倒逼产品创新迭代；③推出杀手级产品；④实现以游戏本为切入，硬件、软件、周边游戏结合的游戏生态圈；以上纵轴用户的需求转化为横轴的企业价值，如收

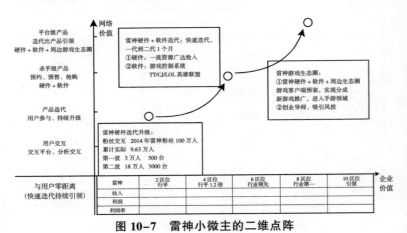

图 10-7　雷神小微主的二维点阵

入、利润等，企业价值很重要的一个特点是与行业比，体现为用户提供的解决方案在市场上的竞争力。

从雷神小微的案例可以看出，海尔在二维点阵的应用上，更强调用户，更强调与行业比。通过二维点阵的实践，推动了"以企业为中心"的产品模式向"以用户为中心"解决方案模式的转型。

对赌契约

要使二维点阵落地，就需要实施的载体，即对赌契约（见图10-8）。该契约是海尔平台、小微实现"三自"演进的核心驱动机制。海尔对赌契约旨在驱动全体员工转型成为企业的合伙人而非简单的执行者和雇员，其目标是企业与员工共担风险、共享

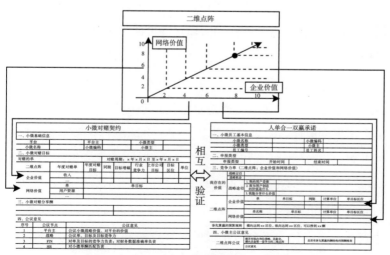

图10-8 二维点阵和小微及员工对赌契约关系

收益。

海尔对赌契约是以小微为基础单位，建立平台和小微之间、小微与员工之间的对赌契约，双方均对赌特定的目标、分享价值和挂损机制。因为小微拥有分配权，对赌后会依据贡献大小自主决定每个小微成员间如何分配，激发大家的积极性和自主性，推动小微持续发展，实现共赢。

对赌契约分为平台与小微的对赌契约、小微与员工的对赌契约。在平台与小微对赌契约中确定对赌的目标、达成时间及相应的分享机制等，由不同承接小微进行承接并对赌。同时，平台与小微的对赌契约和小微与员工的对赌契约相互对比验证，小微契约是员工承诺的前提，员工承诺是小微契约的承接，两者均以二维点阵为纽带、互为因果。

对赌契约需对赌的内容包括：拐点（阶段）目标、拐点（阶段）目标的实施路径、拐点（阶段）的价值量化分享。各对赌小微依据自己"单"的里程碑节点，事先算赢，测算出不同阶段拐点的价值量化分享额度。对赌的本质是第一竞争力目标匹配第一竞争力超值分享，即事实创造价值同可供分享的量化资源正相关。不失一般性，海尔对赌契约的现金分享酬包含基本现金酬、拐点酬和分享酬，除此以外，平台与小微共享超值利润，称为超利酬，而平台与资源方、小微与平台、员工与小微间均实行超值利润共享，也就是在整个资源生态网内实现共同分享利润，共同达到利益最大化。平台与小微的对赌则按超额数值分为不同梯度，按照梯度不同设定不同的超分享率。例如，小微对赌的预期利润值为 1000 万元，如果实际利润超出该预期利润 0~200 万元，小微可以分享的利润为 20%；超出 200 万~600 万元，小微可以分享的利润为 30%；超出 600 万~1000 万元则这一比例高达 50%。[①]

基于第一竞争力"单"的企业层面对赌酬结构框架（见图 10-9），该框架下员工（创客）的月基本酬代表月度对赌酬，而拐点酬则代表拐点（即阶段引爆点，如用户流量引爆，而非仅仅是传统销售额的增加）对赌分享的价值酬，年超值分享酬代表了对赌员工年度第一竞争力对赌分享的利益，此为多元兑付或者对赌分享，而超利分享酬则代表了员工年度超额完成目标而分享的对赌酬，从而实现对超利部分的共赢共享。同时员工自愿或强制跟投则体现了对赌主体均要风险共担、价值共享，如对赌契约中约定超利分享金的 30% 作为风险基金，进入风险池，再依据更长

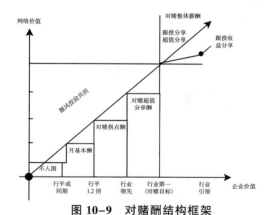

图 10-9 对赌酬结构框架

① 云鹏，彭剑锋. 海尔"三环四阶"对赌激励系统. 企业管理，2016（4）：6-9.

时间的对赌契约参与二次分享，从而绑定风险、化解风险，实现长期激励。

创新以小微为基本单位的平台化组织，该组织下平台与员工的关系不再是传统的雇用和被雇用，而是市场化的人力资源对赌。有创意、有创业激情的员工都可以在海尔平台上创业成立小微公司，自己当老板，而小微公司与海尔平台可以签订上述对赌契约，事前明确小微需要平台提供的资源和平台需要小微承诺的目标，以及达成对赌目标后如何实现价值分享，根据之前约定的期限和规则，小微能够根据对赌目标的实际完成情况，按事先约定的分享对赌规则予以兑现，同时在小微内依据员工与小微的对赌承诺契约和员工个人实际达成的情况实现自主分配到个人。此时的重点是海尔平台对小微进行资源投资，提供对赌资源和能力帮助，而小微则须到达双方约定的协议标准，方可获取相应的分享。平台与小微这种主体对等的利益共享模式和小微自动获取的高度自主决策权、自主用人权、自主分配权（"三权"），共振叠加，保障有效驱动小微的自创业、自组织、自驱动（"三自"），上述"三自三权"机制实际上激发了小微及其成员的自主积极性和创造性。

海尔的这种对赌契约驱动模式实际上也推动了传统企业的平台化转型以及其战略发展和落地，使小微从公司分步变成创业小微，员工从被雇佣者、执行者变为创业者、合伙人，创造性地将平台（企业）、小微（公司）、创客（员工）三者的关系变为主体对等、对赌分享、自驱激励的关系。

免清洗小微针对用户需求，研发出一款不用清洗内筒的洗衣机来满足用户需求。通过竞聘上岗组成小微团队，用户交互形成了千余创意方案，最终确定了"智慧球"的研发方向。免清洗小微与设计、供应商、生产、销售等各节点小微相互签订对赌契约，全流程挑战 2015 年实现 200 万台的大目标。小微与生产 B 线签订对赌承包合同，大家同一目标、同一薪源，激励生产线在保证产品质量的前提下日产能由 200 台/天，3 个月内提升至 3000 台/天。销售节点也提高目标，市场销量也由 3000 台迅速提升至 5 万台，超额完成年度对赌目标。小微主根据对赌目标完成情况，根据约定对每个节点的目标达成情况进行了 10%~20% 比例不等的超额利润分享。

在互联网时代，市场份额是表象，迭代速度才是真能力，产品终端的迭代速度表现为技术的迭代、资源的迭代以及人的变化速度。落后的观念具有杀伤力，只有通过纵横交叉的考核方式，把观念的变化落实到绩效中，才能促使员工进行自我观念的调整，最终实现人的迭代。例如，2014 年海尔意式三门冰箱，设计新颖，销售出色。但是，其销售模式仍旧采用传统的"卖场返点"模式，被批评为"买进来再卖出"赚取利差的简单经营，就是因为缺乏纵轴方面用户资源的获取。

在对赌酬模式下，针对创业小微、转型小微和生态小微的特点，实施差异化的对赌酬机制。一是创业小微对赌股权激励机制。网络化战略下，海尔鼓励员工转型创客，聚焦新机会、新事业，孵化小微公司，通过出资持股、期权、跟投等股权激励机制，与创业小微绑定，驱动创客从"打工"转变为小微的"主人"，实现收益共享、风险共担。二是生态小微市场交易机制。生态小微加入海尔平台和生态圈，创造用户资源，在生态圈里交换价值并创造超利。具体来讲，事前与用户确定对赌协议，约定对赌的目标及超利分享的空间。以智能制造小微为例，事前与用户对赌交货量、产品质量、单台成本、交货期等，两者是委托加工关系，事后小微按照实际交货量结算加工费用，形成小微收入，作为小微自主分配、自主经营的资源空间，自主兑现到小微成员。三是转型小微对赌价值分享机制。对赌价值分享的核心是资源对赌、自挣自花，两者分别通过小微整体按单预算、小微成员按单预酬 2 个机制实现落地。

第十一章

协同信息平台：从串联到并联协作

在互联网时代，新技术和新商业模式不断涌现，它们的出现会给传统行业带来巨大的挑战，可以在极短的时间内颠覆一个传统行业，建立一个全新的商业形态。海尔很早就意识到互联网技术对传统行业的冲击和影响，从 2006 年开始的人单合一的管理变革，本质上是建立一个适应互联网时代特征的管理模式，把协同共享的开放精神、扁平互动的平等精神、分布关联的普惠精神贯穿于企业的每个节点，而流程信息化则是这一模式背后最为重要的支持平台。

1

从串联到并联协作

信息化服务于企业转型。传统组织是权力导向，而非用户导向，现在需要建立用户化的流程体系，打造以用户需求为中心的流程型组织。传统组织存在很多弊端，如条块分割严重，难以打破部门之间的壁垒，企业整体运行效率偏低；部门间各行其是，工作协调效率低，推诿扯皮严重；流程过长，信息交互速度慢，客户产品信息不透明、不准确；组织定位偏离，行政单元过多，变革推不动，而且责任不明。这些弊端集中表现在信息数据不对称，数据不能上移，不能为企业决策提供响应市场的方向性的依据。组织看似有清晰的责任分工体系，但是真正遇到客户需求的时候，各个部门之间相互推诿，而不是使命驱动，最终难以实现有效的执行与控制。企业流程再造难以执行，原因也非常简单，企业再造要求的是以用户为中心，而不是以企业为中心。如果信息没有互联互通，那么再造很难进行。平衡积分卡试图把企业从一个单纯的内部封闭系统，变成一个外部联通系统。如果企业以自我为中心来设计流程，与用户需求没有形成连接，没有把串联变成并联流程，平衡计分卡就难以执行。信息化的本质就是让全流程协同起来。

相对于传统企业串联、线性的组织模式，海尔要转变为协同的并联平台。并联就是要实现全员对应目标、目标对应全员。**全员对应目标**是指各岗位工作应该直接对应客户需求，以满足客户需求为出发点，以实现利润最大化为最终目标。**目标对应全员**是通过满足客户需求而达成的利润目标将直接面向组织内各岗位成员，通过快速、高效的协同，进而通过创造性的工作满足客户需求。企业内部的各个部门、用户、合作方要协同在一起，从个性化模块设计，到模块化供货，最终满足用户需求。相对于以往的分段串联流程、割裂的信息状态，信息化流程要实现并联，要把信息变成一个同步的环状状态，以围绕用户需要为核心，把用户需求第一时间反馈到企业运营中，让各个利益攸关方去协同完成。围绕用户需求，并联流程容纳了研发、设计、销售、服务等环节，保证用户参与、渠道购买、物流送货、售后服务等全流程的用户体验。通过增加部门横向协同，在组织信息化和数据化的基础上，实现信息的高速流转，最终实现全员对应目标自组织运转。

信息化服务于企业创新。以用户需求为中心的信息化流程必然是全流程、端到端的闭环。从发现顾客需求到满足顾客需求实现闭环优化，而且能够对订单的全流程进行优化，通过实时的信息共享实现全流程订单可视。此外，通过数据分析提前预警，提升生产效率，避免生产损失，进而实现研发、营销、供应链三方高效协同，快速响应用户需求，实现零库存下即需即供。

在需求端，信息化平台的作用还体现在扫描和捕捉用户需求上，对用户保持开放，吸引顾客深度参与产品前端个性化设计。在供给端，信息平台则与世界一流研发资源深度交互，做到并联快速产品开发。开放式的创新平台也实现了企业与供应商深度交互，实现了模块化解决方案。总之，信息化平台的定位是聚焦于用户需求，以最快的速度实现颠覆性创新，快速、低成本、高质量地为顾客提供超值的产品和服务。

构建信息化的企业。除了用户需求和资源供应的开放，信息化平台服务于企业内部的管理机制，实现任务和激励的透明对接。信息化平台服务于员工，使企业战略目标能够分解给每个员工，每个人每天都能够清晰地了解自己的工作任务和状态，从而准确反映员工的目标完成情况以及其与第一竞争力目标的差距，帮助员工找到战略和执行之间的差距，提出改进方案。信息化平台服务于激励，实现运营体系的信息化和电子化，全面展示每个员工的收入、费用、薪酬状况。互联网时代，在由网络搭建的全球竞争市场的平台上，企业的优劣势被无情地放大，优者更优，劣者更劣。企业要拥抱互联网，员工必须要用互联网思维进行创新。拥抱互联网需要从企业的信息化开始，发展为"信息化的企业"，最终转型为一个互联网企业。企业的信息化之路不能离开顾客和员工，只要不忘记信息化的最终目的是为顾客创造价值，信息化一定会沿着正确的道路前行。只要不忘记信息化的再造本质上是"人的再造"，信息化就一定能够取得成功。

2

探索信息化的企业

信息化变革对于中国的企业来讲是个极大的挑战，因为鲜有成功者。海尔的流程信息化再造始于 1998 年，从其变革的历程来看其信息化建设分为两个重要阶段：首先是"海尔的信息化"，其次是"信息化的海尔"。

第一个阶段是以海尔为中心，通过构建信息化系统来及时满足顾客的个性化需求。1998~2003 年是海尔实施市场链机制的第一个阶段。这个阶段海尔以"三化"为原则，即信息化、扁平化、网络化，利用信息化进行组织结构的整体再造，并且把各种资源整合起来，如物流、商流、订单信息流、资金流的整合，其目的是使整个组织结构适应市场。信息化带来扁平化，扁平化是在信息化的基础上让每个人直接面对市场。扁平化和信息化的目的是网络化，最终使海尔成为网络化的企业。这一阶段的最终目的是使海尔实现"三个零"的目标：信息流的零距离、物流的零库存、资金流的零营运资本。

海尔取得的经验是，流程是信息化的基础，流程是实现正确目标的路径，是解决同一类问题的正确方法。流程必须源于用户的需求，并能为用户创造价值。海尔以"零库存"倒逼流程再造。2008年，海尔开始按照零库存下的即需即供模式重新建立新业务流程，基于市场的客户关系管理做ERP、做流程。或者换句话说，所有流程都是符合用户需求的。经过多年的努力，海尔终于再造了端到端的全流程体系，并在此基础上建立了供应链信息化平台。利用这一平台，海尔不仅可以实现对订单的全流程进行管理和优化，而且可以让研发、营销、供应链三方协同，快速响应用户需求。

从海尔以信息化为基础的流程再造经验来看，流程是战略运营的基础，流程再造的核心就是识别顾客需求并快速为顾客创造价值，IT技术只是企业信息化的手段和工具。企业在进行信息化建设的过程中，必须处理好流程和技术的关系，不能为了信息化而信息化，只有先再造出符合顾客需求的流程，才能够真正再造出可以为企业带来竞争力的信息化系统。信息化提升了业务协同价值，改变了企业内部本位主义导致的局部思考、内耗扯皮，降低了内部交易成本，助力组织变革和内部协同。基于信息化平台，海尔实现了组织整体运作，快速响应客户需求，以协同产生价值。

现在，海尔的信息化已经进入第二阶段，正在转型成为一家互联网企业，试图把自己放到全球顾客需求的链条中去，与顾客共同创新、增值，最终形成"无边界的海尔"，进而把海尔打造成一个开放式创新平台。海尔将人单合一模式视为适应互联网时代要求的管理新模式。这一模式要求彻底推翻横亘在海尔内部各个部门之间的"藩篱"，清除各个部门之间的沟通障碍，使信息能够在营销、研发、生产、职能等部门之间自由流通，建立透明的运作机制；彻底推翻海尔与外部顾客、供应商和其他伙伴之间的"围墙"，将外部资源融入海尔的"大平台"。

3

实现信息互联互通

海尔的信息化早就走在了前面，内部基本上实现了"零签字"，所有的流程都基于线上的系统，这是海尔向互联网企业转型的前提。海尔的信息化实践经验告诉我们，唯有用户和员工才是信息化真正的主人，也就是说，所有信息化的手段都需要为用户和员工服务。

服务转型目标

海尔人单合一要"拆墙"，不但要拆掉企业周围的"墙"，还要拆掉每个人内心的"墙"。信息是把供给和需求连接在一起的主要手段，将企业组织从科层制的串联结构，拆成一个个全流程并联的小微，将因循守旧的员工"心墙"，拆出一大片光明。

海尔转型对 IT 的挑战包含三个方面：首先，战略转型的挑战是企业平台化，从制造产品变为孵化创客，每个人都是 CEO。各个信息系统都要能敏捷地反映出这种变化，每个人都要在信息化的驱动下分析自己的差距和业务目标。其次，组织颠覆的挑战是去中心化、去中介化，从串联到并联，搭建共创共赢生态圈。这需要用数字化和信息化的手段让这些管理、沟通体系和价值分享体系更有效。最后，机制创新带来的挑战是"三权""三自"体系，从企业付薪到用户付薪，让员工从雇佣者转型为创业合伙人。战略转型、组织颠覆、机制创新等对于传统的财务、人事等信息系统都是颠覆。

所以，海尔信息化要以最佳用户体验为驱动力，服务小微，推动数字化转型，助力小微创造价值，实现引领引爆。最终目标是建立海尔 IT 独特的服务模式：四平台（云计算、大数据、信息安全、办公生产力）、四能力（企业架构能力、平台服务能力、技术交付能力、数据研发能力）、四底线（资源共享、数据统管、安全合规、互联开放）、二体系（IT 运维服务体系、信息安全管理体系)。

实现并联协同

在流程上，海尔充分利用信息技术，将原来的信息孤岛变为开放的信息化系统。一方面，通过信息化平台与用户互动，及时把握用户需求，并以最优方案满足用户需求。另一方面，通过信息化系统及时掌握经营体的绩效和问题，并提供资源和专业服务帮助经营体达成目标。

（1）组织决策机制的协同。海尔为了实现与顾客零距离和协同的零距离，从组织结构设计开始，进行了系列变革，包括重构权力体系、沟通体系、职位体系等，很多变革都是对传统组织管理理论的颠覆。为了让信息、资源等在不同层级之间和部门之间进行顺畅的流动，海尔以"协同零距离"为目标的信息化实际上是向既得利益者发起挑战，让位高权重的人交出权力和资源，并把资源和权力交给真正有需要的一线员工。同时，这一标准也是向管理者的传统角色进行挑战。在传统的组织体系中，上下级的关系和边界非常清晰，而海尔要做的就是打破传统的层级管理，用"契约关系"代替"上下级关系"。最终目标是要实现组织决策机制的协同。

（2）业务流程的协同。业务流程协同的基础是流程信息化，体现在渠道的信息化，以及供应链、财务、库存等业务的信息化和智能化。为了实现业务协同，海尔在营销渠道环节实施网店、专卖店、微店"三店合一"，在生产制造环节打造"互联工厂"，在库存管理环节实施"零库存"，在财务管理环节构建"人单酬"合一的信息平台，每个员工每天都可以通过信息平台看到自己的"人单酬"账户盈利情况以及差距。并联协同的目标最终是要实现端到端流程可视化、从提供产品到提供服务、核心价值链的整合和高效运作模式，从关注系统功能实现转变为关注用户价值增值，与商业模式融为一体。

（3）以海尔顺逛模式为例，打造全新模式的微店平台。海尔以社群交互为基础，创新性地将顺逛微店平台与海尔冰箱等产品专卖店融为一体，实现线上线下互联互通的O+O模式。海尔正在探索线上、线下、微店三者合一，线上店是电商，线下店是专卖店，再加上社区微店，要把这些店都变成体验店，以信息化平台支撑三者协同，与用户需求连接在一起。顺逛模式便是海尔在"社群化价值交互"方向上的探索。顺逛作为海尔旗下的社群生态开放平台，其强大的"三店合一"体系，吸引用户参与定制、参与传播、参与优化，实现了海尔打造全流程最佳用户体验的"承诺"，也实现了营销渠道的协同。

供需信息的打通是提供用户体验的保障。所以，要聚集用户口碑，就要从客服体验、送货体验、安装体验、模块体验、使用体验、服务体验和营销体验七个方面进行全流程的并联协同。只有全流程信息并联，才有可能获得满意的用户体验。全流程并联协同正是组织"拆墙"的过程。

打造信息平台

海尔的战略转型以满足用户个性化需求为目标，以保障员工创客化为支撑。所以，海尔的信息化建设紧紧围绕用户需求、员工机制两个目标。为了保障用户个性化需求，海尔探索互联工厂模式，由大规模制造向大规模定制转型，驱动产销分离转向产消合一，满足用户无缝化、透明化、可视化的最佳体验。为了促进员工创客化转型，海尔把思维工具、考核工具、薪酬工具信息化、数字化，分别从事前、事中、事后建立全流程的信息化共享平台和驱动平台。

COSMOPlat 互联工厂

依托 COSMOPlat 互联工厂，海尔实现从交互到交付用户体验的无缝化、透明化、可视化。海尔利用 COSMOPlat 将用户需求和整个智能制造体系连接起来，让用户可以全流程参与产品设计研发、生产制造、物流配送、迭代升级等环节，以"用户驱动"作为企业不断创新、提供最佳产品解决方案的原动力，把以往"企业和用户之间只是生产和消费关系"的传统思维转化为"创造用户终身价值"。

用户全程参与

通过 COSMOPlat，用户可全流程参与定制过程。海尔 COSMOPlat 让用户可以自主定义自己需要的产品，在形成一定规模的需求之后，就可以通过海尔互联工厂实现生产，从而让用户具备"既是消费者也是设计者、生产者"的多种职能。更为重要的是，海尔 COSMOPlat 是对用户需求驱动智能制造升级的精准诠释，它打通与用户交互的全流程节点，实现从"定制交互"到"网器终身交互"的转变，满足全球用户终身价值体验。此外，COSMO-Plat 还是"企业和智能制造资源最专业的连接者"，能够帮助更多的企业更快、更准确地向大规模定制转型。而在互联工厂模式下，用户能够全流程参与产品的研发、设计、制造、销售、物流等全环节，成为"产消者"，产品实际上在生产之前就有用户。

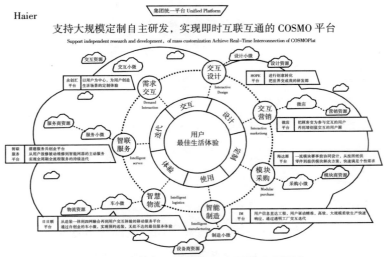

图 11-1　海尔 COSMOPlat 互联工厂平台

零距离互联互通

通过 COSMOPlat 平台，用户、企业、资源之间实现零距离交互，满足了用户的最佳体验。海尔 COSMOPlat 互联工厂平台整合了用户交互、产品设计、定制生产、使用和体验、产品迭代等业

务环节的小微，使这些小微围绕用户需求，并联协作，提供最佳
生活体验。按照价值创造的流程，海尔通过搭建与用户的全流程
信息交互平台，实现与用户的服务定制、多向交互，打造与用户
零距离的价值交互平台。搭建 HOPE 创新平台，通过需求与资源
在平台上的自交互，为用户提供超值的创新解决方案，并实现各
相关方的利益最大化，实现平台上所有资源和用户的共赢共享。
搭建智慧物流服务平台，实现物流订单、仓储、运输全流程自动
化、智能化管理，为用户提供开放交互、智慧运营、全程可视、
信息互联服务能力。搭建全流程可视化平台。通过多种图形界面
方式，对订单全流程、运输状态、服务质量等进行全流程显示，
并为业务运营、财务决策提供数据依据。

开放共赢的新生态

COSMOPlat 平台构建的是开放共赢的生态体系，对不同行
业、不同企业、不同资源都是开放的。海尔互联工厂本质上是一
个生态系统，最重要的是要连上用户。一方面，要在制造环节前
联用户需求、后联资源方，打造一个共创共赢平台，为用户提供
个性化产品体验；另一方面，要将产品由电器变为网器，利用互
联网实现"永远与用户交互"，不断倒逼产品迭代升级。现在海

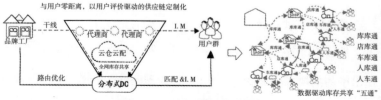

图 11-2　车小微的信息化

尔 COSMOPlat 平台上已经聚集了上亿的用户资源，同时还聚合了全球 300 万+生态资源，在用户与资源、用户与企业、企业与资源的 3 个"双边市场"上，形成了开放、协同、共赢的工业新生态。

以车小微为例，以信息化手段实现了"云仓云配"，在"三店合一"的基础上，实现库存产品数据的共享，互联工厂按照用户的订单进行生产，按照用户的分布进行仓库管理，并利用云计算实现库库通、店库通、车库通、人库通、人车通，从而实现"从生产到仓储，从仓库到配送"的全流程信息化，把生产制造和用户需求满足之间的时间耽搁降至最低，最终达到"零库存"。"零库存"还降低了专卖店、网点、微店的存货压力。

管理职能的信息化

海尔并不希望仅仅通过信息化的手段把每个经营体的数据录入计算机系统并让它们静静地待在那里，而是要通过信息化来提升和优化经营体的业绩。信息化展现了透明的力量，并不断孕育信任和坦诚。海尔管理职能的信息化主要以"人"为索引，建立人力资源信息化平台，人单酬平台、日清平台是其两个重要的功能。

HR 信息化平台

在颠覆成平台型组织后，海尔的整个体系都发生了变化，其中人力资源体系变成按单聚散平台，这种变化对整个组织的管理提出了新的要求，那就是强大的信息化系统，也就是说，这种颠覆对原 HR 信息化平台提出了新的挑战。因为具有"三权"的小微在运营过程中需要做到公开透明，事前规避风险，因此小微负责人在进行任何决策时，都需要有更实时的数据分析做依据、支持。同时在海尔平台上孵化出来的创业小微，在选择用海尔共享平台上的 HR 之后，也对信息化人力管理提出了更为高效、简捷、个性化的需求。

因此，海尔的 HR 平台演变成 e-HR 增值平台和 HR 大数据平台。e-HR 增值平台为小微提供差异化的增值服务，包含个人人单酬信息、流程平台、组织人单酬信息等，其中流程平台包括单酬合一（对赌契约平台、创新增值激励系统等）、人单合一（小微自注册，指导小微进行线上注册）、学习发展（员工行为规范、云学习平台）、人才吸引（创吧、人才雷达——支持小微对人才需求的全网搜索、评估、分析等）、我的资源（HR 云图）、员工自助等模块。

HR 大数据平台创新出不同的方式，那就是能够对数据深度挖掘分析，并实现可视化，这样就能够为小微主决策提供数据支持，为员工提供各类自主服务（查看个人信息、绩效，薪酬数据显示，在线学习，行为规范，合同续签，时间管理以及快捷的全方位信息化服务等），为 HR 提供全方位数据分析、解决方案。

人单酬信息平台

小微是海尔的基本创新单元，在海尔这个大平台下自主运作。人单合一模式是让海尔的每个员工都成为自己的 CEO，发挥每个人的创业激情。如何才能够科学地衡量每一个员工所创造的价值呢？海尔开发出了人单酬表来检验每个员工创业的结果，并且在信息化系统中建立了"以人为索引"的人单酬平台。在 e-HR 增值平台中，每个小微都有一个独立和唯一的账户，平台可以显示其经营损益，账户主体每天都可以看到账户里面的信息以及动态的变化情况，从而将绩效评价、激励结果细化到每一天、延伸到每一个人。信息化平台能够展示全流程的经营体自我经营的成果和其他相关信息，包括了每个小微的目标、人员、收入、成本、费用、增值和损失等信息。通过为网状组织结构中的每个节点随时随地提供信息，辅助经营体进行决策。可视化的业绩展示系统也能够帮助经营体聚焦差距，从而实现持续优化。

信息化日清

在人单合一模式中，日清体系是核心。海尔在信息化系统中开发了日清平台，这一平台为小微进行"信息化日清"提供了技术支持和保障。所谓"信息化日清"就是通过信息化手段，对每个经营体、每个员工每天的工作进行日清，对市场变化、经营营状况、个人业绩等进行即时反馈，以最快的速度掌握市场脉搏。日清平台的一个重要功能是与"161"预算体系相配合。在海尔日清平台中，小微和员工不仅需要制订出各自的"161"预算计划，而且信息系统会将经营体的"关差"路径和预案锁定。系统还支持日清分解功能，即将"161"预算内容分解为每天的工作预算，信息系统能够显示每天的工作预算、实际及差距，这就非常有利于小微和员工每天进行日清，找到执行中的差距，做出纠偏计划，保证目标的完成。

在海尔，所有信息化系统的搭建都是由流程系统创新部

（Process System Innovation，PSI）负责完成的，它是海尔流程系统
变革的主推部门，其定位是成为海尔流程再造的推进器、业务部
门的最佳协同伙伴以及高效的系统运行平台。信息化的目标是实
现通过消费者需求数据来驱动管理模式创新和生产制造创新——
用户直接给企业下单，企业要全流程协同并即刻满足用户需求，
同时内部要实现自驱动和共享。

第十二章

人单合一的创新内涵：开启『海尔制』

海尔是一个管理驱动型企业，用管理解决战略创新和产品创新的问题，用管理解决知识的生产和分配问题。从管理创新历程看，管理存在各种悖论。从企业实践看，在线性成长模式中企业的生命周期变化非常快。管理是核心，只要实用就好，最重要的是与时俱进。

1

管理的目标

在 19 世纪 80 年代之前的 100 年间，知识被用于工具、生产过程和产品，从而产生了工业革命。工业革命和泰勒主义改变了企业和管理的本质，而现在又需要以人为核心重构管理。因为生产力建立在新知识的应用和发展上，这离不开"人"作为知识工作者的贡献。海尔 30 年的发展历程，经历了工业经济的"生产力"革命，以及互联网时代的"知识管理"革命。海尔是中国制造业的优秀代表，批评者却总是将海尔与互联网企业进行比较，这从反面印证了海尔向互联网企业转型的成功。

在工业时代，技术突破和颠覆性创新总是产生"从 0 到 1"的革新效果，大规模生产的作用体现在"从 1 到 N"效率的提升（见图 12-1）。以网络技术突破为代表的新工业革命正在发生，互联网经济中，无论是"极致产品"还是电子商务为代表的商业模式创新，仍旧没有摆脱"交易"的思维，即把产品生产出来，然后再销售给用户，它们带来的改变只是产品生产更加优化，销售给用户的距离更短。所以，新工业革命背景下的管理创新，一定是建立在生产制造体系的重组之上，满足用户个性化、碎片化的需求，实现"从 0 到 X"的用户体验。"0"意味着每件产品或者每项服务都有可能是颠覆性的创新，"X"则意味着个性化需求所导致的生产规模并不确定。于是，企业只有进行平台化，让平台上那些"微化"的组织去创新，去满足不确定的用户需求。小微组织在企业平台上不断涌现，在满足用户个性化需求的同时，实现企业的非线性成长。

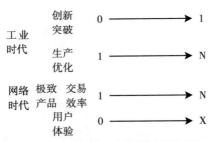

图 12-1　工业思维与互联网思维的区别

　　人单合一模式正是复杂组织进行的激活活力的变革，颠覆大企业为众多小企业，强调组织活力，回归用户价值，强调的是价值最大化；颠覆为自主管理和自我驱动，强调的是人的潜能的发挥。面对企业、员工、用户的变化，管理的目标是要实现价值共创、权力下放、责任下沉、员工自主、利益分享、信息互联，尊重每个人的价值创造性，激活每个人的创造潜能，实现每个创客与组织共同创业、共享增值。这些内容完全契合了人单合一的原则——每个人都是主人，每个人都面对市场，用户的认可决定着小微企业的业绩和每个小微成员（创客）的薪酬。

　　人单合一模式的实践完善了海尔制体系。通过创新创业直面市场需求，强调灵敏感知和竞争效率；通过个性化生产制造，强调的是大规模智能制造；通过用户生态的培育，强调的是社群经济模式。海尔专注于为小微和创客提供竞争机制、评价机制、激励机制，并支持小微自主管理和共同协作创造价值，最终形成完善的组织保障机制。

2

管理的创新

　　为了实现管理目标，企业的边界变得越来越开放，组织机体变得更有活力、更有效率、更加协同，共享程度更高、反应速度更快、学习能力更强。未来要打造什么样的组织？平台型企业、创新型用户、节点型组织、平权型员工、学习型工具、协同化信息六个要素构成了未来企业管理的主要维度和内容（见图 12-2）。

海尔管理创新				
平台型企业	创新型用户	节点型组织	平权型员工	学习型工具
• 非线性成长 • 满足用户体验 • 创业生态系统	• 决定权在用户 • 用户与创新 • 以用户为中心	• 网络化组织 • 平台主与小微 • "三自"机制	• 人人创客 • 在线与在册 • 用户付薪	• 资源价值 • 思维方式 • 操作路线
协同信息平台：互联互通、并联协作				

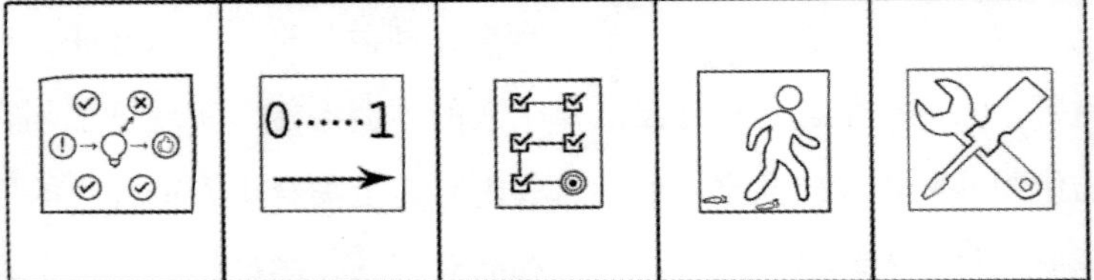

图 12-2　海尔管理创新的六要素

平台型企业

平台型企业打破了企业边界，解决了企业越大、效率越低的问题。企业平台化有两大目标：一是将科层制转变为创客平台，二是企业转型为小微的股东。平台为创客提供支撑，把小微协同起来，共同创造最佳用户体验。因此，平台是开放的平台，各种资源可以无限接入平台，快速地响应市场需求。平台就是要不断优化生态圈资源，不仅仅是企业内部，而是整个社会资源形成生态圈。

平台型企业需要信息化的支撑，以智能化和模块化特征，实现从大规模制造向大规模定制的转型。互联网成为基础设施，衍生出信息经济、信息社会、智能社会，工业时代转变到信息时代，企业经营的变革主要体现在企业的边界和生命周期、生产组织范式、劳动雇佣关系的变化（见图12-3）。

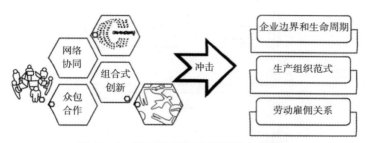

图 12-3　信息时代生产组织范式的改变

企业与用户之间形成了一个生态圈，为了满足"0到X"的用户需求，企业必须构建"平台化＋小微"的生产组织模式。因此，要求企业把每个员工都变成与用户交互的"入口"，连接碎片化的用户需求。传统组织的问题是与用户之间的距离，而现在用户需求不断加速变化，日益呈现个性化与多样化的价值诉求。因此，组织的触角要延伸到市场终端，要能够触及消费者，企业需要分解为无数的小模块，内部要"动"起来，甚至还要更加灵活地整合外部资源，以协同生产的模式匹配长尾和动态需求。

所以，生产组织方式不再是金字塔的形态，而是呈现一种"小前端＋大平台"的协作方式。前端的微化要求企业以个性化的生活方式来满足个性化的需求。小前端的孤立运作需要企业平台

的支撑，除了海尔和小微，其实就连淘宝等也是由"小前端＋大
平台"的模式支撑，平台上都聚集了很多小前端，同时存在于一
个巨大的平台中，这就是"小前端＋大平台"的大规模协作形态
（见图 12-4）。

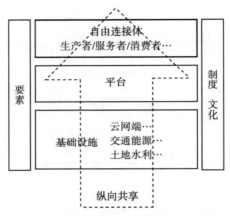

图 12-4 "小前端＋大平台"的协作模式

当员工成为创客，传统的雇佣关系也被改变了。尤其是随着
消费者成为产消者，他们既是生产者也是消费者，于是用户也可
能内化成为企业的员工，利用网络协同、众包合作、组合创新，
满足自己个性化的需求。企业的生命周期不再是线性成长模式，
在企业平台上创客与创新不断涌现，大量"0 到 X"需求的积累
共同形成了平台的规模优势，企业成为没有"围墙"的花园，实
现非线性生长。

一般认为，企业的非线性成长具有涌现、开放性、自发性、
适应性与涨落等特征。30 多年来海尔的成长轨迹，明显呈现了非

线性成长的特征。海尔作为一个开放式平台，在诸多方面都呈现显著的开放性特征；人单合一模式下，人与单的紧密结合，自主经营体与小微公司的存在，也极大地激发了员工的自发性；持续学习与不断改革的战略导向，推动着海尔适时根据环境的变化做出调整与转型。海尔正是在开放性、自发性、适应性的推动之下，通过特定事件的涌现，以及对有益的涨落所产生的放大效应的利用，实现了企业的非线性成长（见图12-5）。

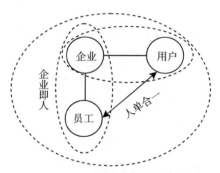

图12-5 企业价值创造的边界的拓展

未来，企业应依据价值来聚集资源、聚集人才。按照海尔的说法，传统的企业治理模式是建造一个自己的小公园，哪里种花，哪里种树，是根据组织的需要先设计好，然后浇水施肥。海尔正在成为没有"围墙"的"花园"，打破物种之间的人为边界，去掉规划和控制，使物种自发去连接、生发，最终形成一个无限延伸的生物链。在海尔平台上，每个小微都是价值创造的源点，它们自由链接、融合，生态化反，当条件适宜时，其有可能会演变成一个小生态系统。

创新型用户

"用户个性化"倒逼开放式创新，平台型企业以用户需求为中心。由于用户需求的个性化，企业必须保持开放，从以企业为中心转变为以用户为中心。企业必须改变传统的创新方式，为了满足用户的个性化需求，需要和用户、一流资源一起创新。企业的结构必须从层级化变成网络化、平台化，以开放吸引一流资源创造用户价值，以用户资源为核心提供用户体验，以用户交互方式让更多的用户参与进来，创造新的价值。

在开放创新时代，企业必须要重新思考自己的价值创造过程和价值创造方式。价值创造活动的核心环节正在由制造过程向顾客的使用过程转变。传统产业组织正在被中枢企业构建的价值生态系统所取代，价值生态系统是云经济环境下形成的具有生态系统特征的新型产业组织，没有明确的产业边界和企业边界，进驻并栖息于价值生态系统的顾客，可以直接参与或主导价值创造流程。所以，通过整合资源基础观和用户基础观，新的商业模式得到明确。

资源基础观认为有价值的"资源"有利于企业的市场进入。如果用户基础可以作为一种有价值的资源，那么管理商业生态圈的过程则可以被看作一种动态能力。动态能力可以整合资源，以产生新的价值创造。企业可以充分利用用户资源，建立合作伙伴关系，不断搜索新的创意并实现创新，以提高运营效率和持续竞争优势（见图 12-6）。

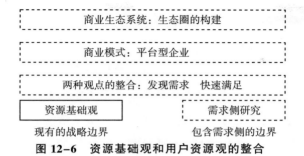

图 12-6　资源基础观和用户资源观的整合

　　海尔和小微的关系体现了企业的资源获取、能力延伸和利用方式的变化。新的商业生态系统正在形成，并聚集了一群相互连结、共同创造价值与分享价值的企业。它们是以相互作用的组织和个体为基础的经济群落，随着时间的推移，它们共同发展自身能力和作用，并倾向于按一个或多个中心企业指引的方向发展自己。

　　用户创新的难点在于生态圈的管理。因为社交化媒体的广泛应用，企业将面对更加多样化的用户群体，只有将用户关系链形成强大的用户生态圈，平台才能够坚不可摧。在用户创新模式下，让客户成为创新主体，改变了企业和客户的地位，改变了价值创造及转移的途径。企业必须提供创新的空间和平台，调整经营管理模式，才能在用户创新的潮流中获得持续的竞争优势。把用户分散的创新整合起来，商业生态圈的创造价值会被无限放大，这种超越了企业自身能力/资源的共生模式，让企业利用圈内其他成员的能力或资源来获得持续增长，必将对企业重新塑造品牌和未来产业格局产生巨大的推动作用。

平权型员工

小微和创客解除了分工和角色定位给人带来的约束以及薪酬来源的问题，激发了员工源源不断的价值创造能力。员工创客化改变了员工定位，转变了员工角色，改变了薪酬来源。员工定位从执行者转变为拥有"三权"的创业者，员工角色从雇佣者转变为动态合伙人，薪酬来源从企业付薪转变为用户付薪。

创客和赋权是平权型员工的两大特征。创新企业需要拥有与其文化相匹配的员工；反之，不能适应这种创新文化的员工也不会选择这类企业。创新文化在营造宽松环境和氛围的同时，又要求员工必须能够自主建立社交网络、发现创新机会、自我推进目标、自主承诺，即员工的行为方式必须与企业的创新文化相匹配。管理无领导的实质是员工创客化。每个人都可以成为创业家，每个人都可以创业，让每个员工把自己的价值、利益最大化。

所有的价值创造者都不应该被企业边界、地域边界所束缚，而应该是无边界的、以价值创造力为主旨来自我流动的。领导者不能喋喋不休地告诉员工：创新非常重要！自由的环境和宽松的心理氛围塑造了员工的想象力，决定了其所能够创造出的"新颖性"程度，所以创新产出的范围应该更加宽泛，而不是仅仅被狭义地理解为"产品创新"。仅仅强调产品创新会忽视服务、商业模式、流程、渠道等其他创新形式，所以创新文化应该强调创新范围的广度。

海尔通过组织变革，鼓励员工创业，创意由员工和用户交互得出。传统的模式下，开发新产品是研发部门的责任，企业按部就班地进行企划、设计、开发、试制、生产、上市，在海尔的新组织模式下，采取路演的模式，引入外部投资，避免了传统项目评审的弊端；路演成功的项目，员工跟投成立小微公司，企业内外资源主动抢入，员工从"打工仔"变成了小微公司的"合伙人"，小微公司独立运作、自负盈亏，极大地激发了员工的创业热情。

未来的组织不可能只依赖于一个人的智慧，一定是依靠群体智慧来做决定。谁最贴近客户，谁就最有发言权，应该依据角色而不是依据头衔来配置资源。创新是生态型组织的核心特征。这种创新要培育自演进的创新系统，很多创新都来自末端而非顶层。重构的关系，从雇佣关系到合伙关系，去掉威权和戒律对人的创造力的约束，呼唤人以自律得自由，打破"部门墙"。并且企业组织要有足够的包容性，要有容错的机制。未来组织的治理方式，将以共同的价值为导向，理念是共事、共担、共创、共享。

节点型组织

节点型组织把企业由中心集权分散为多个小中心。不论是网络型组织、有机组织、细胞体组织、生态型组织、自组织，还是共享模式下的泛组织等，即使科层制组织难以替代，分布型的节点制也已成为网络化组织的主要特征。例如，海尔的倒三角组织、乐视的生态组织、红领的源点组织、华为的三维组织，已经区别于传统金字塔式的科层制组织结构。在每个节点上，每个小微能够资源分享、知识分享、自主经营、自我管理，而在平台的网络之中，又能够活而不乱。

节点化的目的在于消除冲击距离,让听得见炮火的人做出决策。科层制下,每个企业都有中间层,当企业成为一个生态圈,由一个个小微组织构成,中间层就失去了作用。海尔推行倒三角组织,就是要解决"权力回馈"问题,消灭中层,让一线员工倒逼管理层,从而消除市场冲击距离。扁平化的组织还具有动态性。传统的"组织"一定是个正式结构,但是在生态型组织、细胞体组织里面,组织结构是非正式的,是像水一样具备柔性且不断变化的。在组织形态上,过去的组织更强调静态,现在的组织更强调柔性、动态。为了激发活力,组织不能过于有序,每个人的角色并不是非常明确。海尔对此的答案是动态合伙机制,围绕用户需求,没有不变的团队,要按单聚散。没有科层制的领导,要"官兵互选"。没有固定的薪酬,要用户付薪。通过自组织、自演化、自驱动实现组织的动态性,并保证组织的活力和反应的速度。

活力化成为节点组织的变革目标,自演进是组织变革的主要动力。自主管理要求员工自己发现市场机会,自创意、自发起、自组织,而不是采用传统的项目制,由上级指令并分配资源、资金、人力。小微有了经营决策权,员工有了价值创造动力之后,倒逼平台提供更快捷的交付流程、高效率的资源配置、快速的市场反应能力。互联网时代,知识型员工的数量大大增加,他们正在成为创客。个体的创造力得到充分释放,人的创造本能不再受到压制。员工可能更多的是基于共同的价值观、兴趣和目标,通过自组织方式来形成责权利单元、项目小组、创造工作室。每个小团队围绕使命，围绕客户需求，随需而动。如果平台不能够满足他们的需求，则可以通过资源的社会化淘汰平台的内部资源。

学习型工具

进化与实验是海尔在变革过程中一直坚持的原则。生物物种应对变化的方法是进化，企业与生物非常相似，可以采取同样的方式进行进化。一旦企业能够定期进化，变化就不再是威胁。虽然强调自演化特征，演进的路径可以不同，但是组织的演化在无序中还要保证一定的逻辑。进化过程中要保持思维逻辑的异质性，所有的团队和创客都要按照一定的思维方法进行演化，如"目团机"战略思维，二维点阵的执行思维，人单酬的共享思维。看似无序，其实是有序的。只要思维一致，就不怕"乱"，可能看上去没有传统企业那么有序，但是充满活力。

学习能够保证企业充满活力。如果组织没有活力，会表现出以下问题：组织僵化、板结科层制就是如此，价值创造动力不足；出现惰怠，员工不思进取，危机意识、创新意识淡漠。迭代逻辑保证了企业的活力。按单聚散一定是围绕用户需求的变化，不断实施产品和服务创新迭代。因为客户需求变化太快，对产品品质的要求越来越高，所以就必须激发组织的活力，从而快速响应客户的需求。进化依赖于迭代，并能够继承和修正。假如企业过分依赖于一种制胜策略，企业就不会主动进化。成功的企业迷信于"一招鲜"，从而变得臃肿和死板，并害怕求变、不懂求变。迭代则意味着难以数计的内部创业实验，然后把成功的经验传播给同侪，通过动态迭代加速内部革新。大部分企业把变化视作威胁，把生存当作目标。其实，变化意味着机会，创新才是目标。通过不断实验，自演化能够塑造企业生命力，并在自我颠覆中求得新生。

在生态体系之中，自然法则大于人为法则。管理工具不是设计出来的，而是围绕客户需求的变化、围绕流程的变化，不断去迭代、不断去优化。海尔的"三自"机制就是建立在自然进化迭代的基础上，不断去优化、演化的。管理工具是什么并不重要，重要的是目标，简单管理、高效运行，把所有能量聚集到为客户提供好的产品和服务上。

协同化信息

以用户需求为核心是海尔信息平台的支撑重点。未来的组织模式一定不是朴素的网络化组织，而是建立在互联网信息基础之上的网络化组织，是一种"云组织"。只有高度信息化的组织，才能够确保网络上的每一个节点都可以自由连接，并对接用户需求。形象一点说，就是把所有的资源都放在云端，随需调用，充分共享。海尔正在发展互联工厂，就是要把工厂和用户需求，以及所有的知识节点联系在一起。按需、高效地生产产品，用户是消费者也是设计师，员工是设计师也是销售员，随着知识边界的模糊，只有牵住用户需求这个"牛鼻子"才能把各个知识节点串到一起。传统的分工正在走向融合，生产消费体系变成了虚拟网络——实体物理系统（CPS），物、信息、人实现三位一体，服务于最佳用户体验这一目标。

信息化企业则从外部视角来审视组织内部的流程如何满足顾

客价值的最大化。在互联网时代，企业应该转变顾客和自身之间的关系，传统的企业依然把客户与企业的关系当成一种交易关系，而拥有互联网思维的企业则把顾客与企业之间的关系当成了交互关系。从企业信息化到信息化的企业，企业需要在信息化建设的过程中从流程、信息、结构、员工和顾客五个方面进行系统思考。基于顾客的需求优化流程，是信息化的基础条件。流程必须是"端到端"的，必须反映市场信息和顾客需求。员工是企业信息化的主人，信息化再造要从"流程驱动"转变为"信息驱动"，唯一目的就是每个人价值的最大化，进而创造企业整体价值的最大化。信息化企业关注的目标就是用户，将顾客价值最大化作为起点来优化内部的流程，搭建信息化的平台。信息化的核心也是围绕着用户的需求和价值，要从关注企业的流程转变为关注客户的体验。海尔正在成为一家互联网企业，顾客、供应商、内部员工的深度参与交互已经成为海尔研发模式的特色与动力源泉，虚实网融合消除了企业与顾客之间的距离，先进的信息技术也为海尔构筑了"全流程用户体验驱动"的虚实网融合竞争优势。

管理的实践

海尔人单合一模式把用户、企业以及资源等捆绑在一起，以用户需求驱动多方供应商联动实现共创共赢。

创新与创业

海尔不断实践"人单合一"管理模式，转型成为开放的创业平台，助力创业者整合优势资源实现创业创新，共创共赢，实现了企业经济效益与社会责任、社会效益的有机融合，促进了企业与社会的共同发展。从组织管理看，海尔等企业通过组织机构和管理机制创新，加快向扁平化平台化的创新型组织转型，极大地激发了企业内部的创新。

通过双创探索，海尔创建了一个具有开放机制、共享机制、投资机制的创业平台——海创汇平台。海创汇平台具有以下特征：**一是开放的创业平台。**这个平台不单是海尔内部的创客空间，更是对全球一流资源开放的创客空间。**二是全产业链平台。**海创汇平台不仅提供场地、路演和创业辅导的物理空间，还提供"创意—设计—制造—销售"全产业全要素的专业平台；海创汇拥有上下游资源对应的创客工厂，还有线上线下渠道对应的是创客资源平台，有社会创业者对应的创客学院，也有对应高校创业者的创客实验室。**三是共创共享的创业平台。**海创汇不仅是孵化项目的孵化空间，还是建立"众创—众包—众扶—众筹"的智慧生活产业生态圈。

海创汇平台上，产生了六种创业模式：**一是企业员工在平台创业。**创业之后，依然留在海尔。**二是内部员工脱离企业在平台创业。**例如，有住网脱离海尔，利用海尔平台在外面创业，海尔拥有其一部分的股权。**三是合作伙伴在海尔平台创业。**快递柜项目就是服务商利用海尔平台进行创业的典型案例。**四是社会资源**

在海尔平台创业。日日顺物流有 9 万个车小微，18 万个服务兵都是社会上的资源，有的带车加入在平台上创业。海尔统一调度、统一结算、统一规范服务。**五是用户在海尔平台创业**。消费者在使用产品的过程中可以来平台创业，如不用洗衣粉的洗衣机就是一个大学生在海尔平台上的创业项目。**六是创业联盟在平台上创业**。目前，海创汇平台上有 3600 多家创业孵化器资源，1300 多家风投机构，100 多家孵化器空间，4000 多家产业资源，120 多亿元创投基金。

海尔正在做的是把大型工业基础设施转变为一种创新平台，这个平台实际上承载了组织创业阶段与运营发展段的创新能力供应，它改变了工业在创业阶段活跃而在运营发展阶段死气沉沉的宏观局面。海尔为不同的创业者提供全力支持，小微企业从初创期到成长期再到成熟期，包括设计公司股权、工商注册、财务、融资、纳税等，甚至办公系统信息化、印鉴合同、IPO 上市、注销，只要是在海尔平台上，都能得到全生命周期的服务。

目前，海尔为社会提供了 160 多万个创业机会，以大企业的创业带动全社会的就业。海尔平台上的孵化公司有 16 个小微企业估值过亿，47 个小微企业已经引入了风投。社会上创业企业从天使轮到 A 轮的成功率一般在 10% 左右，而海尔投资的创业企业，天使轮到 A 轮的成功率是 48%。

智能制造

海尔搭建 COSMOPlat 的目的不是为数字化而数字化，而是满足用户需求和创造用户最佳体验。COSMOPlat 不是一个具备物理空间的工厂，而是一个用户交互的平台，整个过程就是由用户参与，又以用户体验不断迭代的最佳实践和具体落地。

一是业务模式的差异化。美国的工业互联网突出用信息化技术带动传统工业升级，自上而下。德国的工业 4.0 是传统工业进行智能化、信息化升级，自下而上的做法。海尔希望成为世界第三极，由用户个性化定制带动全产业链智能互联。美国做 toB，海尔做 toB 和 toC，并和 C 端联系起来。这不仅实现了高效率，还实现了用户端的高精度。海尔的智能制造平台不是简单的机器换人，而是由物体空间变成用户交互的网络空间。实现真正的产消合一，也就是生产和消费者合一，从过去的为库存生产转变为用户生产。生产线上每一台产品都是"有主"的。海尔平台的高精度体现在"三联"，即用户与全要素互联，用户与网器互联，用户与全流程互联。高效率是"三化"，柔性化、数字化、智能化。

从业务架构来讲，核心是大规模定制模式，为各个行业提供智能制造最佳实践的应用服务。里边有四个层面，资源层——包括软件资源、业务资源、服务资源、硬件资源，平台层，应用层，模式层。COSMOPlat 是大规模定制，可以对家电行业、视听行业、装备行业进行开放，跨行业复制。

二是用户定制。一方面是用户深度参与，另一方面用户体验迭代。同时，所有的电器都变成网器，网器可以实现持续交互，网器可以定制网器。在传统工厂的生产中，用户从来都是"旁观者"，企业的生产都是根据市场调研的结论进行设计、研发、推广。面对已经变化的市场需求，用户参与定制这一问题被摆在了企业需要考虑的层面上。海尔搭建 COSMOPlat 不是为了数字化而数字化，而是为了满足用户需求和创造用户最佳体验。以 COS-MOPlat 为基础，海尔互联工厂生产体系最大的意义便在于能够实现高精度下的高效率，而且在这样的高效率之下还能实现大规模的定制，因为一切需求都来源于社群和用户。COSMOPlat 是全球唯一一个连接用户的工业互联网平台，用户可以在手机上提交自己的定制需求，工厂接收到订单后就会自动分析并安排生产。以海尔馨厨冰箱为例，用户在海尔众创汇定制平台提出定制要求之后，需求信息马上到达工厂，生成订单；工厂的智能制造系统会自动排产，将信息传递到各个生产线，在最短的时间内用户便能获得定制产品。

三是产消一体。COSMOPlat 不是一个具备物理空间的工厂，而是一个用户交互的平台，整个过程就是由用户参与，又以用户体验不断迭代的最佳实践和具体落地。在整个过程中，用户由"旁观者"变为了"参与者"，从产品的设计到生产制造、物流配送，全流程参与其中，每个产品在生产之初就知道"主人"是谁，该送往何处，真正实现从消费者到"产消者"的身份转变。COSMOPlat 将企业的产品生产从"为库存生产"变成"为用户生产"。在 COSMOPlat 平台的效应下，海尔将用户体验进一步升级为无缝化、透明化、可视化，其生产效率也提升了 60%，用户定制订单占比提升 10%，客户定制订单占比提升 57%。

用户生态

创新创业是要把组织分成众多"特种作战分队"，迅速对市场做出反应。智能制造则承载这一需求，迅速把用户需求实现。用户生态则通过用户交互，准确获得用户需求，一方面向智能制造生态传递数据信息，另一方面要黏住用户。海尔的用户生态体系包括智慧产品、智慧物流、三店合一、智能服务。

首先，智慧产品。海尔要把每个产品终端变为"网器"，最终形成 U+智慧生活的生态圈。以海尔馨厨冰箱为例，馨厨的诞生不是一次性的硬件定制，而是通过与用户的持续交互，用户参与产品设计、用户参与产品迭代、用户生态使用场景、用户基于网器定制网器等不同层次的交互升级，实现真正的"网器终身交互"，创造终身用户。

其次，智慧物流。日日顺物流不仅破解了"最后 1 千米"的难题，送装同步，而且推动服务场景化，从"最后 1 千米"向"领先 1 千米"转型升级，由"最后 1 千米"的送到服务升级到"领先 1 千米"的社群交互，获取用户的需求，按用户需求提供有温度的服务，而不仅仅是传统的物流服务。

再次，三店合一。通过三店合一模式实现"线上店、线下店、微店"资源的互联互通，中心是用户，微店利用发酵的形式，获得用户、培养粉丝，线上店做流量，实体店做体验。三店合一将传统的依靠广告、流量获得用户的方式转换为通过社群获得用户。

最后，智能服务。基于信息平台，海尔所有的用户数据管理都在去中介、电子化、数据化、智能化。用户服务实现一扫注册、一键服务、一生关怀。

4

管理的机制

人单合一适应了互联网时代"零距离""去中心化""去中介化"的特征，将原有金字塔结构的科层组织，转变为平面的、并联状态的节点网络组织结构。各个节点直接与自己的客户发生关系，所有节点共同为用户创造价值。原来的业务部门转变为小微企业，而用户取代上级领导，成为企业运转唯一的中心。海尔一直强调"两表一平台一机制"的重要性，重点项目都要落实到"两表一平台一机制"上，两表是引领的目标、是共创共享平台搭建的保障，创客所有制是两表实现引领的制度保障和平台搭建成果的制度驱动。

人单合一是海尔之道，海尔之"器"则是不断迭代、直击用户痛点的各种产品。实现"变"和"通"是人单合一普适性和社会性的关键。对于"人单合一"的实施来说，"两表一平台一机制"既是辩证法，又是方法论。

"两表"是转型引领的路径。纵横轴匹配的二维点阵表把创客的价值和用户需求辩证统一起来，如果把纵轴的问题解决了，横轴就是必然的表现，纵横匹配的结果一定是引领的。海尔的共赢增值表是用户交互的价值矩阵，是企业用户、社群的三元关系。两表在明确引领目标的同时，把人单合一与不同的行业、不同的用户需求结合起来，体现的就是转型，是"变"。

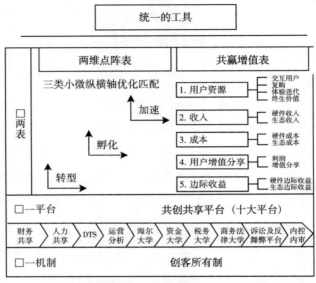

图 12-7　海尔的"两表一平台一机制"

　　共创共享平台是创建让相关资源，特别是用户趋之若鹜，不离不弃的共享平台。海尔搭建无边界的企业平台，把相关资源整合到海尔平台上来，让外部资源来平台创业，让平台上的利益攸关方共享价值，体现的是"通"。

　　创客所有制是海尔探索的一套创客激励机制，把企业的股份激励量化到每一位创客，让每一个创客有机会能够成为企业的主人，成为企业的合伙人。创客所有制是"三自"驱动机制，创客所有制是"两表"和"一平台"的保障，"两表"如果存在问题，没有做到引领，平台实现不了资源整合和共创共享，就是创客所有制没有提供足够的驱动力。创客所有制是"变"和"通"的内在动力，既是驱动力又是保障力。人单合一模式复制的关键在于"两表一平台一机制"，海尔在海外并购日本三洋、新西兰费雪派克，通过将"两表一平台一机制"结合当地情况进行"变""通"之后，对收购企业进行了改造，取得了良好的效果。所以，通过"两表一平台一机制"，才能复制海尔之"道"。

5

开启管理 3.0

　　管理要与时俱进，企业要自以为非。如果今天仍在用一百年前的技术制造汽车，你一定会觉得不可思议。既然这样，那么你为什么接受在今天仍用一百年前的管理模式来管理企业呢?![1] 从管理创新历程看，管理存在各种悖论。以提高效率为目标的泰勒，却又创造出阻碍效率的监督者；以流水线形成引领的通用，却又故步自封；通用汽车因事业部制超越福特，却又被诸多委员会束缚。从企业实践看，在线性成长模式中，企业的生命周期变化非常快。《追求卓越》的 43 个最优秀企业案例中，五年内有 2/3 都在衰落，所以企业的变化非常快。

---

[1] 转引自：巴扎特对话张瑞敏——如何避免硅谷悖论。资料来源：海尔文化公众号。

赶超逻辑：赶超三要素

2017 年，在由北京外国语大学丝绸之路研究员发起的调查中，来自"一带一路"沿线的 20 国青年，评选出了他们心目中中国的"新四大发明"：高铁、支付宝、共享单车和网购。值得注意的是，除了"高铁"这个工业时代的巅峰之作以外，其他三大发明都是互联网时代的产物。新工业革命为管理创新提供了机会窗口，由于现有经济结构与技术体系主要由发达国家所确定，发展中国家率先进入新的技术轨道或创造另一个技术轨道只有在世界经济结构调整与现有技术轨道变更时才有可能。实现产业赶超需要三要素，即新兴产业变革、制度设计调整、组织管理创新（见表 12-1）。现在，以互联网为代表的新兴产业革命正在发生，我国创新驱动发展战略不断在产业政策方面做出新的设计，中国企业的管理模式创新也在展现出新的内涵。

表 12-1　实现技术赶超的要素

赶超事件	新兴产业变革	制度设计调整	组织管理创新	代表模式
19 世纪末到 20 世纪初美国与德国制造的崛起	冶金技术与炼钢、化学工业等领域的技术突破，有形资本、规模依赖的技术变革出现	大力发展钢铁、电力、铁路等新兴产业，大范围运用"有形资本与规模依赖"的技术，建立全新工业体系	• 泰勒主义兴起 • 管理职能专业化 • 企业内部研发部门的出现	"福特制"：福特结合技术变革，将机器车间、线上操作、自动化等结合起来，建立了新"工作标准"

续表

赶超事件	新兴产业变革	制度设计调整	组织管理创新	代表模式
20世纪80年代初日本制造的崛起	汽车、电气、半导体、合成材料等领域的技术突破，有形资本、规模依赖的技术变革开始消亡，偏向无形生产性资产的技术变革开始出现	政府不遗余力地促进技术创新，以教育投资、技术推广等形式进行无形资产投资	● 精益生产体系 ● 终身雇佣制 ● 年序工资制	"丰田制"：既促进了企业与承包商之间的技术合作，又密切了工程师与工人之间的关系，使得技术创新与生产效率得到大幅度提升

从历史经验看，新工业革命带来行为规则、组织原理与社会意识的转换，不断产生新的产业、制度和企业家。美国和德国通过加强有形资产的投入，发展钢铁、电力、铁路等规模依赖特征的产业体系，从而实现对于英国制造的超越。钱德勒指出，19世纪晚期美国与英国最显著的区别就是国内市场的扩张，其次是新兴产业的保护。由于新兴产业发展相对缓慢，在本轮技术变革中英国开始全面落后于美国与德国。造成这种状况的原因主要在于英国的政治、科学与经济等系统并没有像美国、德国那样动态调整以适应新兴技术体系的要求，英国也没有像美国那样创造出以"福特制"为代表的管理模式。

20世纪80年代初日本制造的崛起则是抓住了"无形资产"投资，发展汽车、电气、半导体、合成材料等新技术领域。美国企业的发展战略仍然强调前一范式中成熟产业的立即收益与短期投资，企业的新兴产业发展与技术创新的速度不断被削弱，美国政府在基本政策上也对发展新兴产业并不积极。这就使美国的汽车、半导体、电子等许多精密制造业在 20 世纪 60 年代末开始丧失竞争优势，直到 20 世纪 90 年代信息技术取得突破之后，美国对技术—经济范式进行了全面调整才有所转变。历史比较来看，日本的"精益生产体系"与 1913 年美国的"工作标准"类似，都是基于新兴技术对生产体系的重塑。"丰田制"使企业的技术创新与生产效率得到了大幅度提升，而终身雇佣制、年序工资制等又保证了员工对于新技术的接受程度，这种安排使日本工人更乐意接受新技术，从而加速了新兴技术的有效推广与广泛渗透。

新工业革命背景下，随着互联网、大数据等信息技术的发展，即时传播、海量数据无所不在，带来了信息传递和人与人之间交往方式的深刻变革，过去的时空约束被打破。技术革命性变化带来了创新范式演进，传统的以层级式组织结构为基础的封闭式创新，被无边界虚拟式组织结构下的开放式创新取代。尽管本轮技术变革尚未取得突破性进展，但与技术变革浪潮密切相关的思想、行为、组织和制度正在逐步开始变化。随着我国"互联网+""中国制造 2025"等国家战略的实施，对于适应产业创新的制度顶层设计正在成熟。更重要的是，必须要形成一个与产业变革相匹配的全新的生产体系等来动态适应技术变革的发展趋势，并促进企业创造性地做出反应。正如美国、德国在赶超过程中所显示的那样，组织管理创新既是范式转换的核心所在，也是技术变革与新兴产业发展的重要动力。在信息与知识日益成为关键要素的背景下，管理创新不仅是革除组织内部的一些管理层级，而且需要促进企业构建一种在许多方面都不同于福特模式的灵活网络。需要强调的是，在范式转换中，尽管国家并不能弱化企业的高度自主权和生产决策权，但政府的组织管理模式仍然能够影响企业内部的组织管理创新。

由于本轮技术变革尚处于初始优化期，发展经济行为主体能够充分利用信息和诀窍进行技术创新的能力就显得尤为重要。海尔等企业在管理创新方面做出的摸索，正是对于新工业革命背景下产业赶超的积极响应，未来需要在范式转换过程中引入广泛的创造性实验与调整。因此，面对此次技术赶超的"机会窗口"，技术创新和管理创新同等重要，我国产业技术赶超的路径不但需要通过新兴技术的突破来实现战略性新兴产业的革命性变化，从而在新一轮技术革命与产业革命中抢占先机；而且需要进行管理模式的创新，通过将新兴技术与组织原理结合起来，改造与提升我国传统的加工制造业等，从而实现成熟产业的现代化。

从物本管理到能本管理

在 200 多年的企业管理模式演变中，大体可以分为三个时代——物本管理、人本管理和能本管理（见图 12-8），而海尔要探索的是在"能本管理"时代的人才管理模式。在物本管理时代，"福特制"是管理创新的代表，查理·卓别林的最后一部无声影片《摩登时代》描写的是"物本管理"时代工人们的生存状态。人和机器发生冲突，人成为机器的附庸。

物本管理时代的杰出代表是泰勒、法约尔等人，他们的共同特点是强调管理的科学性、合理性、纪律性；而未给予管理中人

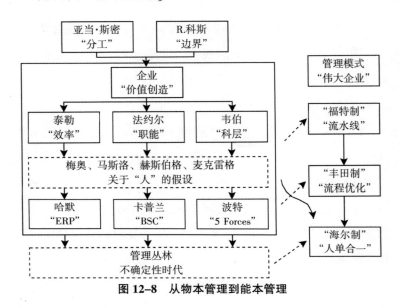

图 12-8 从物本管理到能本管理

的因素和作用足够的重视。他们的理论是基于这样一种假设，即社会是由一群群无组织的个人所组成的；他们在思想上、行动上力争获得个人利益，追求最大限度的经济收入，即"经济人"。在这种管理哲学指导下，管理者以效率为中心任务，员工被视为生产流水线的一个环节，管理者通过严格的管理制度控制与约束员工的行为以达成管理目标。这个时代的管理模式只关注工作效率而不关心人的需求，认为人的行为是为了追求本身最大的经济利益，工作是为了取得经济报酬，企业通过金钱等物质刺激员工的工作积极性，在某种程度上扼杀了人性和创造力。美国福特汽车所创建的生产流水线是这个时代科学管理的代表。

霍桑实验开启了人本管理时代的萌芽，此后的许多学者开始

研究人的动机对管理效率和激励模式的影响，并由此步入"以人
为第一要素"的"人本管理"时代。人是"社会人"，是复杂的
社会关系的成员，工人的生产积极性才是提高劳动效率的第一因
素。人本管理时代关注人的动机对组织绩效的影响，管理者除了
要满足个体的经济需求之外，还要想办法满足人的社会需求，两
者的平衡才能最大化激励员工产生更高的效率。同时，也需要对
员工进行适当授权，以提高他们决策的自主性。例如，日本丰田
汽车所推行的精益管理模式，其核心思想就是给予一线员工充分
的现场决策权，鼓励他们进行创新。

信息时代的本质，则在于人类在发明了加速信息交流的技
术，极大提升了生产效率。互联网的出现推动管理学进入"能本
管理"时代，它最大的特点是关注"人的创造力"。这个时代是
人本管理的高级发展阶段，尽管它也坚持以人为核心的管理思
想，但是从以"人的动机"为核心转为以"人的创造力"为核
心，尤其是探索利用系统和机制释放每一个人的能量。互联网时
代，激发了个人的创造热情，也改变了员工和企业之间传统的工
作关系，激励模式更应该符合员工的个性化需求。例如，德鲁克
就认为，在21世纪，激励知识型员工需要设计个性化的激励措
施，要以激励他们的创造力为核心，要让知识工作者进行自我管
理，必须赋予他们自主权。海尔是"能本管理"时代的代表企
业，它推行自主经营体和利益共同体模式，其核心目的是让每一
个人进行自我创业，希望借助互联网的手段开放组织边界，搭建
开放式的网络组织结构来整合全球范围的智慧资源，构建人才生

态圈，让内外人才进行高度融合，并激发这些知识型员工的创造力，共同为顾客创造价值，进而实现自己的价值。同时，赋予每一个个体充分的自主经营权，倡导和鼓励每个员工进行自我管理。管理1.0、管理2.0与管理3.0的对比见图12-9、表12-2。

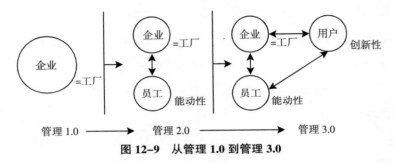

图12-9　从管理1.0到管理3.0

表12-2　管理1.0、管理2.0与管理3.0的对比

维度	福特制 "Assemble line"	丰田制 "Lean & Kanban"	海尔制 "Rendanheyi"
企业	大规模生产	降低成本	创业生态
组织	集权、层级	事业部、层级、现场单位	平台与小微 （自主经营体）
员工	"工具"	"工具"	"接口人"，在线与在册
用户	"只有黑色"	"营销"	用户体验
工具	—	JIT	"目团机"和二维点阵
信息	自上而下	自下而上	全流程信息化，并联

　　人单合一模式开创了后科斯时代。以科斯定律为代表的企业理论认为，交易成本决定了企业的边界，内部化具有一定的优势。人单合一则证明，经过精心设计，企业可以摒弃命令与控制，通过内部市场提升运营效率，促进创新与创业。不同于工业

时代的企业管理理论，互联网时代能够产生更多的管理理论创新，从实践到理论的时间可以更短。人单合一就是这样的一种方法，能够鼓励那些一直以来渴望创新机遇的人，使他们能够勇于表达自己的想法，无惧公司体制对于创新的阻力和压制。

重构"人"与组织关系

通过组织的变革与组织与人之间的关系的重构，激活组织新的价值创造力，去打造新的组织生态优势，构筑"组织新力量"。

企业管理基于人性假设。亨利·法约尔的一般管理理论界定了管理主体、职能和原则，弗雷德里克·泰勒提出的科学管理原理把"经济人"作为管理客体，企业管理的目标是要让企业和员工财富最大化。马克斯·韦伯提出的科层制让人性服从于理性，组织形态约束了人性的发挥。以马斯洛和人性需求三剑客为代表的"行为科学理论"的发展，进一步明确了企业对员工激励的模式和方法。传统组织是马克斯·韦伯的科层制，员工成为"组织人"。在科层制组织中，员工日益成为毫无个性、毫无个体意愿，只是组织机器中的"标准部件"。"组织人"是工业文明时期组织对于人的基本假设，员工被物化，成为被管制、被驱动的"组织人"。在硅谷悖论中，小公司做大以后，最终变得官僚和僵化，根源在于对员工的激励。为避免硅谷悖论，激发个体的三个途径包括管理层的激发、员工自我驱动、员工相互激励。

相对于小企业，大企业的激励缺乏主动性和创造性。在科层制下，管理者和被管理者处于博弈状态，增加了管理成本。管理者极力防止员工"磨洋工"，员工缺乏主动性。传统的层级式、官僚式的组织管理模式成为阻碍与顾客共同创造价值的最大障碍，因为，僵化的管理体制限制了组织的灵活性与创造性。只有采取自主管理方式，颠覆雇佣制，才能让员工从"组织人"转变为"自主人"。随着组织的扁平化和网络化，自主管理要求基于创新的机制释放人的潜能。互联网时代，以知识型员工为代表的"新就业"正在形成，人力越发是企业资源而非成本。随着技术不断进步，信息操作和智能制造等知识型岗位越来越多。同时，就业方式也在改变，由固定用工逐渐变为灵活就业。组织要激发活力，更多的是要以文化价值去约束和引领员工，而不是靠严格的制度规则、严格的控制体系去固化员工。要使企业的每一个人成为自己的主人，即自主管理，从重视管理层转变为重视员工自主性。只有把庞大的、官僚的他驱动组织变成活力十足的自驱动组织，把员工从上级命令的约束中解放出来，变成自我管理、自我增值，企业才能踏准时代的节奏。

自我管理是未来重要的趋势之一。传统的管理越来越难以适应以零距离、快速迭代、去中心化为特征的互联网时代。员工正在成为发挥自我智慧的创客，企业则要成为创业生态平台。企业逐渐从科层制组织变成创业平台。企业是无边界的，资源不再是集中在企业内部，而是呈现"分布式"状态。就业呈现自我雇佣状态，企业的员工可以来自内部也可以来自外部，作为一个"自由连接体"的接口人（Link Leader）为企业工作。企业战略变革对于人力资源管理的影响主要体现在企业经营本质、组织形态变化、员工价值释放三个方面。随着企业边界的开放，组织成为让员工施展才能的平台，以员工自我驱动、自我实现为主。通过实施自主管理，将个体目标与组织目标结合起来消除管理成本，将市场机制引入组织内部以避免组织僵化，打破官僚科层以营造创业创新的文化（见图 12-10）。

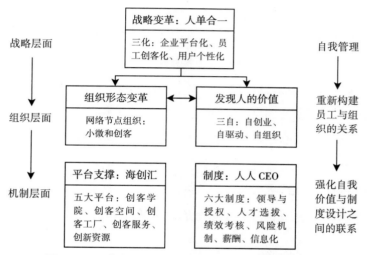

图 12-10　海尔人单合一模式对于人企关系的重构

管理的核心是人的管理。按照钱德勒的观点，组织跟随战略。在设定战略目标之后，组织结构和形态随之发生变化。组织结构和组织形态的变化，意味着对于员工价值、员工与组织关系的重塑。与组织的变革相对应，人力资源制度也需要作出相应的变革，以适应"人的假设"的改变，以及管理模式的改变对于员工价值的新要求和新调整。从海尔人单合一变革的过程来看，其核心其实就是变革人、发展人，挖掘每名员工的活力和潜力。基于尊重人性、解放人性的核心理念，海尔改变了工业经济时代企业、用户、员工之间的线性关系。海尔人单合一模式以企业平台化、用户个性化、员工创客化为战略创新，把三者融合塑造为共创共赢的创新生态圈，而人的变革为海尔创新生态的持续繁荣和生生不息提供驱动力。员工创客化是海尔人单合一模式的主要特征之一。自主管理对大型企业而言挑战极大，要实现企业从原来以控制和职能为主，变成"人人创客"的生态圈，变成一个创业平台、创客平台，这意味着原来所有组织形态和制度设计的彻底颠覆。归根结底，管理关乎人性。激励人性、尊重人的价值是互联网时代所塑造的自由市场中企业管理的基本前提。所以，海尔希望通过人单合一模式对企业中"人"的价值和意义进行重新定位，围绕人的思维进行管理创新，探索如何重新定义人在组织中的角色与意义、人与企业的关系，如何真正尊重人性，承认个体本身具有的独立价值，从而激活人的价值创造潜能。

第十三章

产业变革情境下海尔管理创新的意义

中国是产业大国、产品大国、企业大国，实体经济的发展尤其能够引致管理模式的创新。制造业领域"大而不强"的改变需要管理创新，中国制造的转型升级需要管理创新。作为中国制造业最辉煌时期的标杆，海尔的转型从一开始就不只是海尔自身的个体实践，从行业层面来讲，它代表了中国实体经济转型的一种方向探索，具有强烈的样本和示范意义。

1

时代性：新工业革命背景下的组织变革

管理创新永远要跟得上时代变革的步伐。互联网经济促生了新模式和新业态，管理如何跟上技术和时代的发展？以企业平台化、用户个性化、员工创客化为主要特征的人单合一管理模式体现出海尔的生存智慧，是海尔对互联网时代特征的把握，是海尔对新工业革命的主动调整性适应，是海尔主动进行自我否定和超越的探索。人单合一模式开创了后科斯时代，是一种互联网时代的生产方式。

实现智能化转型升级

海尔正在为传统制造企业如何利用"互联网+"实现转型升级探索路径。互联网时代制造业变革频起，"小米"重塑了智能手机行业，以"生态组织"为特征的乐视来自娱乐产业，这些跨界者来势凶猛，轻资产、零库存、零营销费用、按需定制，这种创新模式让几乎所有的传统制造业企业不寒而栗。如何利用互联网改造传统产业，成为制造业者的共同"焦虑"。海尔力图把自己定位为一家互联网企业，为此实施了网络化战略。在海尔，谈论最多的就是"假如海尔明天就死掉"。海尔也在时刻关注互联网企业的创新动向，如小米、特斯拉、谷歌、阿里巴巴等，海尔随时警示自己，竞争对手一定来自互联网，颠覆只是一夜之间的事情。人单合一模式适应了互联网时代"零距离""去中心化""去中介化"的特征，将金字塔结构的企业组织，转变为平面的、并联状态的组织结构。各个节点直接与自己的客户发生关系，所有节点共同为用户创造价值。在这一结构中，原来的业务部门转变为小微企业，而用户取代上级领导，成为企业运转的唯一中心。

智能化和数字化是德国工业 4.0 的显著特征。海尔认为，工业 4.0 就是要打造互联工厂、黑灯工厂。机器人和生产线可以对话，自动接收用户需求信息，并进行生产制造，满足个性化需求。海尔探索互联工厂模式，打造 COSMOPlat 工业互联网平台，以用户为中心,从交互、设计、制造、物流全流程参与,构建社群经济下的诚信工业新生态,驱动大规模制造到大规模定制。海尔 COSMOPlat 平台能够满足用户无缝化、透明化、可视化的最佳体验,并在企业价值创新方面体现出高效率。以胶州空调为例,其已经实现新产品开发 100%用户参与设计,定制占比 10%以上,定单交付周期缩短 50%。海尔正在将 COSMOPlat 平台打造成一个智能制造生态服务新产业,实现互联工厂大规模定制模式的社会化复制。

工业互联网成了全球竞争的技术制高点,各主要国家纷纷大力研发工业互联网平台,如美国通用电气公司(GE)的 Predix 平台、德国西门子公司的 MindSphere 等。有别于美国由信息化带动工业化、德国由工业化带动信息化,也不是简单的"机器换人",海尔 COSMOPlat 平台是在互联工厂模式的核心基础上,将互联工厂简化、软化、云化,形成了一个以用户为中心的社群经济诚信新工业生态,形成了全球引领的具有自主知识产权的工业互联网平台。

海尔认为,今天不主动变革,明天企业就不存在了。互联网时代,国外的独角兽企业才几十人,国内企业如小米也才几千人。智能化逼迫企业必须减人,扁平化也使中间层成为冗余。海尔"调整"了四类人,业务外包、智能制造、中层领导,以及"在册"员工通过创业变为"在线"员工。所谓的"减员",对于海尔来说是一场巨大的人力资源变革实验。"在线/在册"是海尔的专有人力资源管理词汇,"在线"意味着开放,组织界限不再清晰明确，内外之间不再泾渭分明。在海尔的平台上，"在线/在册"员工共同创造价值。

探索新模式和新业态

海尔正在探索互联网时代以创新生态为特征的新模式和新业态。**互联网与共享经济在颠覆组织模式，在重构组织与人之间的关系**。在工业时代，产业融合的速度慢、程度低、范围有限，产业融合也主要发生在信息产业内部，而互联网的发展为产业的融合发展提供了无限的可能。互联网与各行各业融合创新步伐加快，其产生的化学反应和放大效应不断变革研发设计、生产制造和营销服务模式，成为制造业转型升级的有力引擎，促进新的产业业态不断涌现。互联网一切皆可连接，信息技术把大量的闲置资源连接和整合起来，降低信息搜索、决策和执行成本，减少了信息不对称，使原本不可能达成的交易成为可能，实现资源的集约化与共享。像滴滴打车、摩拜这种组织模式，与传统的雇佣关系、与传统的组织与人之间的关系完全不一样。共享经济的这些新组织，根本不是建立在传统组织的基础上。它横空出世，根本没有所谓的组织进化、演化过程，就是出现一个全新的组织，直接颠覆原有的组织模式。

互联网时代将取代工业时代，生态协同将取代专业分工。生态模式必定与传统工业化时代下的思维、经济理论是相背离的。工业化强调专业化分工，企业要在一个擅长的领域做精做深。但从工业时代进入到互联网时代，时代的变革必然对商业模式、经济理论产生变革。利用互联网，把不同的业务当作一个产业来运营，给用户提供的是完整的服务，把内容、科技和互联网三者结合起来，是一个完整的服务生态和价值提供。通过互联网这个纽带将其完美地融合到一起，产生强烈化学反应，创造出完全不同的产品体验，为用户带来更大的价值。人单合一模式一定要成为时代的模式，就要颠覆各类传统的经典案例，不仅是互联网时代的引领，在物联网时代也要引领。人单合一一定体现为小微引爆，而引爆的方向在社群经济，社群经济创新是三元关系的创新，企业和用户、用户与用户之间的关系，是一种实现用户终身价值的品牌关系，用户的终身价值就是用户一定要参与。最为重要的是，海尔生态圈中就包含着家电制造、互联网金融、物流配送等各个板块和体系，实体制造以及互联网服务等业务板块混合在一起，以互联网为手段实现生产性服务业与实体经济相结合。

重新审视管理的内涵

产业的生态化发展要求重新审视"管理内涵"。传统的竞争是以三个假设为基础的，但是这三个假设在今天已经不成立。第一个假设是企业的边界十分清晰，但是现在原本十分清晰的企业边界正在变得模糊和重叠。第二个假设是所有的产业都具有不同的特征。今天许多行业已经逐渐走上了融合的道路，已经不大容易区分某项产品属于何种类别，每项产品对于消费者有什么不同意义。最典型的是个人电脑。个人电脑属于哪一类产品？它的主要功能是家庭娱乐、工作、休闲，还是辅助生产工具？其实都不正确，只不过要看当时使用的目的来决定。第三个假设是可以通过产业政策规划未来。但是，在目前激烈的市场竞争当中，不可知的因素越来越多，变革随时随地都会出现，因此很难预测未来。因此，新工业革命在冲击传统的组织文化、组织制度、组织结构、人力资源管理等理念的同时，也给人们带来一种全新的理念。

产业的边界正在变得模糊化。竞争不再是敌我分明的经济利益的竞争，而是对新兴商业的主导权的竞争。各行业之间的界限越来越不清楚，尽管商业利益之争仍然存在，但是基于核心技术知识产权控制打造商业生态才是竞争优势的真正源泉。事实上，不应该再使用产业这个词，因为它失去了实际意义，它会使公司分不清谁是竞争对手。如乐视和小米，它们不在产业界定范围之内，但却在试图开创全新的竞争空间。正是基于这些原因，广义的"机会领域"而不是狭义的"产业"才是我们关注的重点，例如，互联网金融是一个领域，而金融业是一个产业。此时，如果再问一个企业：你的主营业务是什么？你属于哪个行业？甚至问你的战略是什么？这些问题都难免陷入"工业思维"的窠臼。

海尔的人单合一模式就具有分享、融合的新特性，如果有一天海尔不再是一个家电制造企业，而成为一家互联网企业；如果海尔甚至都不再是一个"企业"，而成为创客和用户（两者互有重叠）"自娱自乐、共创共赢"的社区平台。我们想表达的是，这没有什么好惋惜的，反而应理解为一种幸运。

2

普适性：互联网经济模式下的中国方案

海尔管理模式作为"中国方案"体现出普适性。在互联网时代，必须改变原来企业的制度，也就是管理模式或者商业模式。现在全世界都在探索新的管理模式，海尔探索了 12 年的人单合一模式，备受关注的海尔管理模式创新符合互联网时代的需求。

组织形态的适应

新工业革命带来社会的全面变革。新工业革命影响所导致的深刻变化或者说革命性变化，绝不仅仅是工业自身，工业革命的影响远远超出工业，还可能极大地改变经济、社会甚至政治等的全方位面貌。以移动互联网、大数据、云计算、智能制造等为代表的科技发展，深刻改变了劳动者、生产资料和劳动对象结合方式，人类社会分工深化到一个全新水平。"互联网"技术在信息交流上最大的突破在于，我们每个人本身都是这张"网"的一个信息点，既是信息的供给者，也是信息的使用者、受益者。互联网时代的基础在于"人"。而当一个"以人为本"的巨大消费市场被开启后，其价值导向势必会向上游产业传递。长期以来，缺乏人性化设计，处在模仿、跟随阶段的中国制造业，都将因为得到精准的消费数据分析而实现自己的突破转型。尤其重要的是，不能忽视正在发生的新工业革命对我们生产、生活的革命性影响。

产业技术变革引发生产组织体系的调整，赶超机会正在出现。在管理模式创新方面，无论是在直道上还是在弯道上，要"超车"都是很难的，海尔做的是"换道超车"，从传统的线性管理的道换到互联网的道上来。海尔管理创新体现在组织形态、生产模式、员工价值等方面。在组织形态方面，非常灵活的水平网络组织正在逐步取代官僚制的集中管理，分权网络与灵活安排开始成为新的效率原则和组织行为，这将从根本上改变现有企业的组织形态与生产体系。在生产模式方面，多样化和适用性产品偏好正在推动大批量市场转向高度分化的市场，动态的需求类型正在引导规模经济、范围经济与专业化的自由组合关系。在员工价值方面，员工的主动性、合作性、积极性与灵活性开始成为企业生产的基本要求，"终身学习"已经成为最重要的资产。

海尔的"人人创客"运动，就是要将海尔打造成一家超越各种文化差异，具有普世价值的企业。这种具有普世价值观的文化就是海尔的"创业"和"创新"文化，海尔把创业和创新视为自己人单合一管理模式的文化基因。人单合一模式已经走出国门，复制到海尔并购的日本三洋电器、新西兰的斐雪派克，都产生了很好的效果。所以，海尔的管理创新是中国企业在实现赶超、从大到强路径上的重要实验，随着管理创新的突破，制度设计也要做出相应的反应，只有这样才能抓住新工业革命带来的新机遇。"双创"时代，要把大企业的创业与全社会的就业结合起来，给予政策引导、资源支持，提高创业成功率；鉴于工业互联网平台将成为第四次工业革命的核心，建议从政策及法律层面支持具有中国知识产权的工业互联网平台的建设。

需求升级的需要

消费升级倒逼组织变革与创新。未来谁拥有消费者谁就拥有一切，消费者是企业竞争的制高点。任何一个组织，必须是以消费者、以顾客、以客户为核心的组织。组织的变革必须围绕用户价值，企业的价值导向从产品导向变成了消费者导向、客户导向。随着消费需求的升级，用户更关注产品的体验价值，开始追求高品质和体验，这就改变了企业的价值取向，企业需要通过创新生产和提供更高品质的产品，需要创新导向、用户导向。提高创新能力，必须要有创新的文化氛围，创新的组织结构，必须要有高素质的人才和有利于创新发挥的组织环境。激发组织活力，更多的是要以文化价值去约束和引领员工，而不是靠严格的制度规则、严格的控制体系去固化员工。组织必须学会用高素质的人才，尊重他们的个性。未来，对人才来说最重要的是要充分信任、充分授权。企业需要构建一个信任体系，真正把责任、权力让位给一线员工，真正建立组织信任机制，实现人才的自驱动，只有这样才能激发组织的活力，才能提升高素质人才的价值创造能力，从而为客户提供高品质的产品服务。

个性化需求已经成为主流趋势。用户需求时刻在加速变化，日益呈现个性化与多样化的价值诉求。企业的触角必须能够快速感知市场需求的变化，资源的分配要向"听得见炮声的人"倾斜，从而消除市场冲击距离，使企业更贴近客户，能够洞悉并快速响应客户需求。只有减少组织层级，建立更加扁平化的组织，避免传统组织中条块分割、壁垒森严的状况，才能更好地洞悉消费者需求，快速响应消费者需求。消费者主权意识在崛起。产消者的出现体现了个体力量的崛起，他们要求对产品服务的知情权与参与权。组织打破边界，更加开放，甚至组织、员工与外部客户的边界越来越模糊，出现了身份互换，甚至合二为一。人力资源的边界延伸到了消费者，延伸到了客户，企业不得不看重人力资本的资源价值以及市场价值，也倒逼着企业要拆除边界，要开放融合。

产业生态指企业与合作伙伴构筑了一个生态圈，用户可从中获得超过一家企业的产品和服务，同时用户体验不会被割裂，而是能够无缝对接。所谓生态圈，就是以开放和创新为理念，通过不同业务之间的协同，打造整体竞争力。从包含的业务内容上来说，生态分为完整生态和局部生态。生态越完整，用户体验越完整，创造用户价值的潜力也更大。组织要打破基于分工的功能式组织结构，由垂直协同到平行协同，整合内外资源去创新消费者价值，去重构消费者价值，去打造平台化组织，去构建组织新生态，实现组织内部的平台化、小微化以及外部的生态化。

引领使命的体现

中国制造正在实现"由大到强"的赶超，中国企业因正在失去对标而需要实现引领，同时，新工业革命背景下中国企业的管理创新模式正在涌现。中国企业"从大到强"需要管理创新，把握赶超"机会窗口"需要管理创新。当前，产业革命为技术赶超打开了机会窗口。尤其可以感到兴奋的是，中国这次不再是一个彷徨的跟随者，而有机会成为时代的引领者。

中国企业如何在互联网时代从原来的学习模仿上升到引领的地位？中国工业发展成为世界奇迹，企业的经营规模很大，除了GE、特斯拉等，中国企业很难再实施对标发展，时代要求他们必须跑赢大市、优于同行。但到今天为止，企业的管理模式和管理思想还是学习和模仿西方。现在互联网正在颠覆传统管理理论，全世界企业处于同一起跑线。工业时代的管理学理论已经失灵，过去，我们在理论和思想上都是沿着工业社会的思路，跟着美国和欧洲走，但是，在网络技术和互联网应用创新领域，我国已经走到无人区，中国企业界应该承担更多的责任，勇于探索。因为，如果企业的制度和管理模式不对，就不存在真正的科技创新。如果企业的制度和管理模式对了，就会带来更多的科技创新。

海尔的人单合一模式创新主要体现在管理模式和制造模式两方面，以及管理模式的社会化应用。科层组织和大规模制造是传统管理学理论的两大柱石，海尔正在进行颠覆。在管理模式上，海尔提出人单合一，"人单合一"中，"人"是指员工，"单"是指用户价值，"合一"意味着员工和用户的零距离连接。海尔把"用户需求"和"员工价值"两者结合起来，提出"人单合一"模式，扩大并平衡企业、用户和员工三者的利益，并实现共创共赢生态圈的多方共赢增值。海尔把战略创新、组织创新、机制创新作为推进人单合一模式的驱动力，持续探索互联网企业创新模式。通过消灭中层，海尔变成了一个创业平台，平台上面的每个人只要有好的创意都可以创业，从而使企业变成上千个创业团队、小微团队。用户付薪是最为明显的变革，按照创造的市场价值提取薪酬，如果没有市场价值就要解散。海尔不再是一个出产品的公司，而是变成生产创客的平台。人单合一模式的本质是"用户零距离"，这代表着将来企业发展的方向。以 COSMOPlat 平台为代表的智能制造模式成为全世界制造业向互联网转移的第三极。德国工业 4.0 希望信息服务于制造实体，美国先进制造计划则认为可以从信息来控制制造业，海尔把两者联系起来实现内外均衡。海尔的互联工程以用户需求为核心，产品按需生产，实现用户定制化。

相对于德国的制造优势，美国的互联网优势，中国企业完全有可能把这两者结合起来。一个得到普遍认可的观点是，互联网时代只有中、美两个竞争者。从技术角度看，美国互联网时代的开创者，也是全新的引领者。中国则有巨大的用户市场优势，比如支付宝、微信、共享自行车等创新性应用。再加上巨大的网民数量和规模为发展互联网经济和智能制造提供了用户基础，两者的融合将会扩大到越来越多的产业，而且新产品和服务、新型商业模式也将不断涌现，甚至出现很多原创性的创新。通过人单合一模式的探索和应用，海尔已经走在世界的前面。例如，海尔兼并日本三洋后 8 个月就让连续亏损 8 年的三洋白电止亏。所以，创业追求不是第一，而是唯一。互联网为中国企业带来引领的唯一机会，这项革命性技术将帮助中国实现经济的赶超，以及企业

乃至社会组织模式的创新，甚至加速文明的进程。海尔所进行的
管理变革探索不应该是企业家的"独角戏"，也不应该是海尔一
家企业的责任，而应是时代巨变背景下、强国战略推动下、民族
复兴道路上所有中国制造业企业的集体追求。

3

社会性：以塑造人的价值推动知识管理

人单合一不只是一种商业模式，更是一种社会模式。既然是
一种社会模式，就不仅仅存在于企业间，应该在社会各个层面都
可以应用。社会运转模式及文明基因的改造，是互联网时代给予
中国的更重大机遇。中国黄仁宇先生在《中国大历史》一书中，曾
一针见血地指出：中国历史发展中各个朝代都面对如何有效管理
社会基层的技术问题。"大众创业 万众创新"这一创新范式体现
了鲜明的创新社会化、民主化、开放性特征，推进了政府自我革
命，进一步重塑了政府、市场和社会之间的关系，实现了"看得
见的手"与"看不见的手"联合发力。当代经济社会生活中，创
业创新成为一个最基本的社会现象。创新不再是某些企业、科技
机构和专业技术人员的专属，每个普通人都可以在开发新产品、
新技术和提供解决方案中发挥重大作用，创新成为一种社会成员
广泛参与、公开透明、自下而上、分权决策的民主化组织形式。

海尔的创业平台完全可以和"双创"结合起来。在中国蓬勃

兴起的大众创业万众创新热潮，以其参与人员类型之多、创业创新模式之繁、显现出的活力之强，显示出鲜明的实践性、方向性、前沿性特征，其之所以可能，必须从新兴产业变革、创新方式演进、商业模式创新等方面的现实逻辑来理解。以移动互联网、大数据、云计算、智能制造等为代表的科技发展，使创业创新已不再是"小众"专利，而是具有鲜明的大众化特征，海尔的平台化创业创新模式只是众多商业模式创新中的一种。以海创汇创业平台为例，其深刻改变了劳动者、生产资料和劳动对象的结合方式，具有零边际成本特征，众多的创业者都能找到"用其智、得其利、创其富"的机会和舞台。

信息社会是普惠经济。从工业 1.0、工业 2.0、工业 3.0 的发展历程中，可以发现这三次工业革命的关键分别是人才洼地、人才管理、人性激发，这根以人为核心的主线贯穿了前三次工业的始终。中国企业的智能制造进程，不能简单把机器人等自动化设备或者 ERP/MES 等信息化作为推进"中国制造 2025"最重要的关注点。无论是自动化还是信息化，其实质都是工具，企业的灵魂与核心还是人。

德国工业 4.0 也在强调人的价值，如反复强调如何管理复杂系统、如何保证人身安全、如何优化工作的组织与管理、如何培训员工技能及拓展他们的职业发展……这些以人为中心的问题都是工业 4.0 重要研究的内容。GE 将工业互联网定义为三个关键要素——"智能机器、高级分析、工作人员"，人也是其中的重要因素。"中国制造 2025"中更重点提出"以人为本"的基本方针，"坚持把人才作为建设制造强国的根本，建立健全科学合理的选人、用人、育人机制，加快培养制造业发展急需的专业技术人才、经营管理人才、技能人才"。随着自动化、数字化、网络化、智能化的快速发展，智能制造已经成为企业转型升级的重要手段，在这个过程中，对人的要求要越来越高，我们不能像以前大规模生产时一样，对员工实行简单的管理，而应该像泰勒在《科学管理原理》中写的："工人和管理者双方最重要的目标是培训和发掘企业中每个人的技能，以便每个人都能尽其天赋之所能，以最快的速度、用最高的流动生产率从事适合他的等级最高的工作。"

中国制造业升级需要越来越多的高素质"知识工作者"（"知识工作者"是德鲁克在 1959 年《已经发生的未来》中第一次提出的概念），这些知识工作者将是企业研发、生产、营销、管理的核心力量，但要管理好这些人才，我们不能靠传统的科层管理模式，而应该让他们发挥出更大的内在积极性，达到一种自组织、自激励的管理模式，使他们由普通的员工升华为一种富有创新能力、富有激情的"创意精英"。企业应踏踏实实地以人为本，充分发挥人的价值。在这一方面，海尔已经做出了表率。海尔管理创新的更深层意义在于提升中国模式在国际市场的影响力，人单合一模式已被国际管理学界广泛认可，奠定了中国企业在全球管理第三次时代变革中的引领者地位。

一个历史事实是，西方思维偏向精确的、静止的个体还原论概念，在工业时代取得了莫大的成功；东方思维则更关注模糊的、变化的整体协同概念，先天不适合工业时代。但是今天的人类正处在从硬邦邦的工业社会向充满流变的信息社会转型的过程之中，新理论、新思想和新制度很可能在我们这样的东方大国萌生。

附 录

海尔的五个发展
战略阶段

名牌战略（1984 年~1991 年）

观念

这一部分体现了三点：一是机遇，二是观念，三是目标。海尔抓住改革开放的机遇，以"要么不干、要干就要争第一"的观念，所要达到的目标就是为用户提供当时最渴望的高质量产品的体验。当时抓住改革开放机遇的企业非常多，但以这种观念去干的并不多，很多人觉得原来设备差，现在引进很好的设备，产品比原来要好得多，市场又供不应求，只要卖产品就行了。但海尔并没有这么想，当时的目标就是为用户提供他们最想得到的高质量的产品。当时中国是短缺经济，不是好不好的问题，是有没有的问题，只要能买到就不错了。但是买到高质量的、无懈可击的产品在当时是一种奢望。海尔抓住机遇和要干就干第一的观念都是为了满足用户的需求。这就是战略制定的同的方面，就是为用户创造高质量的体验。

差异化的路径

要实现战略目标，得有和其他企业不一样的差异化的路径，那时海尔的路径就是"砸冰箱"。"砸冰箱"砸的是一种观念，当时人们认为产品出现一点问题是正常的，也有些人认为只要引进了先进的设备和技术，产品质量就没问题了。这是错误的，先进的技术和设备是必要条件，但人才是充分条件，人是关键因素。

同行业的路径

海尔要走出一条差异化的路径来，靠提高人的素质，而不是仅仅依靠引进的设备和技术。当时同行业的路径是，产品已经供不应求了，要全力以赴上产量。海尔走了一条不一样的路，所以到 20 世纪 80 年代末期，市场稍微有点波动，很多企业的产品就卖不出去了。

海尔成果

成果体现在两方面：一是市场，二是管理。从市场角度来看，1988 年海尔获得了冰箱行业第一枚金牌，当时在中国是没有企业获得过金牌的，所以老百姓的关注度非常高。这枚金牌对当时海尔在行业中的地位奠定起到了非常大的作用。1990 年海尔获得国家质量管理奖，1991 年海尔又获得全国十大驰名商标，这都是很高的评价。从管理角度看，1990 年海尔获得企业管理金马奖，这也是国家级的奖励。同时，海尔开始推行自主管理班组。从 20 世纪 80 年代起海尔就开始搞自主管理了，与今天的自主经营体可以说是一脉相承。

复合增长率

七年当中营业收入的复合增长率是 119%，几乎每年翻一番；利润也是每年环比递增 80%，将近翻番。

附表 1　海尔的名牌战略

名牌战略		
时间	1984 年 12 月~1991 年 12 月	
观念	抓住改革开放的机遇，以"要么不干，要干就要争第一"的观念，为用户提供当时最渴望的高质量产品的体验	
差异化路径	海尔通过"砸冰箱"及自主管理班组等活动，创出一条以提高人的素质而非仅靠引进设备、技术生产高质量产品的差异化路径	
同行业的路径	产品在市场上已经供不应求，集中力量上产量忽视质量	
海尔成果	市场	1988 年：第一枚冰箱行业的金牌 1990 年：国家质量管理奖 1991 年：全国十大驰名商标
	管理	1990 年：企业管理"金马奖" 自主管理班组
复合增长率	营收	119%
	利润	80%

2

多元化战略 （1991 年~1998 年）

观念

在观念上海尔抓住了邓小平南方谈话的机遇，马上进行兼并和工业园的建设。在这之前，如果企业要做除冰箱之外的其他产品是不可能的，海尔抓住机遇的目的，是树立要制造多元化高质量的产品的观念。所以海尔兼并了很多企业，包括洗衣机、电视机、空调。海尔通过兼并，一下进入了很多领域。但进入很多领域只是手段，不是目的。最终目的是为用户提供他们所希望的系列白电高质量的产品和服务。很多企业尚在抓质量，海尔却已经提出了星级服务，更往前走了一步。

差异化的路径

实现目标的差异化路径就是被哈佛商学院采用的"海尔文化吃休克鱼"案例。按照这一思路，海尔兼并了 18 家企业，创出一条靠企业文化、将人的因素放在第一位的兼并道路。当时海尔提过一个口号，就是"多换思想少换人，不换思想就换人"，注重的就是提高人的素质，改变人的观念。这和很多企业的兼并完全不一样。

同行业的路径

一种是兼并了很多企业，最后垮掉了；另一种是提出来做专业化，不做多元化。当时海尔受到很多的攻击，认为海尔做多元化肯定不行。但张瑞敏觉得问题不在于是专业化还是多元化，而在于企业是否有一个可以给用户提供系列的、高质量产品和服务的体系，如果没有，专业化和多元化都没用。这个时期很多企业都开始意识到质量的重要性，又忙于补质量这一课，顾不上服务体系的建设。而当时海尔已从质量开始向星级服务发展了。实践证明，如果一步赶不上，可能步步赶不上。

海尔成果

从市场角度来看，海尔初步建成了全国第一个家电工业园。这个工业园其实也是赶上了邓小平南方谈话的机遇，当时海尔账上可以调动的资金只有八千万元，但建工业园需要 15 亿元。用八千万元建一个需要 15 亿元的工业园根本不可能，但因为小平的南方谈话提出要开放资本市场，所以海尔冰箱股票在上海上市，一下就募集到 4 亿元资金。将这 4 亿元存到银行，很多银行就给海尔贷款了。即便这样钱还是不够，海尔当时还采取了很多途径，如现在的滚筒洗衣机厂房，2 万多平方米，但海尔第一步只建了 1/3，8000 平方米。然后一边建着厂房一边在市场上销售产品，有了钱再建第二个 1/3，按照这个思路再建第三个 1/3，这样就不会因资金形成很大的压力。所以，目标肯定要坚定不移，但实现的路径一定得实事求是，因地制宜。从管理角度看，1995年，日清管理法获得国家管理一等奖，没有"日清日高"这个基础，人单合一大概也做不起来。其实现在战略损益表的第三象限，实际就是"日清日高"的基本概念。

复合增长率

营业收入从原来的 100% 多降到 56%，利润从 80% 多降到了 50% 多，因为基数变大了。

附表 2　海尔的多元化战略

多元化战略		
时间		1991 年 12 月~1998 年 12 月
观念		抓住南方谈话的机遇，以制造多元化高质量产品的观念，为用户提供所希望的系列白电高质量的产品和服务
差异化路径		通过被哈佛采用的"吃休克鱼"案例的思路兼并了 18 家企业；创出一条靠企业文化，将人的因素放在第一位的兼并道路
同行业的路径		做专业化不做多元化，忙于补抓质量顾不上服务体系的建设
海尔成果	市场	1992 年至 1995 年 5 月初步建成全国第一个家电工业园
	管理	1995 年"日清日高"管理法获国家管理一等奖
复合增长率	营收	56%
	利润	51%

3

国际化战略 (1998 年~2005 年)

观念

这 7 年海尔在观念上抓住了中国加入 WTO 的机遇。以出国创牌，而非出口创汇的观念确定了海尔的定位。要达到的目标是为用户提供价值。但当时海尔还做不到这一点，海尔以三步走的战略倒逼自己，首先看自己的差距到底是多少。

差异化路径

实现这个观念的差异化路径：一是在美国南卡建厂，二是购并意大利工厂。这两个举措当时引起了很大的争议，当时媒体说美国的工厂都到中国来设厂，海尔反其道而行地跑到美国去设厂，最后肯定以失败告终。虽然海尔到美国去设厂肯定没有成本优势，但今天看来这一决策是对的。里夫金在《第三次工业革命》里写得很清楚，全球化的下一个趋势就是洲际化，原因就在于用户的个性化需求。今天，海尔要满足美国当地消费者的需求，没有这个南卡的工厂是不行的。并购意大利工厂也曾被记者认为是一个最愚蠢的决定。但实践证明这一决定并不愚蠢。在德国市场上卖得很贵的产品，就是意大利工厂生产的。

但是，市场兼并的过程暴露了海尔在国际化方面的巨大差距，所以海尔要提高员工的素质，使其成为国际化的人才，并通过这些人才推进海尔国际化战略的实施。

同行业的路径

当时，同行业宁在国内喝汤也不到国外去啃骨头的观念决定了他们做定牌而不是创牌。海尔认为中国加入 WTO 是"狼来了"，海尔要"与狼共舞"就得成为"狼"。笔者这次在德国遇到了一个留学生，他说德国商学院的老师给他们讲海尔的案例，说海尔之所以能成功，是因为别的跨国大公司都到中国去的时候，只有海尔提出来要做"超级狼"。当时很多中国企业觉得做不过跨国大企业，那么就让跨国企业去占领大城市，自己到农村去。但国际化大公司的战略是赢家通吃，不光是城市，农村也要进去。

海尔成果

从市场的角度看，这七年海尔建立了海外市场 18 个，营销公司 17 家，研发中心 9 家（现在全球共 5 大研发中心）。当时的研发中心和现在的不一样，当时只是找了一个小研究所，就是为了和海外制造、海外营销配合起来做"三位一体"。从管理的角度看，海尔当时从"日清日高"推到市场链，市场链的管理案例在 2000 年进入瑞士的洛桑商学院。当时海尔就提出让人人成为 SBU，实际就是要让每一个人都成为一个盈利的单位。这是人单合一的前提。

复合增长率

这期间海尔的营业收入降到了 27%，利润降到了 10%。很重要的原因就是进到国际市场后，利润的增长受到非常大的影响。因为通常的规律是，如果要在母国以外的国家创出当地化的名牌，需要经过八年的赔付期，也就是先要赔八年钱。

附表 3　海尔的国际化战略

国际化战略	
时间	1998 年 12 月~2005 年 12 月
观念	抓住加入 WTO 的机遇，确定出国创牌而非仅出口创汇的观念；在与国际接轨中，以三步走的战略倒逼自己
差异化路径	通过在南卡设厂及购并意大利工厂暴露出海尔的差距；创出一条提高员工素质，使其成为国际化人才，以推进国际化战略实施的道路

续表

国际化战略		
时间		1998 年 12 月~2005 年 12 月
同行业的路径		能在国内喝汤也不到国外啃骨头的做定牌的道路，并且没有像海尔那样建设自己的专卖店体系，只能受制于大连锁
海尔成果	市场	在这七年中建立了海外工厂 18 家，营销公司 17 家，研发中心 9 家
	管理	"市场链"管理案例于 2000 年进入瑞士洛桑商学院，并推进人人成为 SBU
复合增长率	营收	27%
	利润	10%

全球化品牌战略 (2005 年~2012 年)

观念

这 7 年海尔在观念上抓住了互联网时代的机遇。从原来满足大规模制造转变为现在满足用户个性化需求的观念，加快"走上去"的步伐。从创造用户的角度和创造用户满意体验的角度，实现为全球用户提供白电引领体验的目标。

差异化的路径

通过零库存下的即需即供来推进并建立社区店，配以建成的三专店体系，建立一条以企业为中心到以用户个性化需求为中心的道路。首先改变观念，做到零库存下的即需即供。如果用户要，海尔就能马上提供，如果用户不要，也不会形成库存。当时推行零库存下的即需即供时遇到非常大的阻力，一线销售人员说，如果这样海尔很多产品就卖不出去了。卖不出去就停下来，停下来怎么办？停下来倒逼海尔的体系。因为零库存下的即需即供是倒逼整个体系去满足用户个性化需求，而不是各自为政，实际上它对海尔组织结构的改变起到了非常大的推动作用。

在营销体系上，第三个战略阶段海尔开始建立专卖店，当别人还依靠大连锁时，海尔又进了一步，开始建立社区店，建成三专店，这些体系直接面对用户，直接满足用户需求，加上零库存下的即需即供，完全形成一个综合的体系去实现从以企业为中心到以用户个性化需求为中心的转型道路。

同行业的路径——还是在打价格战

海尔成果

从市场的角度来看，建立了五大研发中心，这些研发中心与原来的 9 个研发中心完全不一样，是平台型的研发中心。例如，这次欧洲考察，王晔很快在当地找了两个由研发中心整合的研发力量来进行演示，这就是平台的作用。原来靠海尔自己的力量来研发，现在是整合力量。这有点像宏观维基经济学里说的"世界就是你的研发部"。

张瑞敏觉得平台就是信息的增值，信息在这个平台上可以不停地给我们提供更高的价值。原来研发中心指的是有多高能力的研发人员，研发机构就有多么高的能力。现在则是能整合到什么样的能力，就代表研发中心有什么样的能力，所以这五大研发中心完全是平台型的，以此形成"世界就是海尔研发部"的开放体系。另外，海尔成功收购三洋白电、新西兰的斐雪派克两个资源，形成白电引领的必要条件。

从管理的角度来看，就是人单合一双赢管理模式已经成为世界多家商学院的案例。但只是成为案例，还没有真正成为一个非常成熟、可以向每个方面推进的商业模式。

复合增长率

从复合增长率来看，营业收入这七年降至新低，但利润上来了，利润从原来的10%增长到32%。为什么利润增长很快？很重要的原因就是人单合一双赢，每个人的价值都体现在其为用户创造的价值上了。在正要进入的网络化战略阶段，不仅利润要增长，营业收入也应该以网络化的速度成倍增长，这是很重要的。

附表4　海尔的全球化品牌战略

全球化品牌战略		
时间	2005 年 12 月~2012 年 12 月	
观念	抓互联网时代的机遇以满足用户个性化需求的观念加快走上去的步伐，争取为全球用户提供白电引领的体验	
差异化路径	通过零库存即需即供的推进并建立社区店配以建成的三专店体系创立一条从以企业为中心到以用户个性化需求为中心的道路	
同行业的路径	以企业为中心力图通过价格的博弈获得增长	
海尔成果	市场	建立五大研发中心，形成世界就是我的研发部的开放体系，配以收购三洋白电和 FPA 的资源形成白电全球引领的必要条件。
	管理	人单合一双赢管理模式成为世界多家商学院的案例
复合增长率	营收	7%
	利润	32%

以上是海尔制定战略的总体思路，以这个思路去看已经过去的四个阶段和正在进入的第五个阶段，大家对新的战略应该有更好的认识。

5

网络化战略阶段 （2012 年~2017 年）

2013 年，海尔开始进入到企业的第五个战略实施阶段——网络化战略。在网络化战略发展阶段，海尔提出了向互联网转型的战略方向：企业平台化、员工创客化、用户个性化。

企业平台化，就是企业从传统正三角组织颠覆为节点网状的共创共赢的互联网平台，去中心化、去中介化后，企业内部的三类人不再是领导与被领导的关系，只是创业范围的不同，平台化的目的就是让每个人都来此开放平台上创业；**员工创客化**，原来员工一切命令听指挥，完成上级交代的任务就能拿到相应的薪酬，现在员工已经变成创客、合伙人，自驱动；**用户个性化**，改变了原来顾客和用户是同一的这一认知，针对顾客来说，付款就代表销售结束了，而现在用户的概念则意味着付款才代表销售的开始，因为用户的个性化需求，用户要亲身参与体验，为了满足这种个性化需求，企业工厂也转型为互联工厂，自产自销，也就是根据用户需求，不断交互需求，并进行个性化定制。

海尔开始了组织结构以及互联网模式的转型，并且在工业

4.0 的环境下，开辟出了一条适合自身的工业互联网道路。2017
年对于海尔而言是一个新的关键节点，因为从国际化的角度来
看，海尔正在向外输出。海尔不单单在国际市场上和巨头博弈，
输出自家产品，而且还在输出自家的工业互联网模式以及人单合
一的企业管理模式。

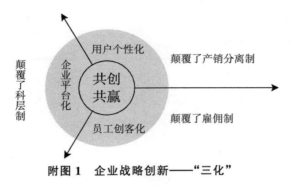

附图 1　企业战略创新——"三化"

2016 年，海尔集团 2016 亿元的营业收入中，原来家电产业
的收入占比由原来的 100%降到 83%，投资孵化及金融控股等其
他产业的占比逐渐加大到 17%，互联网领域业务的比重越来越
大。目前集团共有白电转型、投资孵化、金融控股、地产、文化
五大业务领域，从不同维度承接集团网络化战略。

附表5 海尔的网络化战略

网络化战略		
时间		2012年12月~2017年12月
观念		战略的实施要完全符合互联网时代的要求
差异化路径		
同行业的路径		
海尔成果		
复合增长率	营收利润	人单合一双赢模式的探索，不仅利润，营收也应以网络化的思路倍速增长

参 考 文 献

［1］白长虹，刘春华. 基于扎根理论的海尔、华为公司国际化战略案例相似性对比研究. 科研管理，2014，V35（3）：99–107.

［2］曹仰锋. 海尔转型：人人都是 CEO. 北京：中信出版社，2014.

［3］胡泳，郝亚洲. 张瑞敏思考实录. 北京：机械工业出版社，2014.

［4］胡泳，郝亚洲. 海尔创新史话（1984~2014）. 北京：机械工业出版社，2015.

［5］胡泳，郝亚洲. 知识论导言：张瑞敏的实践智慧. 北京：机械工业出版社，2016.

［6］李勇. 社群和社群经济. 浙江社会科学，2016（2）：56–58.

［7］林志贤. 新海尔模式：制造业互联网再革命. 北京：企业管理出版社，2017.

［8］刘旭，柳卸林，韩燕妮. 海尔的组织创新：无边界企业行动. 科学学与科学技术管理，2015，36（6）：126–137.

［9］［美］比尔·费舍尔，［意］翁贝托·拉戈，刘方著；曹仰

锋译. 海尔再造：互联网时代的自我颠覆. 北京：中信出版社，2015.

[10] 彭贺，李天健，黄斯琴. 张瑞敏：自以为非. 上海：新世界出版社，2016.

[11] 彭剑锋，云鹏. 海尔能否重生：人与组织关系的颠覆与重构. 杭州：浙江大学出版社，2015.

[12] 王淑娟，孙华鹏，崔淼，等. 一种跨国并购渗透式文化整合路径——双案例研究. 南开管理评论，2015（4）：47-59.

[13] 王钦，赵剑波. 价值观引领与资源再组合：以海尔网络化战略变革为例. 中国工业经济，2014（11）：141-153.

[14] 王钦. 人单合一管理学：新工业革命背景下的海尔转型. 北京：经济管理出版社，2016.

[15] 王钦. 海尔新模式：互联网转型的行动路线图. 北京：中信出版社，2015.

[16] 王俞现. 凭什么要学张瑞敏：互联网时代企业转型的海尔实践. 杭州：浙江大学出版社，2014.

[17] 章凯，李朋波，罗文豪，等. 组织—员工目标融合的策略——基于海尔自主经营体管理的案例研究. 管理世界，2014（4）：124-145.

[18] 张瑞敏. 海尔是海：张瑞敏随笔选录. 北京：机械工业出版社，2015.

[19] 张小宁，赵剑波. 新工业革命背景下的平台战略与创新——海尔平台战略案例研究. 科学学与科学技术管理，2015

（3）：77–86.

[20] 赵剑波. 管理意象引领战略变革：海尔"人单合一"双赢模式案例研究. 南京大学学报（哲学·人文科学·社会科学），2014，51（4）：78–86.

[21] 赵剑波. 移动浪潮下的数字化商业. 清华管理评论，2014（10）：18–21.

后 记

　　一直在做海尔人单合一模式的研究，此次承担工信部和中企联的管理 3.0 研究课题，突发奇想，为什么不采用人单合一模式来进行研究项目的管理？如果这次尝试成功了，证明自己还是认真了解了海尔人单合一的内涵；如果不成功，那么自己就是对付了一件事，像此前的无数课题那样。因此，课题组也要成为小微，实施平台化、创客化、个性化管理。

　　首先，课题组是"按单聚散"。我们的"单"就是《海尔管理创新报告 2017》，希望最终能够形成一本书，找最好的出版社、做最精美的设计，通过朋友圈的口碑和传播实现新媒体营销，希望进入京东等网站图书销售的周排名。这是课题组的"高单"。

　　其次，课题组的"高人"由来自不同单位的成员组成，每个成员对于管理创新研究都有着丰富的经验。在共同研究商定提纲之后，每个人都化身"创客"，希望做出一些创新性的研究成果。中国企业的成长正处于破茧成蝶的前夜，非常感谢海尔对于课题组始终保持开放，使课题组的研究成为一种使命，可能会踏准时代的节拍。

最后，希望能够实现"人单合一"。课题组的研究成果真正能够引领海尔管理创新研究，引领中国企业的管理创新研究，实现每个人的价值。价值体现在"用户付薪"，不是领导付薪，也不是海尔付薪，是读者付薪，市场销售量将是评判《管理的要素》这本书是否获得成功的唯一标准。

合卷之时，还要谈一下感想。做海尔的课题太累，不知不觉便陷入海尔员工的工作节奏；做海尔的课题很难中立，一不小心便陷入海尔的管理语言体系。当然，这也反映了海尔文化强大的向心力。人们对海尔有误解，最大的原因是不了解它。只有不断接近海尔、了解海尔，实现与用户零距离，每个人都会变得无比虔诚。

谢谢海尔！虽然我们的工作那么微不足道，但是海尔还是一如既往地热情。